永青文庫の古文書

光秀・葡萄酒・熊本城

公益財団法人永青文庫
熊本大学永青文庫研究センター【編】

吉川弘文館

序

公益財団法人永青文庫《えいせいぶんこ》は、二〇二〇年、創立七〇周年のメモリアル・イヤーを迎えました。

戦後間もない一九五〇年（昭和二五年）、第一六代細川家当主の細川護立《もりたつ》（一八八三〜一九七〇年）によって、細川家伝来の美術品・歴史資料・書籍や自身の蒐集品を管理活用するために設立された永青文庫。その名称の由来は、中世細川家の菩提寺《ぼだいじ》であった京都・建仁寺《けんにんじ》永源庵《えいげんあん》の「永」の字と、肥後細川家初代となった細川藤孝《ふじたか》（幽斎《ゆうさい》）が信長のもとで居城とした京都西岡の青龍寺城《しょうりゅうじじょう》の「青」の字にあります。ほぼ七〇〇年の間、一貫して日本の政治の中枢に近い場所で活動してきたファミリーのルーツそのものを示す名称として、ふさわしいものだと思っています。

永青文庫の所蔵品のうち、室町時代から廃藩置県までの間に蓄積された膨大な歴史資料と書籍のうち、かなりの部分が、かつて細川家が藩主をつとめた熊本で明治以後も管理されていました。そして、それらの大半にあたる約五万八〇〇〇点が、一九六〇年代に永青文庫から熊本大学に一括寄託され、歴史学や国文学等の研究と教育に活用されてきました。

その後、私が永青文庫理事長を務めるようになって、二〇〇九年四月に、熊本大学ではこの寄託資料群の調査研究と成果の社会発信を専門的に担う組織として、永青文庫研究センターを設立されました。それ以来、同センターは全資料総目録の編纂、重要資料の出版による公開、そして永青文庫や熊本県立美術館等での展覧会を通じた成果の社会発信に取り組んでこられました。その間に五九通もの信長の手紙をはじめとする中世文書二六六点が国重要文化財に、江戸時代初期の細川三斎《さんさい》・忠利《ただとし》往復書状群二三六三点が熊本県重要文化財にそれぞれ指定されるなど、特に永青文庫の歴史資料＝古文書の学術的価値がひろく知られるようになってきたのは、まことに貴重なことです。

永青文庫では、こうした古文書研究の成果と魅力をひろく歴史ファンのみなさまに発信するため、二〇一八年から一九年まで東京にて「古文書セミナー」を開催し、永青文庫研究センターはじめ熊本の研究者の方々に、合計六本の講演をお願いしました。二〇二〇年の大河ドラマの主人公・明智光秀《あけちみつひで》や、細川忠興《ただおき》に嫁いだ光秀の娘・ガラシャ、一六二〇年代の細川家における葡萄酒《ぶどうしゅ》造りの実態、明治維新期の細川家の甲冑《かっちゅう》の行方など、いずれも興味深い内容で好評を博しました。

本書は、永青文庫創立七〇周年の記念出版として、この「古文書セミナー」の内容を核にして編集された一冊です。永青文庫の古文書の魅力の深さ、そこから紡ぎ出される驚くべき歴史の事実に触れることで、一人でも多くの読者の方が、わが国の歴史と文化の豊かな水脈にたどり着いていただけたなら、これに過ぎる喜びはありません。

最後に、本書の製作・出版にご尽力いただいた熊本大学永青文庫研究センターをはじめ、関係各位に深く感謝致しますとともに、永青文庫の今後の活動をご支援くださいますよう、お願い申し上げます。

二〇二〇年三月

公益財団法人永青文庫理事長

細川護熙

目　次

中世・近世へのタイムカプセル

――永青文庫細川家資料群の構成――

稲葉継陽

はじめに

現在、熊本大学附属図書館には、熊本藩主として幕末を迎えた近世大名細川家伝来の歴史資料・典籍を中心とした資料群が寄託されている。これらは、明治維新後に細川家の菩提寺《ぼだいじ》・妙解寺《みょうげじ》の跡におかれた細川家北岡《きたおか》邸内にいくつか存在した蔵に収蔵されていたもので、ゆえに「細川家北岡文庫」とも呼ばれ、一九六四年に財団法人永青文庫から熊本大学へと寄託された。寄託契約書によれば、当時の名称は「細川家北岡文庫古文書」、点数は四万三〇〇〇点を超える。この寄託資料群、すなわち歴史資料群と書籍群を「永青文庫細川家資料」と呼ぶことにしよう。

資料群の寄託以後、森田誠一編『永青文庫　細川家旧記・古文書分類目録　正篇』（一九六

九年）の刊行が画期となり、熊本大学の各学部の専門分野においては同資料群が教育・研究に活用され、また大学内外の研究者からは多くの研究成果が生み出されるようになった。二〇〇九年、そうした活動の延長線上に永青文庫研究センターが設置され、一紙一冊を一点として登録した新たな総目録（総点数は約五万七七〇〇点）の編纂がなり、同資料群を基盤とした研究は新段階を迎えた。本書は、その成果の一部を一般読者に向けて発信するために刊行するものである。

「永青文庫細川家資料」群の構成

日本近世史研究の進展のためには、各大名家に形成された資料群の総体的な解析を進展させ、成果を蓄積させるという基礎的かつ継続的な作業が不可欠である。例えば彦根藩井伊家、柳川《やながわ》藩立花家、鹿児島藩島津家、萩藩毛利家、岡山藩池田家、松代《まつしろ》藩真田家、対馬《つしま》藩宗《そう》家等の資料群については、比較的早い時期から各資料管理機関等による悉皆《しっかい》的な調査・研究事業が進展し、大名家資料群の伝来のあり方について、一般的状況が明らかになってきている。

それは、第一に大名家資料群が「藩侯の資料（家伝の資料）」と「藩庁の史料（藩政史料）」とに区分される二元的構成をとること、第二に、そのうちの「藩庁の史料」が散逸した状況と、「藩侯の資料」の内容の複雑性・多元性である（笠谷和比古『近世武家文書の研究』法政大学出版局、一九九八年）。

「藩庁の史料」の散逸は、ほぼ十万石以上の大名家において藩庁に成立した部局行政制度が展開する過程で作成蓄積された史料群が、廃藩置県に際して県に移管され、やがて非現用となった時点で処分・廃棄されたり、戦災等によって失われたりした事情を指す。したがって、現存する大名家資料群は、狭義の大名家のもとに伝来し、御家の宝物として伝えられた「藩侯の資料」に偏っているケースが大半であり、そうした事情が、例えば地域行政や民衆運動に関する研究が非領国地帯の史料のみによって展開されざるを得ないような近世史研究の状況を生んできたのであった。

次に「藩侯の資料」は一般的に、(1)上位者からの受給文書や藩祖の発給文書を中心とした歴史資料、(2)和書から漢籍にまで及ぶ古典籍、(3)故実・芸能関係資料、(4)絵巻物・書蹟・絵画等の美術工芸資料、(5)近代史料までに及ぶ。さらに、武具・甲冑をはじめとする道具類も文書・書籍・美術工芸資料とならんで伝存している。

このうち(1)(5)の歴史資料だけをみても、近世初期から近代までの多種多様な史料が含まれており、その全体理解には、中世・近世・近代の歴史資料をそれぞれ扱える複数の研究者の協力が不可欠となる。さらに、(2)〜(4)の資料を扱い分析するための専門的能力を有する研究者の相互協力なしには、大名家の歴史文化を総体的に把握することは不可能である。

熊本大学永青文庫研究センターでは、文献史学・文学・故実芸能研究・建築史学といった諸分野にかかるスタッフをもって総目録作成事業を六年半にわたって継続し、二〇一五年にその全体を公表した（永青文庫研究センター編『熊本大学寄託永青文庫資料総目録』全四冊）。それによって明らかになった「永青文庫細川家資料」群の全体構成は次のとおりである。

1 藩侯の資料群
a 中世細川家文書群　b 細川忠興《ただおき》・忠利《ただとし》・光尚《みつなお》往復書状群
c 幕藩《ばくはん》関係文書群　d 家臣団起請文《きしょうもん》群
e 歴代家譜《かふ》類　f 連枝《れんし》書状群
g 沢庵《たくあん》書状群（忠利・光尚宛）　h 細川重賢《しげかた》関係資料群
i 故実《こじつ》関係書籍群　j 絵巻物、歴代藩主等御筆・絵画類、和歌短冊等

2 藩侯の典籍群
a 和書　b 漢籍

3 藩政史料群
a 初期藩主裁可文書・記録群　b 初期当主達書《たつしがき》群（奉行《ぶぎょう》宛等）
c 藩政諸部局記録群　d 藩政諸部局文書群
e 藩政公式編纂記録群

4 絵図・指図群
a 国絵図　b 領内等地図（熊本城下図を含む）

c　建築図　　　　　　　　　　　　　d　城郭図

e　その他

5　近代資料群

こうした構成を、前述した大名家資料群の二区分（二元的構成）に照らして整理すれば、次のように示すことができる。

1＋2＋5＝「藩侯の資料」

3＋4＝「藩庁の史料」

このように、他の大名家資料群と同様、永青文庫資料の構成も1・2を中心とした「藩侯の資料」と、3・4の「藩庁の史料」とに大別して把握することができる。

しかし、室町幕府将軍側近に出自を有する細川家の「藩侯の資料」中には、織豊〜徳川初期に取り立てられた他の多くの大名家にはみられない、政治史・文化史にわたる重要資料が多数含まれている。また、他大名家の「藩庁の史料」は、廃藩置県後に県に移管されてから散逸してしまった事例が大半である中で、永青文庫細川家は元和期（一六二〇年代）以来の「藩庁の史料」をかなりコンプリートに伝来させた数少ない例の一つである。

この間の研究成果を踏まえて、「藩侯の資料」「藩庁の史料」それぞれの特徴を紹介しておこう。

藩侯の資料

1aの中世細川家文書群には、近世大名肥後細川家の祖と位置づけられている和泉守護細川家の家蔵文書群、およびその菩提寺・建仁寺永源庵《えいげんあん》に伝えられた文書群があり、室町期守護の直轄領支配と国支配の実態を示す文書群としての学術的価値は極めて高い。

ならんで特筆されるのは、多くの織田信長発給文書が伝来していることだ。唯一の確実な信長自筆文書を含む五九通の信長発給文書は、ひと所に伝来した信長文書の数として抜群であり、その全貌は熊本県立美術館、公益財団法人永青文庫、熊本大学永青文庫研究センター共催の「信長からの手紙」展（二〇一四年）で一般に公開された。これら中世文書群等二六六通が、二〇一三年に国重要文化財に指定されている。

室町幕府将軍に仕えて信長と将軍を結び付け、後に信長家臣となった近世大名細川家の祖・細川藤孝《ふじたか》（幽斎《ゆうさい》）は、政治史・文化史の双方において際立った存在感を示している。1i、2aには幽斎が相伝した諸芸・故実に関係する諸資料、幽斎による古典文学研究の体系を示す典籍群が大量に伝存している。これらは諸芸の家元や学者の家の伝来資料と比較しても遜色ない。中世文化を一身に体現して近世へと引き継いだ幽斎の活動とともに、それらを幽斎に集約させた文化史上の人間関係を具体的に復元することが可能である。幽斎が信長・秀吉・家康のもとで果たした特殊な役割の究明は、日本歴史の一大転換点である十六世紀末〜十七世紀初期の政治史と文化史に関する理解を格段に深めることにつながるだろう。

藩政改革として有名な「宝暦の改革」時の藩主・細川重賢の書入れがある膨大な漢籍（2b）は、典型的な「明君」の日常態度を伝える資料として貴重である。

さらに、1-iに含まれる室町幕府由来の武家故実書の数々も、極めて貴重な資料群である。幕府儀礼や武芸をはじめとする諸芸能など武家故実全般に及ぶ内容を誇り、永青文庫研究センターの総目録においてすべての奥書を公開している。それらを分析することで、中世武家故実の近世大名家への伝承のされ方を具体的に把握することが可能となるだろう。

また、肥後細川家二代忠興（三斎《さんさい》）と三代忠利《ただとし》らとの往復書簡は、初期幕藩関係の重要史料群として著名なもので、東京大学史料編纂所編『大日本近世史料　細川家史料』として活字化され、ひろく研究者の利用に供されている。近世初期の家臣たちが提出した血判《けつぱん》起請文群は、武士領主の団体としての近世大名家の特質を物語る稀有の史料群である。さらに、膨大に伝来する歴代家譜・家史の編纂過程を検討することで、細川家の近世大名家としての由緒の形成過程を具体的に復元することが可能となろう。

これらの資料群は、大名細川家の歴史と格式を語る「御家の宝物」として伝えられてきたものであり、日本歴史の一大転換期である中世・近世移行期の政治史、経済史、文化史を理解する上で、極めて重要な研究対象なのである。

藩庁の史料

永青文庫の細川藩「藩庁の史料」の特徴は、そのコンプリートな伝来の仕方にある。第一に注目されるのは、寛永期（一六四〇年代）までの初期藩政史料が大量に伝来している点で、これは他の大名家史料群にもあまり類例をみないと思われる（3ａｂｃ）。

奉行その他の家臣からの上申書・政策原案等を藩主忠利らが決裁した文書は二〇〇〇点を超える。奉行宛達書は、参勤交代《さんきんこうたい》のために国元を留守にしている藩主が、道中や江戸から奉行に対して具体的な指示を書き送った文書群である。その他に、家老・奉行衆の合議記録や書状の控え、藩主の口頭での指示を側近がその都度書き留めた記録など、初期の藩政運営の実態を示すバラエティに富んだ史料群が大量に伝来している。これらの総合的な分析によって、近世大名の政治体制の確立過程を分析することは、近世史研究の大きな課題であるといってよい。

十八世紀に藩主の決裁行為が限定かつ形式化し、藩庁では部局制の整備と各部局の本格的〝行政組織〟化が進められる。こうした「藩政改革」を画期に、部局ごとに膨大な資料が蓄積されるようになり、機密間（総務部局）、郡方（地方行政部局）、選挙方（人事部局）、刑法方（刑事裁判部局）等の記録史料が体系的分析を可能とする密度で伝来することになった（3ｃｄ）。

これらの歴史資料群は、熊本藩内の地域社会からの政策の立案、それを起案書とした稟議《りんぎ》に

写真１　永青文庫「藩侯の資料」

写真２　永青文庫「藩庁の史料」

よる政策決定、百姓出身の行政担当者集団の形成といった、重要な諸事実を、あますところなく語ってくれる。熊本藩主細川家による統治の安定の基礎には、肥後の地域住民（百姓身分）による自治的活動が存在したのであった。

従来、日本の「近代化」が市民社会を確立できずに超国家主義へと行き着いた事実を直視する立場からは、「江戸時代」の圧政継続こそがその歴史的要因だとされてきた。逆に、「日本の近代」を称賛する立場からは、その「近代化」は、鎖国によって閉ざされた「江戸時代」の蒙昧を完全否定することによって実現されたものと理解されてきた。どちらの歴史観でも「江戸時代」には否定的イメージが押し付けられている。永青文庫の「藩庁の史料」は、こうした固定的な歴史観を払拭させてしまう、稀有の歴史資料群といえる。

本書の成り立ち

「永青文庫細川家資料」群の特色は、「藩侯の資料」の特殊性と、「藩庁の史料」のまとまった伝存状況とにあることを、ご理解いただけたかと思う。

永青文庫研究センターは、これら資料群の基礎研究の成果を二〇一〇年から図版入り資料集『永青文庫叢書　細川家文書』として順次刊行し、二〇二〇年までに『中世編』『近世初期編』『島原・天草一揆編』『熊本藩職制編』『絵図・地図・指図編Ⅰ』『同Ⅱ』『故実・武芸編』の七冊が吉川弘文館より出版されている。また、「藩庁の史料」を活用した共同研究の成果として、稲葉継陽・今村直樹編『日本近世の領国地域社会』（吉川弘文館、二〇一五年）を発表し、二〇一八年からは研究紀要『永青文庫研究』を刊行して、研究成果の学界への発信につとめている。

こうした研究成果は、一般向けの書籍や展覧会をつうじて市民にも発信されてきた。書籍には、後藤典子『熊本城の被災修復と細川忠利』（熊日新書、二〇一七年）、稲葉継陽『細川忠利』（吉川弘文館、二〇一八年）などがあり、公益財団法人永青文庫や熊本県立美術館と共催した展覧会には、「細川幽斎展」（二〇一〇年）、「信長からの手紙」（二〇一四年）、「震災と復興のメモリー@熊本」（二〇一七年）、「細川ガラシャ」（二〇一八年）、「熊本城と武の世界」（二〇一九年、以上は熊本県立美術館）、「細川家起請文の世界」（二〇一五年）、「細川家と『天下泰平』」（二〇一七年、以上は永青文庫）などがある。

一連の流れをうけて、公益財団法人永青文庫は二〇一八年から二〇一九年にかけて市民向け講演会「永青文庫所蔵古文書セミナー」を開催し、右に示した成果をもとにした六本の講演を実施した。本書に収録した七本の論稿の大半は、これらの講演を基調にしたものである。

こうして成り立った本書は、「永青文庫細川家資料」をめぐるこの十年間ほどの研究の進展のうち、明智光秀・細川幽斎・ガラシャといった初期の細川家を支えた人々、それに近世初期の国産葡萄酒や熊本城の被災と修復、さらに近世後期の熊本藩政、明治維新と細川家歴代甲冑群の行方など、もっともホットな部分を一般読者向けにまとめたものとなった。そして、永青文庫細川家「藩侯の資料」の豊かさを読者にお伝えするために、公益財団法人永青文庫の大名家美術を専門とする学芸員諸氏がコラムを執筆し、全体として古文書をはじめとする永青文庫所蔵品の魅力の深さを伝える書物にすることができたと自負している。

なお、各論・コラム中の資料図版は、特に断りのないかぎり公益財団法人永青文庫所蔵品である。

読者諸氏には各論・コラムをご味読の上、永青文庫からの今後の発信にも、おおいに期待していただきたい。

1

新・明智光秀論

稲葉継陽

一　光秀の虚像と実像

光秀論の古典に高柳光寿『明智光秀』がある。高柳がこの本の末尾に記したように、光秀の評価は信長のそれを離れてはありえない。当然のことではあるが、重い事実である。信長の業績に革命性を見いだす通説的信長論によれば、「本能寺《ほんのうじ》の変」は「反革命」のクーデターと理解されるよりほかはない。だから、新たな光秀論は新たな信長論なくしては成り立ちえないのである。

「本能寺の変」後の「三日天下」に象徴される無計画と脆弱さ。光秀は誰かに操られて信長殺害に至ったのだとする「本能寺の変　黒幕説」の前提となる主体性の欠如。そして信長から冷遇されいじめられていたことが「本能寺の変」につながったという一般認識にみられる信長の陰険・暴力性と光秀の虚弱性。光秀につきまとう、こんな負のイメージは、いったいいつ生じたのだろうか。「本能寺の変」の直後だろうか。京都の吉田神社の神主で細川藤孝《ふじたか》（幽斎《ゆうさい》）の従兄弟にあたり、信長や光秀とも親密だった吉田兼見《かねみ》の日記『兼見卿記』は、この点を考える上で重要である。

「本能寺の変」が起きた天正《てんしょう》十年（一五八二）の日記は、正月から六月十二日まで、つまり六月二日に信長を本能寺で殺害した光秀が同十三日に山崎《やまざき》で秀吉に敗北する前日までを記した本と、その全体を書き直した上で、六月十三日以降年末まで書き継いだ本の、二種類が存在する。いま前者を①、後者を②としよう。①で兼見は、六月二日早朝の「本能寺の変」の様子を書きつけたあと、次のように記す。

光秀は信長方を悉《ことごと》く討ち果たし、大津（現滋賀県）に移動した。私は馬に乗って粟田口《あわたぐち》まで走り出て光秀に対面し、吉田家・吉田神社の領地を保障してくれるよう直接頼んだ。

兼見はじつに「本能寺の変」の当日に、光秀を新たな天下人《てんかびと》と認め、信長のもとで保障されていた自分の権利の安堵を懇願していたのである。このとき光秀のもとには、兼見のみならず京都の公家や寺社勢力が群参していたにちがいない。

それればかりではない。六月五日に信長に替って安土《あづち》城に入った光秀のもとに、勅使《ちょくし》が派遣される。新しい天下人光秀に朝廷厚遇の政策を求めるためである。勅使には誰あろう吉田兼見が任じられた。七日に安土に駆けつけた兼見に対して光秀は、なんと「今度謀叛《むほん》之存分《ぞんぶん》」、つまり信長殺害の理由について「雑談」したという。話の内容が日記に書かれていないのは残念であるが、ここで光秀は自身の行為の正当性をおおいに主張したことであろう。九日、光秀は中国筋から取って返して来る秀吉軍を迎撃するため、京都に戻る。そのとき、近江から洛中への入口にあたる白川《しらかわ》あたりには、光秀を出迎える公家衆がつめかけたという。まさに、威風堂々たる天下人光秀であった。

ところが、六月十三日に光秀が秀吉に敗れると、兼見は日記を中断し、その日からの記事を別本に書き継いで、六月十二日までの記事を書き直しそれと合体させ、②を仕立てて定本とした。興味深いのは、書き直した②では、「本能寺の変」の当日に自分が光秀と対面して領地の保障を懇願したこと、七日に安土城で光秀本人から謀反の真意を聞いたこと、すなわち①の記述の核心部分が、完全に削除されていることである。

なぜ兼見は日記を書き変え、事実を隠蔽《いんぺい》したのか。理由は②の六月十三日条、すなわち光秀・秀吉の山崎での戦い当日の記述を見れば分かる。そこには、光秀の敗北を知った京都の人びとは、これこそ「天罰眼前《てんばつがんぜん》」だと評したと記されている。現在にまで続く光秀のマイナス評価は、「本能寺の変」によってではなく、その十一日後に、秀吉に敗北したまさにその瞬間に定まったのであった。信長殺害後の光秀と懇意にした事実は、その時点で兼見にとって、そして京都の支配層にとって、闇に葬られるべき事柄となったのである。光秀の天下人としての振る舞い、光秀に取り入る朝廷や高級貴族たちの奔走の事実も、なかったことにされた。そして勝者秀吉もまた、自身の権力の正当性を主張するため、「光秀は最悪の謀反人」だとの作文を諸方面にバラまいていたことが知られている。

政治的結果をもとに光秀に押し付けられた虚像。いまそれを引き剝がし、彼の実像に迫ることが求められている。

二　光秀の登場と織田権力の性格

(1)　光秀の登場

光秀の出自の詳細を知ることは困難であるが、美濃《みの》国出身であったことは間違いない。『兼見卿記』元亀《げんき》三年（一五七二）十二月十一日条に、光秀が美濃の「親類」と連絡を取り合っていたとあるからだ。しかし、これまでは永禄《えいろく》九年（一五六六）に越前にいた足利義昭《あしかがよしあき》に仕えるより前の光秀の動向を知ることはできなかった。ところが細川家老筋の米田家に伝わった医薬書「針薬方《しんやくほう》」（米田《こめだ》家文書）によって、遅くとも永禄八年以前に、「明智十兵衛尉」（光秀）が「高嶋田中城」（現滋賀県高島市）に「籠城《ろうじょう》」し、外科薬等の調合方法や施薬術を若狭《わかさ》熊川《くまがわ》宿を拠点とする幕臣・沼田《ぬまた》勘解由左衛門尉《かげゆざえもんのじょう》に伝授していた事実が明らかになった。熊川宿は近江《おうみ》・若狭国境にあり、小浜《おばま》と京都をつなぐ交通・流通路の結節点である。つまりこの史料によって、将軍足利義輝《よしてる》の暗殺、その弟義昭と側近細川藤孝らの近江への脱出の頃に、すでに光秀は京都と若狭・越前《えちぜん》とを結ぶ交通の要地である湖西地域を基盤に、軍事活動を展開していたことが判明したのである。

美濃出身の光秀が表舞台に登場する契機をつくったのは、細川藤孝であった。永禄九年、藤孝は越前にあった足利義昭に「御伴衆」の一人として付いていたが、そこに「足軽衆」の一人として光秀もいた（黒嶋敏二〇一二）。光秀敗死の後、奈良興福寺《こうふくじ》の多聞院英俊《たもんいんえいしゅん》は、光秀は藤孝の「中間《ちゅうげん》」（下級奉公人）から身を起したのだと日記に書いていた。さらに、光秀がその調薬法を伝授した沼田勘解由左衛門尉の妹は、藤孝の妻であった。湖西で縦横に活動する光秀を越前にいた義昭と結び付けたのは藤孝であり、藤孝はまた義昭と信長を結び付け、永禄十一年九月には京都で義昭・信長連合政権を樹立させるにいたる（次頁の明智光秀初期活動地図参照）。

光秀は有能であった。信長は彼を京都統治と軍事の両面で重用した。永禄十二年四月からはみずからの奉行人として、義昭・信長文書とともに発給される行政文書の署名者に登用した。ともに登用されたのは木下秀吉や丹羽《にわ》長秀《ながひで》、村井貞勝《さだかつ》らであった。これ以後、天正三年（一五七五）二月までの間に、光秀が洛中洛外の統治に関して発給した文書がじつに二五通も現存する（久野雅司二〇一五）。翌永禄十三年四月の若狭・越前攻めでは、義昭・信長連合軍の先遣隊として熊川宿に乗り込んでいる（三宅家文書）。

このように、湖西・湖北・若狭・越前を結ぶルート上は、光秀無名時代からのホームグラウンドであった（次頁の明智光秀初期活動地図参照）。実務能力と要地における人的ネットワークとを有する光秀は、秀吉や長秀らとともに、京都における織田権力の樹立になくてはならない存在であった。

元亀二年九月、信長による比叡山《ひえいざん》焼き討ちに加わった光秀は、信長から比叡山膝下の近江国滋賀郡を中心とした山門《さんもん》（延暦寺《えんりゃくじ》）領を給与され、琵琶湖《びわこ》岸の港湾都市として繁栄していた滋賀郡坂本に居城を構築し、義昭が没落した元亀四（天正元）年の八月からは、信長の京都代官に登用されて洛中洛外の統治実務にあたった。

越前
今庄
美濃
敦賀
疋田
三方
若狭
塩津
海津
高浜
小浜
熊川
今浜(長浜)
今津
朽木
田中城
琵琶湖
安土城
近江
坂本城
比叡山延暦寺
京都
大津
草津
陸上
海・湖上

明智光秀初期活動地図

(2) 織田権力論の転回

かつて高柳光寿が記したように、光秀論は信長論と不可分である。問題は、神田千里らの研究によって、近年の信長論自体が、上洛以前からの信長のスローガン「天下布武」の「天下」の意味をめぐって大きな転回を遂げていることだ(神田千里二〇一三・二〇一四)。

通説的な信長論によれば、その「全国統一」事業は、尾張から美濃までを勢力下に収めた段階からすでに信長の一貫した政治目標であり、それを象徴するのが、信長が永禄十年(一五六七)から使い始めた「天下布武」の印判《いんばん》であったとする。全国統一の足掛かりとして京都に進出した信長は、足利義昭を利用し、やがて刃向かったため切り捨てた。将軍は革命者信長の傀儡《かいらい》でしかなかったというのである。

ところが、信長が実際に使っていた「天下」の語を「全国」の意味で解釈すると、まったく辻褄《つじつま》が合わない。天正十六年(一五八八)、イエズス会の宣教師として著名なルイス・フロイスは、戦国時代の「天下」について本国に次のような説明を書き送っている(『十六・七世紀イエズス会日本報告集Ⅲ・七』同朋舎出版、一六一頁、一部改変)。

日本全土は六十六の国に分かれ……この中のもっとも中心的なものとして五畿内の五ヵ国があり、日本の王国を形成している。というのは、そこに日本全土の首都の都《みやこ》があり、五畿内の領主となった者が、天下人、すなわち日本の君主と呼ばれ、その力に応じて天下人となった者が、その他の諸国を服従させようとすることになる。

「天下」という言葉は、地域的には将軍の統治する「日本の王国」＝五畿内、政治的には都《みやこ》にて五畿内を統治する国王としての将軍（＝「天下人」）ないしその権威や権力を指して用いられていたのであった。信長のいう「天下」も、このような意味で用いられた。永禄十三年正月、信長と義昭との間に政治的緊張が生じたとき、信長は義昭への要求を五ヵ条にまとめて光秀らを通じて義昭に示し、承認を取り付けている（信二〇九）。その第一・四・五条には次のようにある。

①義昭が「諸国」へ文書を発給するときは、事前に信長に通知し、信長の書状を添えて出すこと。

④義昭は「天下之儀」をすべて信長に任せ置いたのだから、信長は誰に対しても義昭の「上意」を得ずに、自分の意思で裁断することができる。

⑤「天下」は「御静謐《ごせいひつ》」（平和）になったのだから、義昭は常に「禁中《きんちゅう》」（宮中）のことをなおざりにしてはならない。

上洛から一年数か月を経たに過ぎない時点での文書であるわけだから、⑤の「天下」を全国の意味で解釈することは不可能で、敵対した三好《みよし》勢力を退け、秩序が回復された状況にあった畿内を指すとみるのが妥当である。信長は、禁中の維持運営と「諸国」大名への文書発給という、将軍の伝統的な権限を認めたうえで、「天下」＝畿内における政治権限を独占し、諸国大名に対する実権を行使しようとしたのである。

フロイスの「天下」と「その他の諸国」に関する記述、それに信長条々①において重要なのは、義昭・信長と「諸国」の戦国大名との関係である。元亀二年（一五七一）二月二十八日、信長は豊後《ぶんご》の大友宗麟《おおともそうりん》に次のような書状を送っている（信二七五）。このとき大友氏は毛利《もうり》氏と敵対していた。

就豊芸間之儀、重而被加上意候、依之愚庵御下向候、被抛万端有一和、天下之儀御馳走尤候、此等之通得其意可申展之由候、御入眼可為珍重候、恐々謹言、

二月廿八日　信長（花押）

謹上　大友左衛門督入道殿

【現代語訳】

豊後国（大友）・安芸《あき》国（毛利）の調停について、将軍義昭の意思（「上意」）が再度示された。そのため、義昭側近の愚庵（久我晴通《こがはれみち》）が豊後に向った。万端をなげうって和睦し、「天下之儀」に貢献されるべきだ。この要請を受諾して当方に連絡し、毛利氏と和睦することが重要である。

信長条々①にあるとおり、信長が本文書を発給する前提として足利義昭の「上意」を伝達する文書（御内書《ごないしょ》という）が発給されている。それに信長自身も、自分の停戦令は将軍の意向を受けたものだと位置づけ、大友・毛利氏の和睦は「天下」に対しての貢献（「天下之儀御馳走」）になると伝えている。停戦と引き換えに大友氏の領国支配を「天下」＝将軍として承認する意思が伝達されているわけだ。つまりこの書状で大友氏に伝えられた信長の停戦令は、室町幕府が従来から発してきた論理をそっくりそのまま踏襲しているに過ぎない。上洛三年目となる元亀二年の段階でも、信長は明らかに戦国時代の幕府政治の常識の枠内にいた。

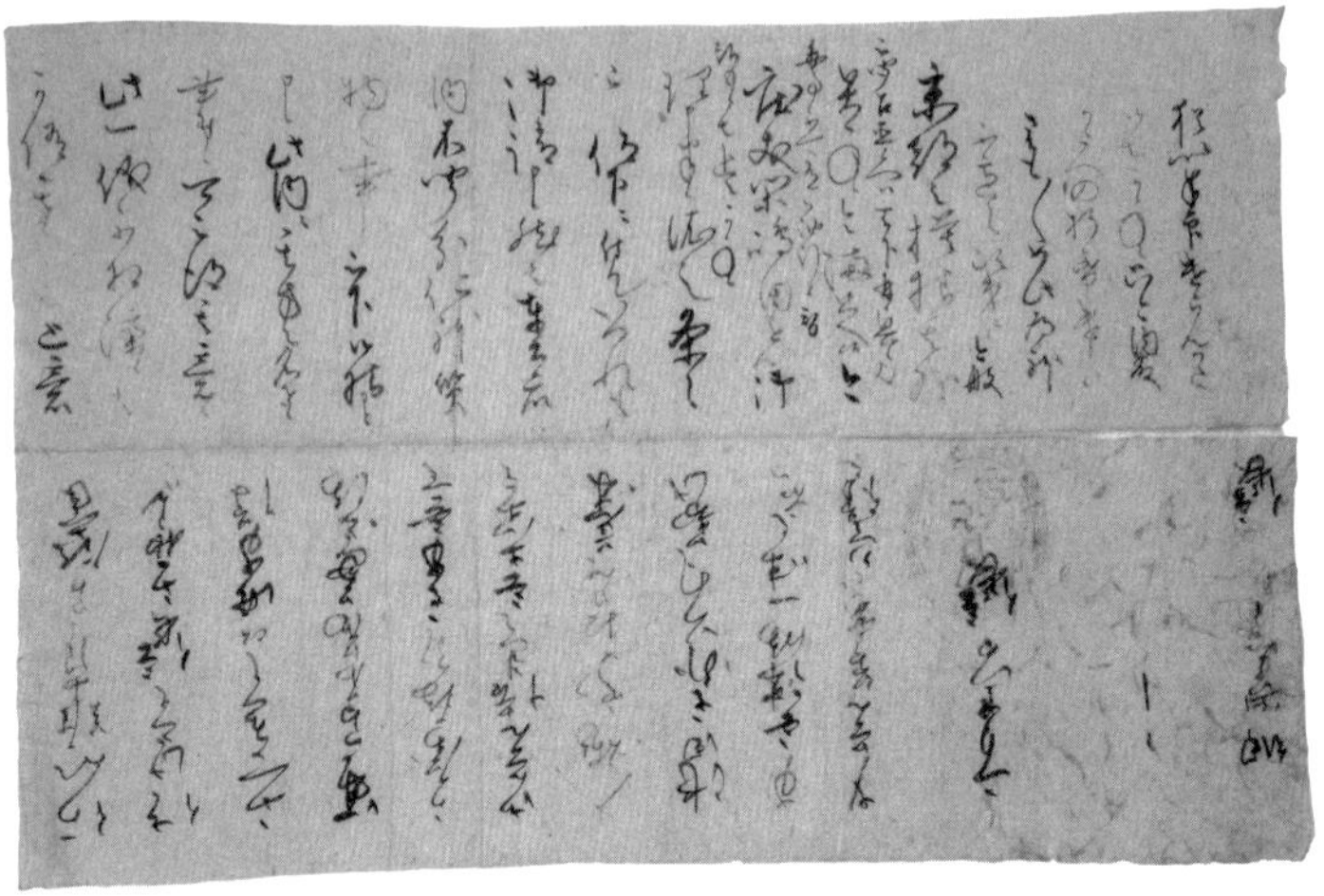

写真１　（元亀４年）２月26日　織田信長朱印状（細川藤孝宛て）
「義昭との和睦で天下再興なるか」（右は該当箇所を拡大）

最終的に二人はこの二年後の天正元年（一五七三）七月に決裂するわけだが、同年二月の段階で和平か決裂かを交渉した際の信長の書状が、永青文庫（細川家）に四通伝来している（永一三〜一六）。この交渉の仲介役を細川藤孝が担っていたためだが、それらの中に「天下」文言が何度もみえる。二月末段階で信長は、「天下の再興が自分の本望」だと述べるとともに、ギリギリまで和睦を求めていた。義昭との和睦で「再興」されるという「天下」も、両者の対立によって混乱した五畿内の政治情勢と読むのが自然である。信長は、「天下」のためなら義昭と和睦してもよいと再三述べながら、細川藤孝を仲介人にして、和睦のための条件交渉に精力を注ぎこんでいた（写真1）。

戦国時代の五畿内における政治的な権力の基本

形は、五畿内とその周辺で世俗の実力を持った大名が将軍を頭に置いて京都に入り、将軍の権威のもとで畿内を統治するというシステムであった。それはほぼ応仁の乱以降にはスタンダードな形態として定着していた。信長も当時の当たり前のスタイルにのっとって義昭を担いで京都に入り、将軍とともに「天下」＝五畿内を安定させ、伝統的将軍権威つまり「天下」の権威をもって「諸国」大名に臨もうとしたのではないか。成立直前だった信長・義昭の和睦は、最後の段階で義昭側が信長と断交したことによって破れ、義昭は京都から没落した。しかし、それが信長にとって理想の権力形態を生み出したとはいえない。天正四年二月には、信長は義昭の処遇について毛利氏と交渉する必要に迫られていた（『吉川家文書』四八九、四九〇）。かつての将軍足利義稙《よしたね》や義輝らのように、義昭が京都に復帰した可能性も否定できないのである。

しかも、天正三年十一月に織田家督を信忠《のぶただ》に譲り、右近衛大将《うこのえのだいしょう》に任官して翌年正月に安土城の普請を開始した信長だが、天正六年四月には辞官し、そのまま「本能寺の変」を迎えることになる。将軍は毛利氏のもとにある義昭であって、信長がいくら物理的権力を拡大し、家支配を信忠に譲って公権力を標榜したからといって、将軍に就任できるわけではなかった。さらに領域的にも、五畿内「天下」における統治体制の樹立は、じつに大坂本願寺《ほんがんじ》との抗争が決着する天正八年八月を待たねばならなかったのである。

三　光秀の政治的地位と領国統治

(1)「天下」における光秀の政治的地位

義昭没落後八年にして、ついに織田権力の手中に帰した五畿内「天下」において、光秀の政治的地位は突出したものであった。坂本城を拠点にしながらも村井貞勝とともに信長の京都代官を務め、都の諸勢力の統治に手腕を発揮した光秀は、天正三年（一五七五）十月からは信長の命令で丹波《たんば》を攻め、天正七年十月の段階で一国の領有を実現している。その間、越前一向一揆《いっこういっき》、石山本願寺、紀州雑賀《さいが》攻めなどに従軍するとともに、天正四年には大和の筒井順慶《つついじゅんけい》と信長とを取次ぎ、天正八年八月には細川藤孝・忠興《ただおき》とともに丹後《たんご》に入国して領国体制の構築を監督し、同九月には大和《やまと》一国の領主層から所領規模を申告させ（「指出《さしだし》」）、筒井や細川父子を含む大和・丹後の領主層への軍事指揮権が付与された（早島大祐二〇一一）。

織田権力の五畿内「天下」において、光秀は近江滋賀郡（坂本城）と丹波一国（亀山城・八上《やがみ》城・福知山《ふくちやま》城）を領有して京都の東西を押さえ、山城《やましろ》・大和両国、近江高島郡、丹後一国の織田部将・国人領主に対する軍事指揮権を保持したのだった。当時の「天下」および周辺で同様の地位・権限を有したのは、羽柴秀吉（播磨《はりま》・但馬《たじま》）、柴田勝家《かついえ》（越前）、丹羽長秀（若狭）のみだが、わけても都を囲い込むように展開する光秀の支配・軍事指揮領域の重要性は際立っている。光秀が天正九年十二月に制定した「家中法度」（集成一一二）で坂本・丹波往復の通路を定めているのも、明智領国が京都を中に置いて一体として経営されていたことを示している。

このように、織田権力の「天下」の中枢をおさえていたのは光秀であった。将軍を失った織田権力が京都における〝政権〟たる実体を獲得しようとするときに、都の動脈である湖西地域に形成されたネットワークに基づく光秀の政治的行動力、権力編成上の手腕、軍事的能力は不可欠であった。天正九年二月に信長が京都で催した馬揃《うまぞろえ》には、五畿内衆が総動員されたが、そのいっさいを取り仕切ったのは光秀であった（信九一一）。とりもなおさず、それは「天下」における光秀の政治的・軍事的地位の高さを象徴するものであった。

(2) 光秀の統治と信長権力

織田権力や光秀の歴史的評価に関する従来の研究は、史上稀なるクーデター「本能寺の変」に引きずられて、どうしても狭義の政治過程論で完結する傾向が強く、また領国支配に言及したとしても、織田政権は封建的アナーキーを武力で克服し集権的・専制的な国家の樹立をめざしたとの評価が不動であるため、光秀を含む部将らの領国統治は信長の意向に制約され独自性を持ちえないものとされる傾向が強かった。しかし近年、地域史研究の蓄積とそれをいかした戦国史研究会編『織田権力の領域支配』をはじめとする研究の進展によって、光秀を含む織田部将の領域統治の自律性が解明されつつある。

光秀の統治関係文書は滋賀郡・丹波国の家臣たち、「村惣中」「地下中《じげ》」「町人中」といった社会集団、それに寺院などに発給されているが、まず注目すべきは、天正四年（一五七六）以降、信長から明智領内への発給文書が確認できなくなることだ（鈴木将典二〇一一）。光秀は滋賀郡・丹波国内で信長からの権力行使を排した自律的な領国支配を実現していたのである。そうして展開された光秀の領国統治の特質は、以下の五点に整理できる。

①村を単位とした石高《こくだか》制検地の実施と既存領主層からの「指出」徴収とを基礎にした知行《ちぎょう》制の構築。光秀が監督した同時期の細川領丹後では、在来の領主層から指出で申告された石高を検地で得られた石高から差し引いて、「出来分」すなわち検地増分を確定し、それを新たな知行給与に充当する方式がとられた（稲葉継陽二〇一三）。丹波でも同様であったと推察される。こうして領主層の軍事動員の基礎となる石高知行制が構築された。

②石高制に基づく年貢・夫役《ぶやく》等の「村惣中」「百姓中」による納入請負い、すなわち村請制による百姓統治の体制（集成六四・六九・一六五など）。それは滋賀郡・丹波国ともに光秀の領国支配の基礎をなしていた。

③丹波在来の領主を含む光秀家臣（給人）による知行地の百姓支配のあり方に、一定の規制を加えていたこと。例えば、給人は自身の知行高に基づいて亀山城等の普請役《ふしんやく》を務めるが、そのときに知行地の村々の百姓を夫役に動員することがある。そうした場合に光秀は奉行を通じて、当該知行地の百姓に定量の飯米を給与している（集成一〇五）。

④明智領独自の丹波一国平均の国役賦課と免除特権の付与（鈴木将典二〇一一）。この国役は、給人に賦課される城普請役と百姓（村）に賦課される田畠開作役とがあり、必要なら前者も後者に転用された（集成一二三）。国役免除は丹波の寺社に対する事例が確認される（『新修亀岡市史　史料編第二巻』四三頁）。

⑤石高制に基づく家臣軍役と百姓陣夫《じんぷ》（兵站《へいたん》労働）の動員基準、それに軍隊の規律を、十八ヵ条にもわたる法度で規定していること（集成一〇七）。「本能寺の変」のちょうど一年前のことである。軍役人数は豊臣期にも通じる知行高百石につき六人との基準を示し、知行高の十段階それぞれの軍役内容も厳密に規定している。さらにリジットなのは百姓夫役の規定で、陣夫に運搬させる兵粮米《ひょうろうまい》の分量は三斗、遠方への動員は二斗五升、陣夫の粮米（食料）は一人一日八合宛を「領主」（光秀および給人）から支給するとし、それらの計量に用いる枡《ます》を「京都法度之器物」すなわち京枡に統一している。

陣夫動員基準の厳格さと関連して注目されるのは、百姓の陣夫役忌避の動向である。国役を「志賀《（滋）》郡・丹州在々所々」に賦課したにもかかわらず、滋賀郡の三つの村の人夫が普請所に不参しているとの報告を奉行から受けて激怒した光秀は、これら村々の代官に対して、「彼三ヶ所不参之儀無是非次第候、陣夫なとニいて可申候」と言い放っている例がある（集成一四三）。三ヵ村が普請夫役をサボるのは言語道断だ、陣夫として戦場に動員されてもいいのだな、というのである。同じ夫役であっても陣夫役こそを百姓が忌避していたから、この台詞が譴責《けんせき》の文言として意味を持ちえたわけである。負担と給付の客観的な基準を示さない限り、百姓を戦場に動員することは困難だったのではないか。

このように光秀の石高制領国支配は、生産者身分としての主張を強化する百姓の村を基底に置いた近世的契約主義そのものであり、右の①〜⑤は紆余曲折を経ながらほぼ五十年後の寛永期に近世大名の領国支配一般の骨格として定着をみる（稲葉継陽二〇一八）。しかし、ここには織田権力全体の特質に関わる重大な問題が生じていた。

織田権力においては、光秀や柴田勝家をはじめとする直臣大名の領国に近世的領国支配体制が形成されはじめていた。ところが、信長による直臣大名の軍事動員方式は、旧態依然としたままであった。信長は、例えば光秀に滋賀郡・丹波国というように国や郡の領有権（「一職」支配権）を付与するが、国や郡の領知石高を光秀の知行高として宛行《あてが》い、それを基準に光秀に軍事動員をかけるわけではなく、ただ光秀の立場にみあった軍功を暗黙に要求して成果を評価するだけであった。それは秀吉や勝家など他の直臣大名に対しても同じであった。池上裕子（二〇一二）もいうように、客観的基準なき軍事動員である。この点で信長権力は室町将軍段階に止まっていたといわざるをえない。しかし、直臣大名らは家臣団・村共同体との合意契約によらねば軍隊を動かすことはできなかった。

それは、直臣大名を動員する信長の権力と、自領内の給人と百姓を動員する直臣大名の権力との間に、構造上の埋めがたいズレが生じていたことを意味する。こうして、総体としての織田権力が戦争を継続すればするほど、「中世的な信長権力」と「近世的な織田大名権力」との矛盾は拡大していかざるをえない。そしてその矛盾は、五畿内「天下」を掌握した信長が「諸国」の大名らと直接相対する段階にいたった天正八年八月以降に、非和解的に高まることになったのだった。

四　「本能寺の変」の歴史的意味

「本能寺の変」をめぐる近年の研究動向をみると、信長の専制性は不動の通説のままで、光秀を操る黒幕の存在を想定したり、織田部将らの政治的損得勘定や派閥抗争から光秀の動機を推論したりと、政治史の表面的レベルでの論説に収斂する傾向が極めて強い。そうした仮説の提示に意味がないとは思わない。しかし、政治過程というものは政治的・階級的な諸潮流の対抗関係が展開する場なのであるから、本来、政治史研究はそうした対抗関係がつくり出す矛盾をはらんだ権力構造が変容する過程を叙述せねばならないはずである。そのような意味での政治過程にこの政変を位置づける必要がある。

将軍なき「天下」を掌握した天正八年（一五八〇）八月に、信長は大友氏と島津氏に宛てて停戦令を出している。次に示すのは島津義久宛のものの写しである（信八八六）。

雖未相通候令啓候、仍大友方与鉾楯事、不可然候、所詮和合尤候歟、将又此面事、近年本願寺令緩怠之条、誅罰之儀申付候、然大坂可退散由依懇望令赦免、到紀州雑賀罷退候、畿内無残所属静謐候、来年於芸州可出馬候、其刻別而御入魂、対天下可為大忠候、尚近衛殿可被仰候間、閣筆候、恐々謹言、

八月十二日　信長

嶋津修理太夫殿　御宿所

【現代語訳】

初めて文書でお伝えする。大友方との紛争を続けているのは不適切である。和睦するべきである。また畿内方面では、近年大坂本願寺に不届きがあったため誅罰し、大坂から退散すると懇願したので赦免したところ、紀州の雑賀まで退散した。畿内は残すところなく治まった。来年は毛利攻めに出馬する予定である。そのときは織田方と特別に同盟を結べば、それは「天下に対する大忠」となるであろう。詳しくは近衛前久《このえさきひさ》殿から伝える。

信長は本願寺や雑賀一揆を屈服させて「畿内」平定を実現したと喧伝しながら、この文書でも、和睦することは「天下」に対する「大忠」だという。将軍がいないのにもかかわらず、言い方は将軍の意を受けた九年前の停戦令（二一頁）と同じだ。信長の将軍なき「天下」論は具体的人格性を持たず、むしろ極めて抽象的になっている。そのため、自分は来年から毛利氏を攻めるから九州での戦争を止めて「入魂」（昵懇）にせよという、自らの軍事目的むき出しの理屈を付けざるをえなかったのではないか。

信長から諸国大名への停戦令や服属令は、以下の二点において室町幕府の将軍と同じレベルに止まるものであった。

第一に、諸国大名との主従関係構築のための手段、すなわち大名を動員するための具体的数値根拠となる領知宛行の欠如である。それは信長が諸国大名との間に客観的な義務・権利関係に基づく権力関係を構築する発想ないし意思を持たなかったことを意味する。前述のように、信長は直臣大名に対してさえ近世的領知宛行をなしえなかったわけだから当然だともいえるが、この点、停戦令を上洛・領知宛行とセットで大名に要求した豊臣政権との間には、封建国家の形成過程における権力の本質に関わる厳然たる段階差が存在するのである（藤木久志一九八五）。近年の織田政権研究の多くが、紛争当事者の大名が信長停戦令を当座受諾したことのみをもって、その大名が信長へ「服属」「従属」したと評価するのだが、「服属・従属」概念をあまりに奔放に用いているといわざるをえない。ちなみに、領知宛行は石高制検地の実施を絶対条件とはしない。天正十六年八月、秀吉が停戦・国分令《くにわけ》（惣《そう》無事《ぶじ》）を最終的に受け入れた島津氏に対して、当時の九州地域における領知高表示で一般的だった地高（土地面積）制による知行宛行を実施したのは、その例である（中野等一九九九）。

第二に、信長に大名の領知規模を確定して宛行う意思がない以上、大名領国境目の領域秩序を画定する領土裁判、そのための当事者からの証拠提出や境目への検使派遣による調査等の実施も想定すらされていなかった。天正十年三月の武田氏滅亡後、上野《こうずけ》国に派遣された滝川一益《たきがわかずます》が仲介奔走して北条《ほうじょう》氏から小山《おやま》氏に所領を返還させたり、島津・大友停戦の条件として島津氏当知行分の現状維持を信長が提示した例はあるが（柴裕之二〇一七）、戦国社会にひろく行われていた当事者主義的紛争解決の次元を超えるものとはいいがたい。この点で、大名どうしの領土紛争を「国郡境目相論」と規定して先行国家における国土高権を法形式上の根拠に領土裁判権を行使し、かつ紛争地域の領有変遷の歴史を調査して国分と知行宛行に取り組んだ豊臣政権の「惣無事」（藤木久志一九八五、稲葉継陽二〇〇九）と、信長の停戦令との間には、決定的な段階差が存するのである。

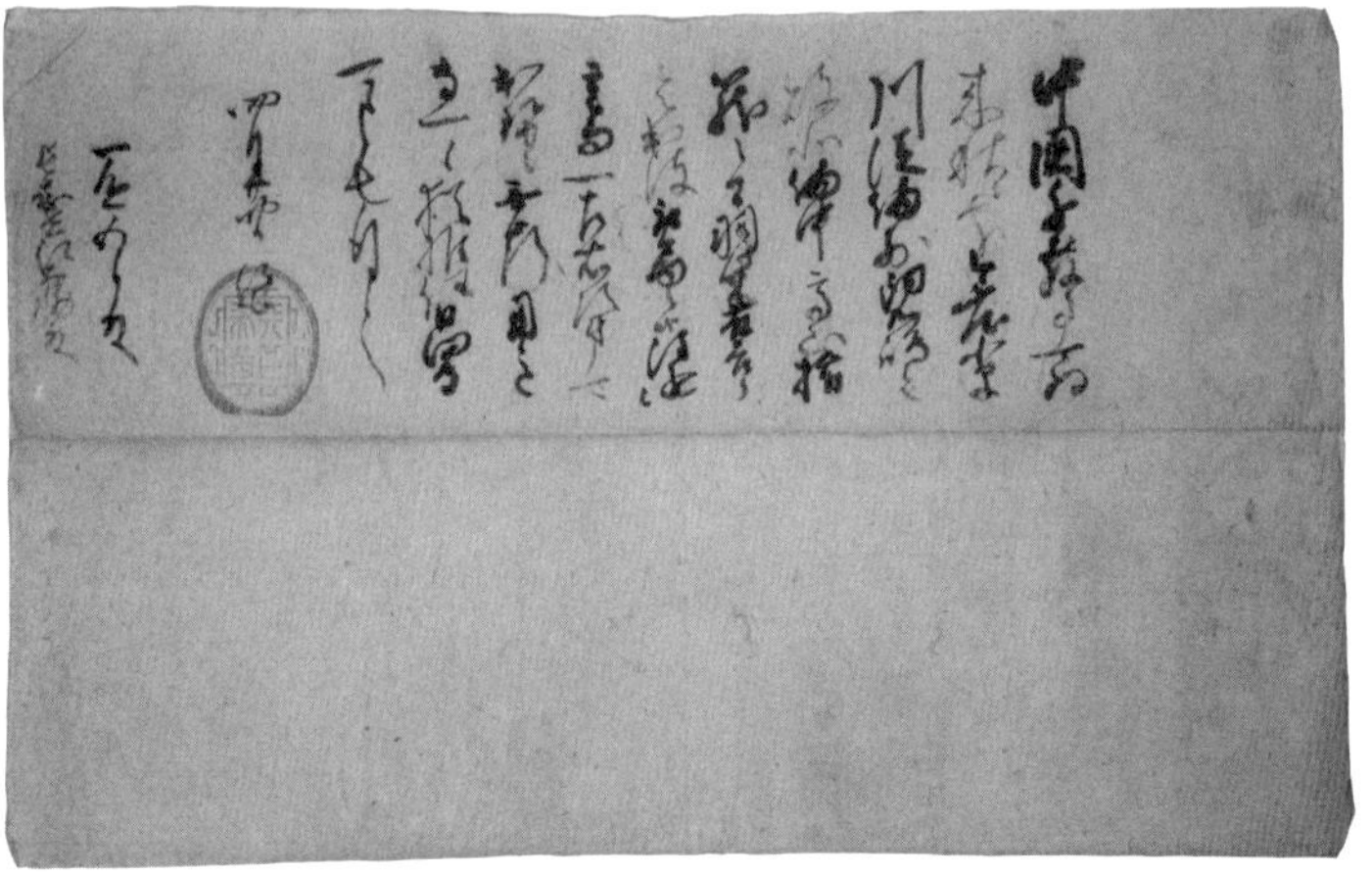

写真２　（天正 10 年）４月 24 日　織田信長最後の朱印状（長岡藤孝・一色五郎宛て）「中国出陣の詳細は光秀に聞くように」

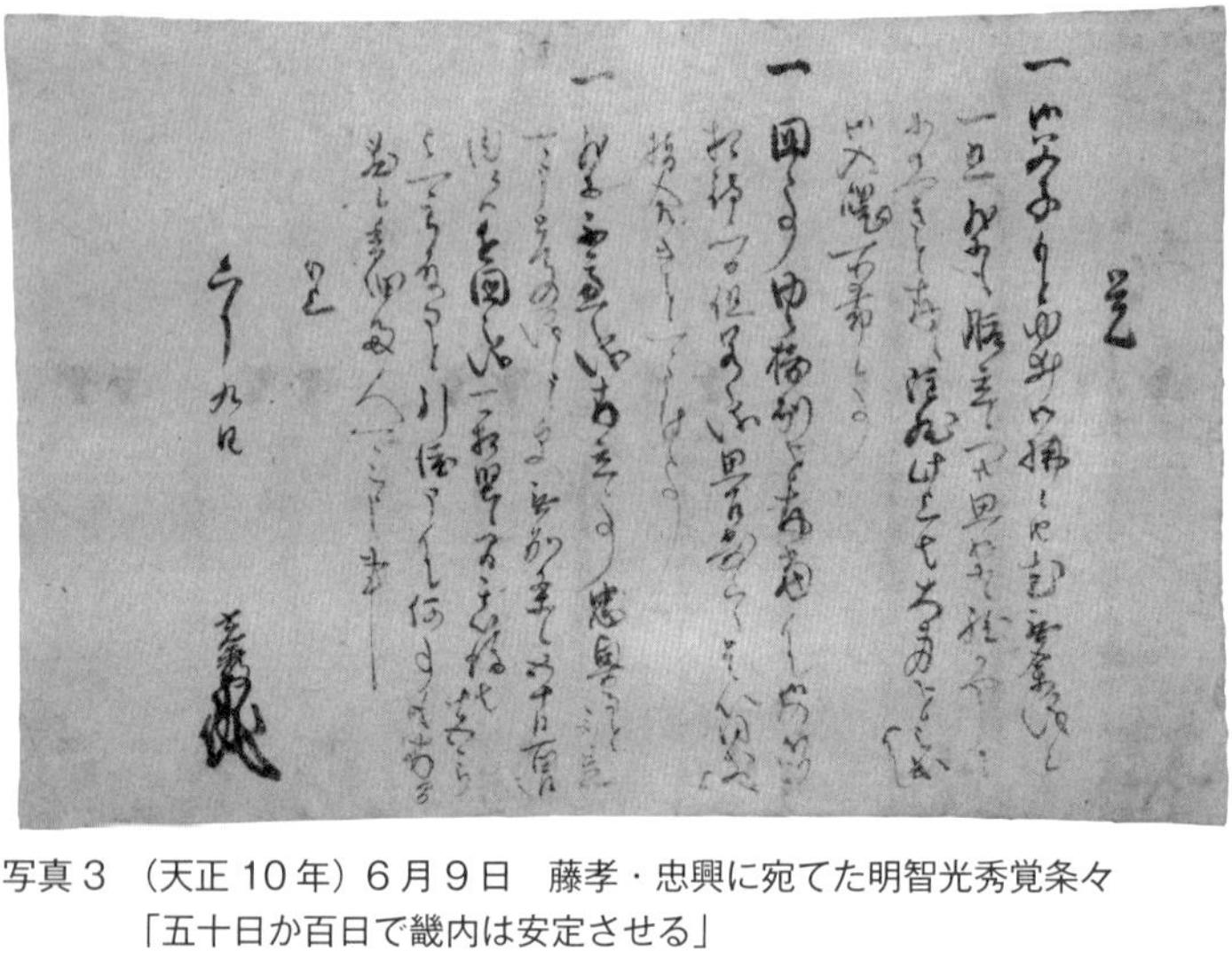

写真３　（天正 10 年）６月９日　藤孝・忠興に宛てた明智光秀覚条々「五十日か百日で畿内は安定させる」

したがって、信長の停戦令・服属令は、諸国大名の実力行使を凍結する実効性を有さなかった。天正九年に信長から阿波国の返上を突如要求された長宗我部《ちょうそかべ》元親《もとちか》が、明智家老の斎藤利三《としみつ》に取成しを依頼した「本能寺の変」直前の書状（石谷家《いしがいけ》文書）は、信長による対長宗我部政策の強引な変更が何年間も仲介役を務めてきた光秀を追い込み、信長殺害に至らしめたという「本能寺の変　四国説」の根拠とされている。しかし、この文書で最も重要なのは、この期に及んで元親が、阿波国内の交通上の要地にある海部《かいふ》・大西両城は決して渡さないと明言していることである。四国出兵の泥沼化は必定であった。

かくして天正十年五月、同年の武田攻めに続いて信長は、中国・四国への二正面作戦に光秀を含む直臣大名らを動員することになった。停戦と領土裁判を実現できない信長が権力を拡大しようとすれば、いわば〝戦争の自動機械〟にならざるをえなかった。織田権力の内部で軍事動員をめぐって信長と直臣大名たちとの間に生じる矛盾は、もはや限界に逢着していたのではないか。六月二日、みずから出馬のために京都に出てきていた信長を止められるのは、五畿内「天下」に最高の軍事的地位を保持する明智光秀をおいて、他にはなかった（写真2）。

光秀の政権構想については、「五十日か百日のうちに畿内近国の情勢を安定させ」（永七七、写真3）、「足利義昭を京都に復帰させる」（美濃加茂市民ミュージアム所蔵文書）と発言していた事実が知られるのみだ。将軍を推戴した五畿内「天下」体制を再構築し、その上で「諸国」大名といかなる関係を結ぶつもりであったのか、知る術はない。しかしその方向性は、光秀自身が畿内近国の地域社会と長年にわたって向き合いながら自身の領国に打ち立てていた近世的支配体制をみれば、おのずと明らかであろう。織田政権は、近世的分権の深化に対応できなくなった中世国家の最後のかたちであった。その迷走に終止符を打ち、豊臣政権の成立という近世封建国家の樹立過程における一大画期に道を開いたことこそが、「本能寺の変」の歴史的意味であり、光秀が日本歴史に刻み込んだ遺産であった。

参考文献

【史　料】

熊本大学文学部附属永青文庫研究センター編『永青文庫叢書　細川家文書　中世編』（吉川弘文館、二〇一〇年。史料引用には、「永」と記して「史料編」の「織豊期文書」における収録番号を付した）

奥野高廣『増訂　織田信長文書の研究』（吉川弘文館、一九八八年。史料引用には「信」と記して収録番号を付した）

藤田達生・福島克彦編「明智光秀文書集成」（同編『明智光秀　史料で読む戦国史』八木書店、二〇一五年、所収。史料引用には「集成」と記して収録番号を付した）

【論文・著作等】

池上裕子『織田信長』（吉川弘文館、二〇一二年）

稲葉継陽『日本近世社会形成史論―戦国時代論の射程―』（校倉書房、二〇〇九年）

同「細川家伝来の織田信長発給文書」（森正人・稲葉継陽編『細川家の歴史資料と書籍』吉川弘

文館、二〇一三年）
同『細川忠利—ポスト戦国世代の国づくり—』（吉川弘文館、二〇一八年）
神田千里『戦国時代の自力と秩序』（吉川弘文館、二〇一三年）
同『織田信長』（ちくま新書、二〇一四年）
久野雅司「織田政権の京都支配における奉行人についての基礎的考察」（『いわき明星大学人文学部研究紀要』二八、二〇一五年）
黒嶋　敏『中世の権力と列島』（高志書院、二〇一二年）
柴　裕之「織田信長と諸大名」（『白山史学』五三、二〇一七年）
鈴木将典「明智光秀の領国支配」（戦国史研究会編『織田権力の領域支配』岩田書院、二〇一一年）
高柳光寿『明智光秀』（吉川弘文館、一九五八年）
中野　等「豊臣政権と国郡制」（『宮崎県地域史研究』一二・一三、一九九九年）
早島大祐「明智光秀の居所と行動」（藤井讓治編『織豊期主要人物居所集成』思文閣出版、二〇一一年）
藤木久志『豊臣平和令と戦国社会』（東京大学出版会、一九八五年）
【付記】本論は、熊本県立美術館図録『細川ガラシャ』（二〇一八年）に収録した「明智光秀論」を一部改稿、改題したものである。

2 細川幽斎と天下人たち

稲葉継陽

はじめに

日本近世の社会体制は通常「幕藩体制《ばくはん》」と呼びならわされている。この体制の構成要素である「藩」とは、「大名家」の統治機構と統治領域を指す用語であり、「大名家」は、近世武士領主が形成した団体的な組織であるとともに、日本近世における基本的な政治単位でもあった。その数は体制が安定した十七世紀末の時点で、二七〇に達した。

数ある大名家は、徳川将軍家を中心とした秩序の中で、家門《かもん》（一門）・譜代《ふだい》・外様《とざま》の三類に大別されたが、細川家は「外様」、そのうちでも信長・秀吉の時代に取り立てられた武将に出自を有する「上方衆」に属した。「外様」のうちには、島津、伊達《だて》、毛利《もうり》、上杉、相良《さがら》など、国人領主や戦国大名の系譜を引く家々（「国衆」）も含まれていたが、細川家は、「上方衆」と「国衆」とからなる「外様」

大名家全体の中でも、特異な出自を有する家であった。

それは、藩祖が室町幕府将軍近臣でありながら、信長、秀吉、家康の相次ぐ覇権確立と交代の過程を乗り切って近世大名となり、さらに幕末まで国持大名たる地位を維持した、唯一の大名家であったという点である。将軍近臣のほとんどは幕府滅亡時に没落し、織田配下の武将の家の多くも豊臣政権の成立過程で滅亡ないし衰退、秀吉の家でさえも徳川の覇権確立に際して消滅した。永青文庫の資料が膨大な藩政史料とともに、五九通もの信長発給文書や、十六世紀の京都で成熟した文学および諸芸能に関する重要資料を数多く伝来させたのは、細川家の出自のこうした特殊性に由来するのである。

日本政治史における最大の激動期のひとつであった織田・豊臣期から徳川初期までを的確な政治判断によって乗り切り、中世文化を一身に集約して近世へと伝えた細川家の藩祖、それが細川幽斎《ゆうさい》（藤《ふじ》孝《たか》）であった。織田信長、豊臣秀吉、徳川家康それぞれの権力における幽斎の固有の存在意義を明らかにし、彼の歴史的位置の一端に迫ってみたい。

なお、幽斎の呼称については当時のそれにならい、織田政権段階までを「藤孝」、豊臣政権期以降を「幽斎」と表記する。

一　戦国武将藤孝と信長・光秀

(1)　義昭・信長連合政権期から対立期までの藤孝

天文《てんぶん》三年（一五三四）、幕臣の三淵《みつぶち》家と学問を家職とする公家の清原家との間に生をうけ、細川家を継承した藤孝は、天文十五年（一五四六）、足利将軍義藤《よしふじ》（のちの義輝《よしてる》）の元服《げんぷく》と同時に、その側近として出仕し始めた。「藤孝」の名乗りは、この時に将軍から一字を与えられたものであった。しかし当該期の幕府は三好長慶《みよしながよし》の台頭などによって極めて不安定であり、天文十九年十一月二十一日、将軍義藤は長慶に敗れ、近江堅田《おうみかただ》への移動を余儀なくされ、藤孝もこれに従い、帰洛には天文二十一年の正月を待たねばならなかった（以上『綿考輯録《めんこうしゆうろく》』巻一）。

永禄《えいろく》八年（一五六五）五月、三好三人衆・松永久秀《ひさひで》による将軍義輝殺害事件が発生する。このとき、義輝次弟で奈良興福寺《こうふくじ》一条院にあった覚慶《かくけい》は幽閉されたが、藤孝らは七月末にこれを救出して近江に逃れた。翌年二月に還俗して義秋《よしあき》となった覚慶は九月に藤孝らとともに越前へと移り、次いで美濃《みの》を支配下に置いた織田信長に推戴《すいたい》されて入洛し、永禄十一年十月に将軍宣下をうけ、ほどなく改名して義昭となった。

この後の京都を中心とした政治形態は、義昭御内書《ごないしょ》（書状）と信長添状との組み合わせによる文書発給様式（二〇頁参照）からみても、義昭・信長連合政権と呼ぶべきものであった。だが、永禄十三年（一五七〇）正月における信長の五ヵ条「条々」の制定を経て、元亀三年九月の信長十七ヵ条「条々」の義昭への提出によって両者は決裂し、翌年七月の義昭没落へと至る。この時期における藤孝と信長・義昭との関係を古文書によって検討してみよう。

藤孝と信長との関係を示す最初の文書は、永禄八年に比定される十二月五日付の藤孝宛信長書状（信六〇）である。同文書で信長は、義昭が入洛するとの重ねての「御内書」（義昭書状）をうけ、すでに度々了承したように「上意次第」でいつでも「御供奉《ぐぶ》」するとの意思を藤孝に伝え、この旨を藤孝から義昭に「御取成」してくれるよう依頼している。すなわち藤孝は近江にあった義昭に近侍しつつ、信長と義昭との取次の役目を果たしていたのである。また永青文庫所蔵の義昭入洛直前の時期の藤孝宛関東諸将書状群写（永一〜五）等によれば、藤孝は関東から九州までの大名領主との取次役もつとめていたことが分かる。さらに義昭入洛後の永禄十二年二月、藤孝は義昭が摂津《せっつ》忍頂寺《にんちょうじ》に発給した御内書に、中沢元綱と連署《れんしょ》した奉書《ほうしょ》を添えていた（信上巻二五二頁）。このように藤孝は、永禄八年の義昭近江脱出から連合政権期まで一貫して、義昭の取次・奉行人として、義昭と信長をはじめとする大名領主たちとを結びつけるべく活動したのであった。

しかし、信長と義昭との対立が本格化する元亀二年（一五七一）、藤孝の立場にも明確な変化が生じる。現存する信長文書によれば、同年六月段階までの藤孝は、信長の意思を義昭に「披露」する取次として活動していたことが知られるが（信二七九・二八〇）、信長は同年十月十四日付の朱印状（信三〇二）によって、「勝竜寺要害《しょうりゅうじ》」の普請に用いる人夫を「桂川より西在々所々」から「門並」（一軒ごと）に三日間徴収する権利を藤孝に付与した。この史料が信長と藤孝との主従関係の形成を示す初見である。

次いで翌年七月、信長は西国街道の要地・西岡青龍寺（勝龍寺）城を拠点とする藤孝に、大坂本願《ほんがん》寺《じ》と洛中との交通を管理させる旨の朱印状を発し（信二三九）、さらに九月には、西岡在来の小領主革嶋《かわしま》氏に対して、藤孝の「与力」として「陣参・普請」以下の働きをなすよう朱印状をもって命じている（信二三三）。

このように元亀二年十月以降、信長は藤孝に城普請、夫役徴収、交通管理、軍事編制という西岡地域の支配を実現させるための基本権限を具体的に、かつ独自に付与するようになった。この時期を、藤孝が次第に将軍義昭側近としての地位を離れ、信長との主従関係のもとで地域領主化の道を歩み始めた画期とみることができる。

さらに信長は、義昭との対立が決定的段階に達した元亀四年二月から三月に、藤孝に対して相次いで黒印状を発した（永一三〜一六）。このうちの二月二十三日付の黒印状（永一三）は、信長・義昭の軍事衝突の可能性が高くなったこの時点で、京都の藤孝が岐阜にいる信長に対して都および畿内の情勢を詳細に報告する立場にあったことを示している。

この文書も含む二月段階の三通の黒印状（永一三〜一五）で、信長と藤孝は、義昭との和睦交渉に付随する人質交換のあり方や摂津方面の諸領主の動向等について具体的な意見・情報をやりとりしていた。しかし、義昭が信長と断交する直前の三月七日付の十七ヶ条にも及ぶ黒印状（永一六）では、

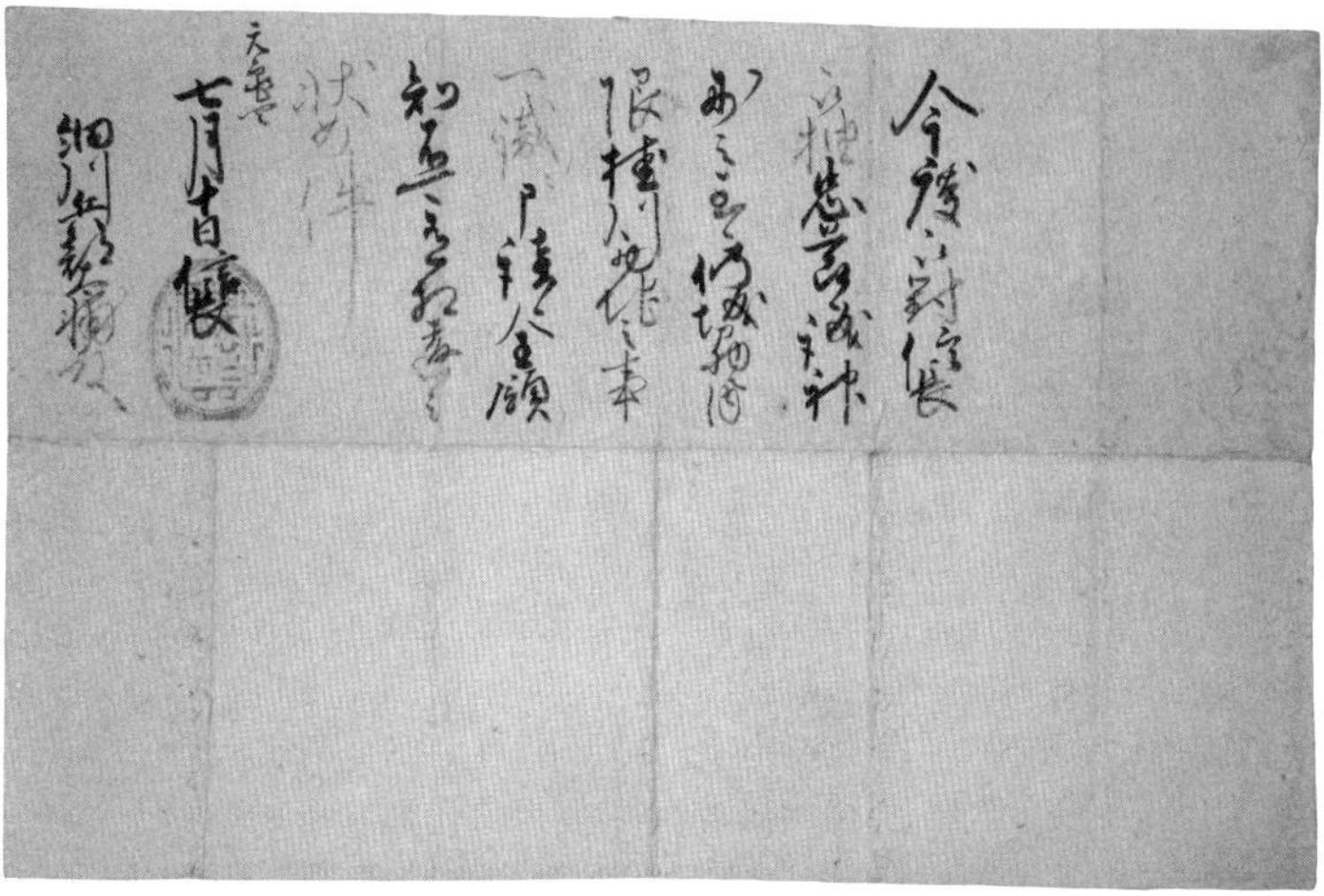

写真1　元亀4年7月10日　織田信長朱印状（細川藤孝宛て）
細川家の大名家としての出発点

信長は和・戦にかかわらず上洛すると宣言し、義昭が信長追討の御教書《みぎょうしょ》を下した畿内諸領主および朝倉、六角、上杉、武田の動静等について藤孝と詳細な情報交換を展開している。元亀四年三月における藤孝の立場の決定的な変化が読み取れる。この後、三月二十五日に岐阜を発ち大津逢坂《おうさか》に着陣した信長を、藤孝は荒木村重《むらしげ》とともに出迎えた（『信長公記《しんちょうこうき》』）。この時、幕臣の中でただ一人、藤孝が信長を出迎えたことは、信長・義昭対立期の幕臣中での藤孝の特殊な位置、すなわち将軍直臣が信長を選択するという政治判断がいかにイレギュラーな決断であったかを、明確に示している。

同年七月、信長との講和を破棄して山城槙島《やましろまきしま》城に入った義昭は、十八日には信長軍に包囲され、敗北・没落した（『信長公記』）。元亀四年七月十日付信長朱印状（永一七）は、信長が藤孝の「忠節」を評価し、山城国のうち桂川《かつらがわ》から西の地域

（西岡）の「一職（職）」の「領知」、すなわち、すでに信長との主従関係のもとで藤孝が行使し始めていた青龍寺城領に対する領域支配事実を権利として保障した文書である（写真1）。

以上のように、元亀二年十月に次いで、青龍寺城を拠点にして室町将軍と最終的に決別した元亀四年（一五七三）の藤孝に、肥後細川家の大名権力としての出発点を明瞭に見出すことができよう。時に藤孝は四〇歳であり、信長と同い年であった。

(2) 織田政権下の京郊領主としての藤孝

こうして信長配下の有力部将となった藤孝は、本拠地が長岡京の故地であるのに因んで苗字を長岡へと変え、在来の小領主たちをも家臣団に採用して山城国桂川以西地域の領域支配を実現した。さらに信長の指示のもとで各地を転戦し、情勢を詳細にわたって報告しては返書を得ていた。これらが永青文庫所蔵の信長発給文書の中核をなす。信長文書から読み取れる京郊領主としての藤孝の存在形態について注目すべき点を指摘しておこう。

第一は、天正三年（一五七五）秋に予定された大坂攻めに先立って発給された朱印状（永二六）において、信長が丹波《たんば》二郡の国衆を藤孝の軍事指揮下に入れると伝え、天正六年の丹波攻めに際しては、やはり朱印状（永四八）で、丹波奥郡・多喜郡への軍道の即時普請を命じられているように、藤孝と丹波方面との結びつきの強さが注目される。これはおそらく藤孝の本拠地西岡が桂川（保津川）交通等によって丹波方面と強く結ばれていたことによって可能となった軍事編制策だったと考えられる。

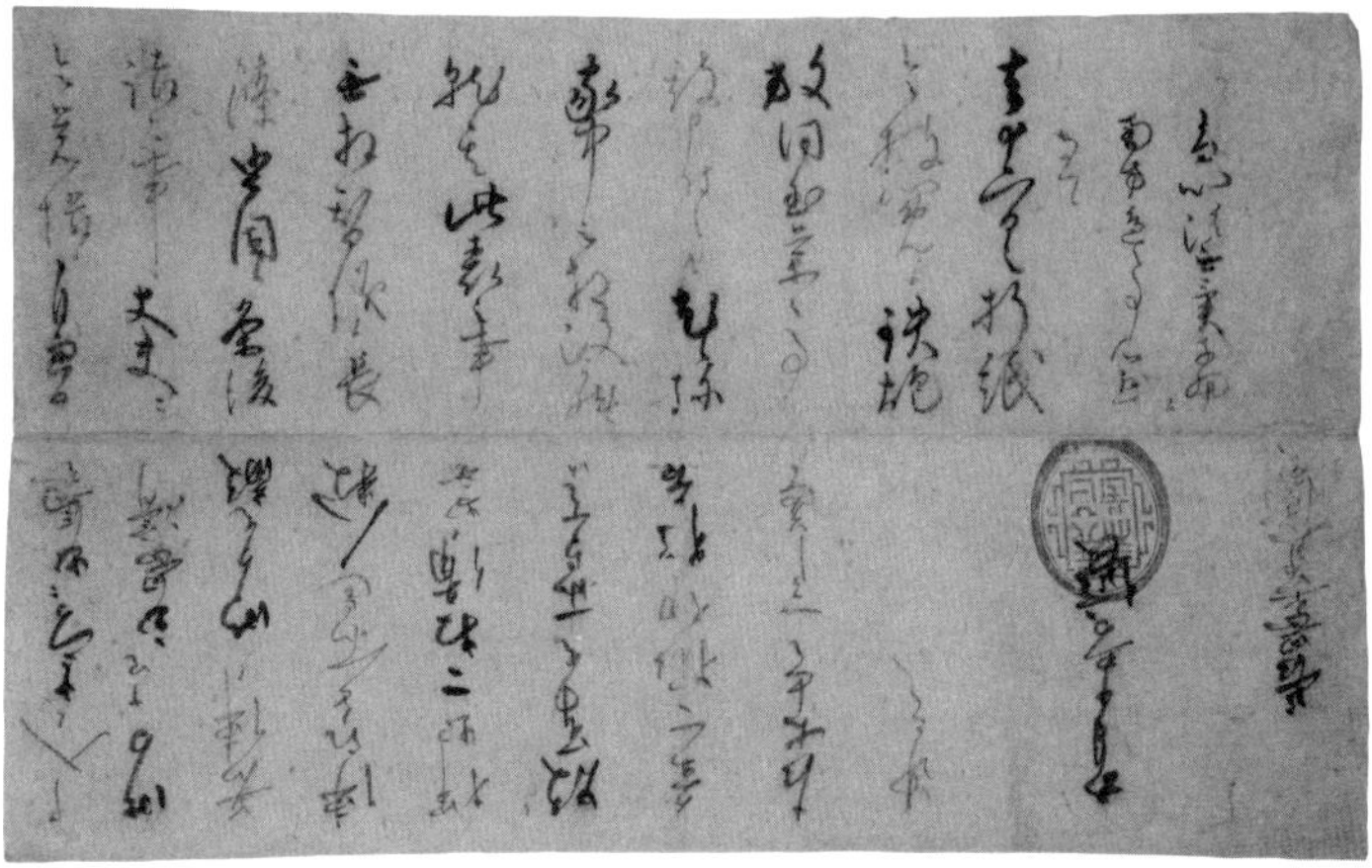

写真２　（天正３年）５月15日　織田信長黒印状（長岡藤孝宛て）
「長篠に鉄炮放ちと玉薬を送れ」

天正七年正月の黒印状（永五三）で摂津有岡城攻めに際して、藤孝「父子」の「番替」（城攻め役の交替）が許可されているのも、前述のように西岡の地が京都から南へ出る交通（西国街道）の要衝であったことと無関係ではないであろう。

第二は、長篠《ながしの》合戦に関する黒印状（永二七〜二九）において、藤孝が「鉄炮放同玉薬」すなわち鉄砲の射手と弾丸・火薬を調達して長篠に送ったことが判明する点である（写真2）。武田騎馬隊に対する信長の作戦を実現するために必要不可欠な足軽的人員と弾薬の大量確保という業《わざ》は、京都近郊の交通・流通拠点にあった藤孝の協力によってこそ成し得たものであったと考えられる。また天正五年に比定される六月五日付信長黒印状（永四三）からは、藤孝は信長の安土《あづち》城櫓普請《やぐらふしん》に際して、「上手」の大工を調達して派遣していたことが知られる。中世の京都には寺社や貴族の邸宅の普請にあたる高度な技術を有した建築職人集団と、棟梁である大工が存在しており、藤孝は信長の権威と権力の象徴であり最初の近世城郭と評価される安土城の普請に、それらを動員する役割を担っていたのである。

義昭・信長と対立する三好氏勢力を退けて藤孝が青龍寺城に入ったのは、『言継卿記《ときつぐきょうき》』によれば、永禄十二年（一五六九）正月八日であった。すなわち藤孝は、連合政権成立期から天正八年の石山本願寺攻めの終結に伴う丹後移封まで一貫して、この交通・流通の拠点にあって軍事交通手段の整備、軍事物資と人員の調達、さらに技術者集団の確保等の面で信長の権力を支え続けた。その意味で、西岡における藤孝の存在は、信長の京都での軍事的・経済的立脚点であったとみることができる。

(3)　丹後時代の藤孝と光秀・信長

もちろん藤孝は、単に山城西岡の地域領主として活動していたわけではなかった。永青文庫の信長発給文書のうちで最多を数えるのは、天正二年（一五七四）からの一向一揆《いっこういっき》（伊勢・大坂・越前等）および紀州雑賀《さいが》・根来《ねごろ》一揆との戦いに関するもので、藤孝が他の信長配下の部将らとともに、畿内近国の一揆勢力と血で血を洗う戦闘を継続していたことが手に取るようにわかる。わけても、天正二年に比定される九月二十九日付の藤孝書状（永二五）は、一揆との戦闘の様子を自筆で叙述したものとして重要であり、「一揆勢の首七、八〇〇を討捕った」とする記述等はじつに生々しい。

しかし、天正八年八月に教如《きょうにょ》が石山を退城して本願寺が焼失すると、信長は羽柴秀吉に担当させていた毛利攻めに軍事政策の重点を移す。この点に関連して、同年八月に藤孝が山城西岡から丹後《たんご》宮津《みやづ》へと移封となって以降、織田政権末期における藤孝の存在形態について三点指摘しておこう。

第一は、藤孝の丹後移封の目的である。注目されるのは、藤孝の丹後入部の翌年、老臣の松井康之が同地域の水軍（海の武士団）を率いて秀吉の因幡《いなば》鳥取城攻めに加勢し、軍功をあげていることである（永五九・六〇・六五・六六号）。藤孝のもとには、信長が鳥取城攻めの方針を秀吉に対して詳細に指示した黒印状（永五八）が前線の秀吉から転送され、両者は綿密に連絡を取りながら、山陰における毛利勢力の拠点・鳥取城の攻略にあたった。山陰方面の制海権を確保する上で、日本海交通の要衝である丹後の水軍を編制することが、いかに重要であったかが理解できよう。藤孝の丹後移封は、本願寺攻め終結後における信長の中国（山陰）地方に対する軍事的拡大政策を推進する目的で断行されたのであった。

第二は、征服地丹後の藤孝による支配方式である。同年八月に丹後国に入った藤孝（永五四）は、同月中にはみずから居城を宮津と定め、信長もそれを追認し、城普請には明智光秀と相談してあたるよう指示した（永五五）。次いで藤孝は国内の領主層に出仕を命じて、従わない者を討ち（永五六）、翌天正九年は丹後領国支配の基礎を確立する。信長から相次いで受けた四通の朱印状（永五七・六一・六二・六四）によれば、そのための基本政策は、国内諸領主からの「指出《さしだし》」（所領名および規模等の自己申告書）の徴収とその安堵《あんど》による「給人」（軍役衆）化、石高制総検地の実施、「指出」の数値を上回る検地踏出分（「余分」＝「出来分」）の没収であった（永五七）。この、指出と検地の併用による本領安堵と検地踏出分の没収という軍役編制の方法は、丹後国最大の勢力であった一色《いっしき》氏と国人領主

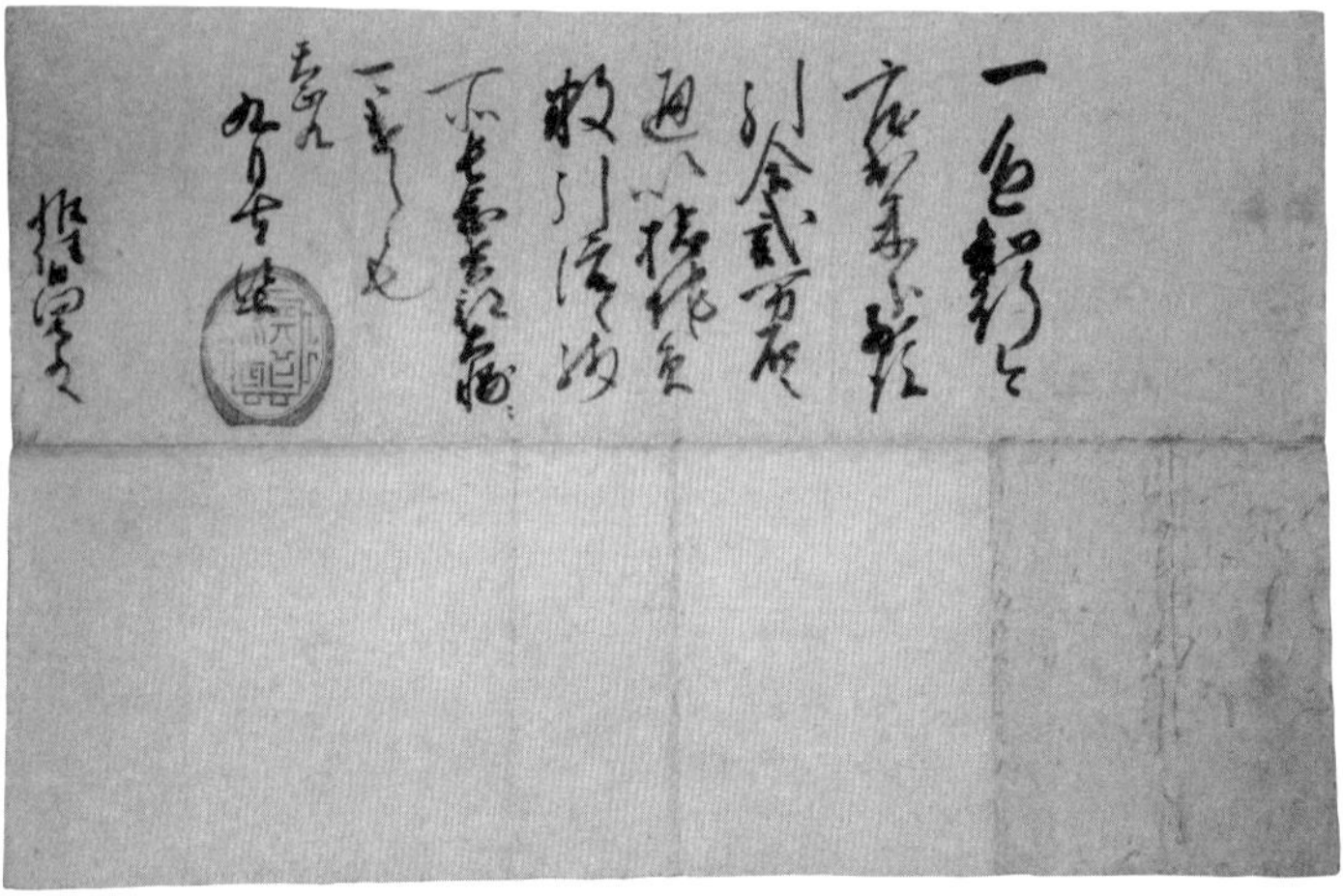

写真３　天正９年９月７日　織田信長朱印状（明智光秀宛て）
光秀と協力して丹後の石高制検地と知行割を推進

矢野氏の所領についても、明智光秀の関与のもとで適用された（永六一～六四）。

このようにして藤孝は、在来の丹後領主層の本領安堵を通じて軍役衆に編制し、それら本領をも対象とした石高制検地の実施と踏出分の没収によって蔵入分（直轄領）等を創出し、軍事動員の基準体系を構築するに至ったのである。

これらを踏まえた上で重視すべき第三点目は、藤孝の領国経営に対する明智光秀の監督権、および藤孝に対する光秀の軍事指揮権の存在である。光秀が藤孝の丹後入国の様子をいち早く信長に報告し（永五四）、居城である宮津城の普請を監督するよう信長から朱印状でもって命じられ（永五五）、信長が出陣準備の詳細について光秀を通じて藤孝と連絡し（永六〇・六九）、丹後における検地踏出分を光秀が処分していること（永六三・六四）等が、それを示す。すなわち、信長が藤孝に山陰出兵体制を構築させるために光秀の手腕は不可欠であり、藤孝が信長の軍事動員に対応するための領国支配体制の構築に取り組む上でもまた、光秀の存在はなくてはならないものであった。

したがって、信長にとって中国出兵直前の光秀による謀反は、まったく予測できない事態であったし、「本能寺の変」の七日後に藤孝・忠興《ただおき》父子に差し出した三ヵ条の「覚」（永七七）の第一条で光秀が、長岡父子は自分に味方して当然だとの趣旨を暗に伝えていたのも、光秀と藤孝との現実の関係に根ざした言動であったと理解される。

よく知られるように、天正十年時点で丹波国を領知する光秀の軍事指揮権は、丹後長岡氏、西近江・山城の領主層、大和筒井《やまとつつい》氏にまで及び、現実に畿内近国の領主たちのうちで「本能寺の変」後に光秀に味方した者、あるいは逡巡した者も少なくはなかった。難しい選択を迫られた藤孝であったが、彼は自分にとっての主君はあくまで信長であるという態度をとって光秀に与同せず、二度目の政変を乗り切ったのであった。

二　幽斎と秀吉・家康

(1)　豊臣政権における幽斎の存在意義

「山崎《やまざき》の戦い」における勝利から約一月後、織田旧臣のうちで政治的主導権を握った秀吉は藤孝父子と入魂《じっこん》を約した起請文《きしょうもん》（永七八）を交換した。家督を子息忠興に譲った藤孝は幽斎と号し、天正十四年（一五八六）四月には秀吉からかつて本拠地であった山城国西岡に三千石の所領を給与された（永八一）。これは、幽斎の豊臣政権（京都）における固有の役割に対応した所領であった。

法体となって武人としての活動を停止した幽斎の役割の第一は、当代歌壇の権威たる古今伝授《こきんでんじゅ》相伝者の立場からなされた独自の活動である。幽斎は室町将軍に仕えていた弘治《こうじ》・永禄年間（二十歳代から三十歳代前半まで）に、近衛《このえ》家の人々から入手した連歌関係の書籍を筆写する活動を開始し（森正人二〇一〇）、将軍義昭と信長との関係が決定的に悪化した元亀三年（一五七二）十二月に三条西実枝《さんじょうにしさねき》に古今伝授の誓状を差し出して受講を開始、天正四年十月には、古今伝授の終了を示す証明状が与えられていた（宮内庁書陵部所蔵文書）。室町将軍と決別したうえ、百姓との暴力的な全面対決という日本史上の特異な時代の最前線にあって、信長のもとで一揆勢の首を切り続けた藤孝が、一方で古今集解釈の秘伝を一心に学んだという事実に興味は尽きない。以下、幕臣時代から綿々と培った幽斎の歌人・歌学者としての才が、天下人秀吉に必要とされた事実に注目しよう。

林達也によれば、天正十三年七月に関白となった頃から秀吉の「「文化」的上昇志向」が強まって、連歌会《れんがえ》を頻繁に開催し、次いで聚楽第《じゅらくてい》での歌会が催されるようになり、幽斎はそれらに同席するばかりでなく、毎回のように秀吉をはじめとする武家の出席者の詠歌を代作していた（林達也一九七七）。さらに幽斎は聚楽第に千利休《せんのりきゅう》とともに宿所を与えられていたとみられ、秀吉や賓客《ひんきゃく》を迎えて茶の湯を興行していたという。

天下人の「文化」的営みは、政治権力の行使と不可分であった。それを示すのが秀吉の九州停戦・

国分令《くにわけ》の薩摩《さつま》島津氏への伝達から豊臣政権への従属実現までの過程における、幽斎の活動である。

天正十三年、関白となっていた秀吉は十月二日付の直書《じきしょ》（島津家文書）で、島津・大友両氏に対して即時停戦、領土紛争（「国郡境目相論」）裁定権の豊臣政権への帰属を受け入れるよう提示し、これを「勅諚《ちょくじょう》」（天皇の命令）だとしながら、受け入れない場合は「御成敗」すなわち実力行使に及ぶ、と通達した。このように秀吉は、諸大名の従属を単に武断的に推進したわけではなく、大名家の領土紛争に関する交戦権を自己の領土裁判（「国分」）権に吸収して凍結し、これを受け入れた大名には画定した領土に対する支配権を保障して主従関係を結び、受け入れない大名に対しては武力をもって強制執行するという、一連の政策手続きを踏みながら、天下「惣無事《そうぶじ》」の体制、すなわち大名家による領土紛争が停止し、諸大名家が秀吉に主従制的に服属する体制を構築していったのであった（藤木久志一九八五）。

注目すべきは、この重大な秀吉直書に次のような添状（島津家重臣宛て）が付され、鹿児島の島津義久に届けられていたことである（『豊公遺文』『綿考輯録』巻四）。

一、豊州と貴国御鉾楯之儀ニ付而、関白殿御内証之趣承及通、以条数令申候、

一、近年都鄙被相静、乱逆大底属静謐候、依之、禁廷茂御崇敬候、則被任内大臣、当職御預け候、然者天下以叡慮趣、弥堅固被仰付、南北東国被任下知候、

一、九州之儀、于今互御遺恨不相止、所々御争論之趣、其聞候、然者先被抛万事、被応綸命、和融姿可然候、其時国々境目、依理非可有裁判由、面々以御書被仰下候、若於無御承諾者、急度

可被及行御内存候、雖勿論候、御分別此節ニ候歟、先年太守可被仰通様、被仰越候間、先内証以書状令申候、依御返事、猶段々可申承候也、

十月二日

（幽斎）玄旨判

（利休）宗易判

伊集院右衛門大夫殿

【現代語訳】

一、大友・島津の戦争について、関白秀吉殿の内々の意向を本状にてお伝えする。

一、近年、都と地方の争乱はしずまり、政治秩序の乱れもおさまった。これによって秀吉殿は朝廷を崇敬して内大臣に任じられ、天皇から関白職を預けられた。したがって、秀吉殿は関白として天皇の意思をうけ、ますます天下の秩序を固め、南国・北国から東国まで権限を行使する。

一、九州ではいまだに諸大名が互いの遺恨を止めず、あちこちで領土紛争が続いているという。あらゆる事情を棚上げして、天皇の命令に応じて和睦すべきである。それに際して、諸大名の領土境目紛争は理非を調査して裁判で解決する。この旨を九州の大名らに関白殿の御書でもって通達した。もしご承諾なければ即刻出兵する。これが関白殿のご意向である。言うまでもないことだが、決断するならいまでである。先年、島津義久殿が京都と通じたことがあったので、まずは内々に本状をもってお伝えするものである。お返事で状況を承りたい。

添状の差出人は幽斎（玄旨《げんし》）と千利休（宗易《そうえき》）である。第二条では、直書は関白となった秀吉が

「天下」に「叡慮」（天皇の意思）を「下知」する立場から発したものであると伝え、第三条では、即時停戦と領土「裁判」の受容を「御承諾」なければ「行《てだて》」＝出兵に及ぶのが秀吉の既定方針であるとして、直書の主旨をより懇切に記し、島津方からの「御返事」を迫っている。

島津家老の記録『上井《うわい》覚兼《かつけん》日記《にっき》』天正十四年正月二十三日条によれば、これをうけた島津家中の衆議は激論となり、まず即時停戦のみは受け入れると決した。しかし、それを秀吉方に伝える返書については、秀吉は「無由来仁」すなわち出自が明確でない人物だといわれており、「頼朝已来《いらい》」の由緒を誇る島津家が秀吉宛に返書を出すのは「笑止」であるから、添状を付けてきた「細川兵部入道殿」に宛てて返書を出すべきだと結論し、正月十一日付の幽斎宛義久返書を作成して、島津家臣の鎌田刑部左衛門尉がそれを帯して京都に登ることになった。上洛した鎌田は幽斎の案内で大坂城に入って秀吉と面会し、その付添いのもとで秀吉の島津領画定案（国分案）と回答期限とを伝えられ、鹿児島に戻ったのであった（同前天正十四年五月二十二日条）。

秀吉直書と添状が発給された直後の天正十三年十月六日、幽斎は秀吉の推挙によって僧体の最高位である「法印《ほういん》」に叙せられ（永青文庫所蔵文書）、翌七日には宗易が禁裏茶会に際して利休居士の号を天皇から下賜されていた（『兼見《かねみ》卿記』）。秀吉は対大友戦を有利にすすめ容易には従わないと予想された島津義久に政策趣旨を伝達するに際して、二人を歌道（歌学）と茶の湯の最高権威に仕立てた上で利用することを怠らなかったのである。この点は、豊臣政権における幽斎の存在意義を考える上で極めて注目される。

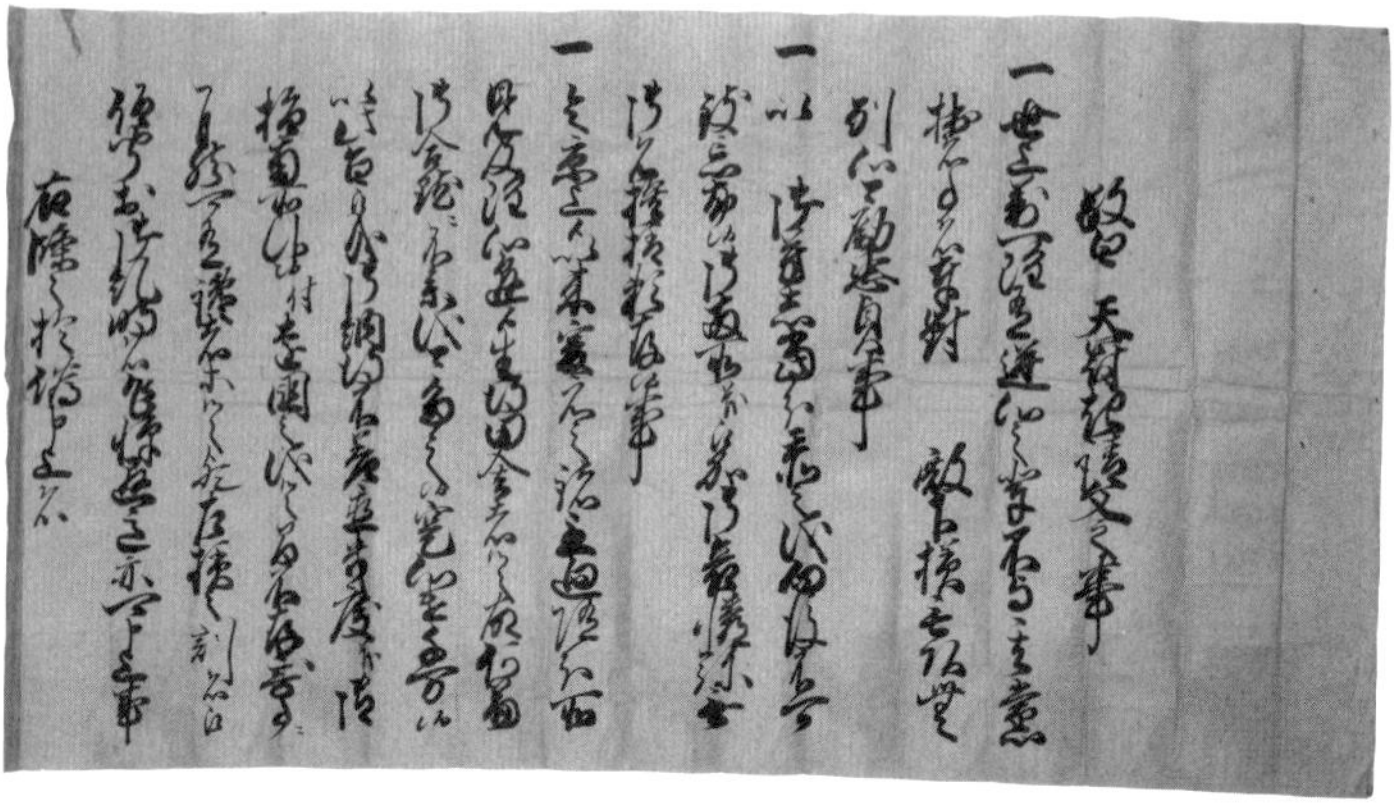

島津家中は秀吉が示した国分案を受け入れることができず、結果的に九州「征伐」をうけ、義久は天正十五年五月に秀吉に降伏、剃髪して龍伯《りゅうはく》と号して上洛した。次いで天正十六年八月には秀吉第二次国分案に基づく領知割が石田三成《みつなり》らの関与のもとで執行完了し、ここに近世の島津領が画定されるに至った。

この時、義久が相次いで認めて幽斎に提出した八月二十七日付血判起請文《けつぱんきしょうもん》（永八四）と、八月十六日付の古今伝授誓状《せいじょう》の写（宮内庁書陵部所蔵文書）は、島津家当主義久の豊臣化に際しての幽斎の役割を雄弁に物語る。すなわち、幽斎と石田三成に宛てた起請文で義久は、いかなる政治情勢になっても決して秀吉に別心を抱かないこと、幽斎・三成の取次としての活動に感謝し今後も同様の処遇あるべきこと、さらに在京中の「御指南」を要請し、自身の豊臣政権への全面的従属には幽斎・三成の仲介が重要であった事実を明言している（写真4）。そして八月十六日付の誓状は、豊臣政権への従属を身血を出して誓ったこの決定的な

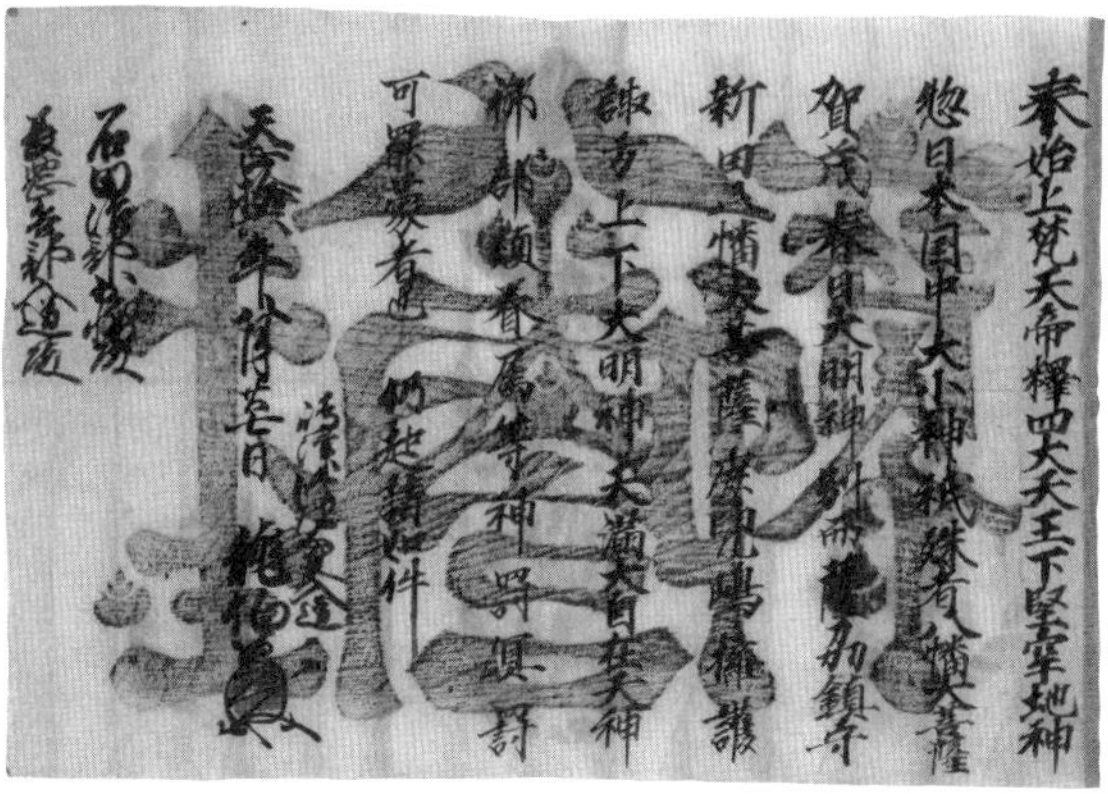

写真４　天正16年８月27日
幽斎と石田三成に宛てた島津龍伯血判起請文

起請文提出の直前に、義久が歌学の最高権威である幽斎から古今集解釈秘伝の受講を許可された事実を示しているのである。

島津義久はこれより先、天正四年に薩摩に下向した近衛前久《さきひさ》から「古今集御相伝」の「御講釈」を受けるなど（上井覚兼「伊勢守心得書」）、都の歌学への志はあついものがあった。義久にとって、秀吉への従属（豊臣化）という政治上の重大問題と、中世末期の都で成熟した文化の享受とは、一体にして不可分であった。

『古今和歌集』は初の勅撰和歌集である以上、その解釈秘伝は天皇を頂点とした位階・官職秩序、つまり伝統的国家の成り立ちと不可分であった。室町時代後期には、古今伝授の体系は吉田神道との結び付きを強め、天皇制的位階・官職秩序の総体を神代に遡って権威化する体系として再編された（三輪正胤一九九四）。じつに幽斎（藤孝）は、吉田神社神主・吉田兼見の従兄弟であった（六七頁系図参照）。地方大名にとって幽斎の歌学を伝授されることは国家的統合の奥義に連なることを意味したのである。ここに、秀吉の単なる取巻きであるにはとどまらない、豊臣政権における幽斎固有の政治的存在意義と役割があった。

なお、幽斎がその後も天正二十年（一五九二）に島津家中の梅北国兼《うめきたくにかね》が起こした朝鮮出兵動員への反乱、さらに文禄《ぶんろく》四年（一五九五）の島津領検地に際して薩摩に下向し、豊臣政権の政策を島津家中および島津領に貫徹すべく働いたことは、よく知られている。

(2)　徳川幕府の成立と幽斎

家康の覇権が確立した慶長《けいちょう》五年（一六〇〇）の「関ヶ原合戦」において、自身の丹後田辺城を西軍方に包囲された幽斎は、二か月間にも及ぶ籠城戦に耐え、細川家（当主は子息の忠興）とともに三度目の政変を乗り切り、次いで加増されて豊前中津《ぶぜんなかつ》に国替えとなった細川家は、九州の外様国持大名として幕藩体制の一角をなす存在となるに至った。

慶長五年の時点で幽斎はすでに六十七歳の高齢であったが、室町将軍直臣に出自を有する幽斎には、家康が特に求めた役割が存在した。新しい幕府が武家政権としてふさわしい権力と権威を発散するためには、将軍の意思伝達や儀式に関する前代以来の様々な先例（「有職故実《ゆうそくこじつ》」）、将軍・幕府が発給する文書の形式・用語・用字等に関する礼式（「書札礼《しょさつれい》」）を整えることが必要不可欠であった。慶長十二年二月、家康は室町幕府の故実を幽斎に問わせ、幽斎は所持していた『室町家式』三巻を提出し、これに応えた（『綿考輯録』巻六）。徳川幕府が中央政府としての内実と外観とを整えるに際して、室町将軍に仕えた幽斎青年期の経験と、書籍等の形態で蓄積された知識情報とが呼び出されたのである。

そしてこれが、幽斎が政治権力に対して果たした、じつに最後の役割であった（写真5）。

しかも幽斎の活動は個人的な知識情報の提供にとどまらなかった。注目すべきは細川家の公式家譜『綿考輯録』の当該部分に、幽斎提出の『室町家式』を清書したのは「御祐筆曾我又左衛門・同子曾我喜太郎」なる父子であったと明記されていることである。

元亀元年（一五七〇）十月二十二日に幕臣時代の藤孝が敵対する淀の御牧《みまき》城を攻撃し、その戦功を将軍義昭側近の曾我《そが》兵庫頭助乗《すけのり》に報告して、義昭への披露を求めた書状が永青文庫にある（永七）。曾我助乗は同じ義昭側近として藤孝とも親しく、連歌や猿楽《さるがく》に同席する間柄であった（『言継卿記』）。

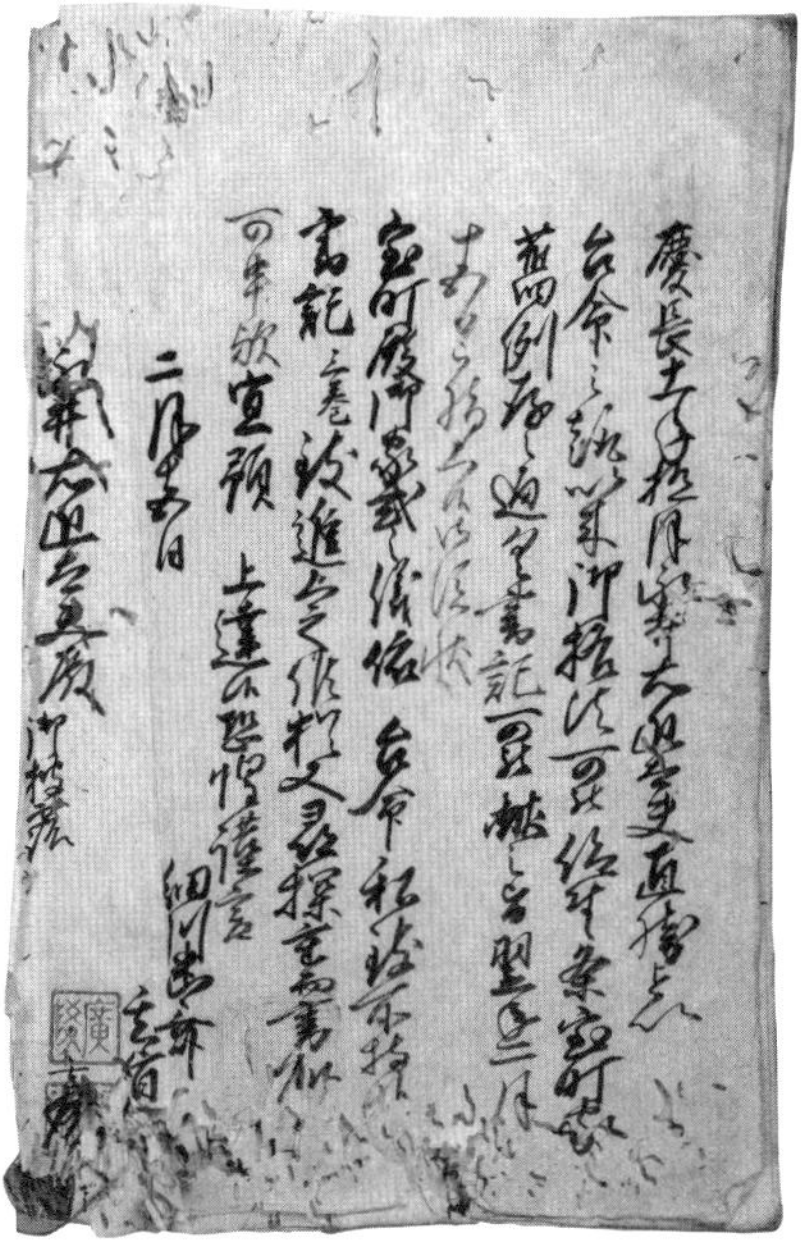

写真5　『室町家式』奥書

慶長十二年に幽斎が提出した『室町家式』を清書した曾我父子は、この助乗の子尚祐《なおすけ》と孫の古祐《ひさすけ》であり、「御祐筆」とあるように、尚祐は将軍秀忠の側近で書札礼を体現する右筆（書記役）となっていた。高木昭作はこの曾我氏三代に注目し、「尚祐は幽斎の指導のもとに故実家として世に出たといいえる」（傍点引用者）とする。さらに曾我助乗・尚祐の足跡について、助乗が将軍義晴《よしはる》・義輝・義昭に、その子尚祐も義昭に側近として仕え、義昭失脚後に尚祐は織田信雄《のぶかつ》、次いで豊臣秀次《ひでつぐ》に仕えたが、秀次失脚に伴い閑居したこと、しかしその後、尚祐は文禄四年に幽斎の推挙によって秀吉に仕え、室町幕府の故実の知識を買われて最終的に徳川秀忠に仕えたことを明らかにしている。そして、尚祐は故実家としての権威の源泉を、先行する武家政権の伝統的規範を集約したものとしての書札礼《しょさつれい》（文書作成・発給の正統的礼法）と、公家社会のそれを体現したものとしての近衛前久などに求めたとし、「江戸幕府とそれに先行する伝統的世界とを結ぶパイプ」としての役割を果たした、と評価している。

高木が述べるように、物理的権力を獲得した徳川家がその正統性（由緒正しさ）を求め得る源は、頼朝以来の武家政権の伝統の継承以外には存在しなかった。「由来無き」秀吉と同様に、出自等に貴種性を有さなかった家康が構築した権力の宿命ともいえよう。そして幽斎は、このような江戸幕府の成立に際して、室町幕府の故実に関する知識と経験のみならず、かつての同僚のうちから人材をも提供することで、中世武家故実の伝統を江戸幕府に継承させ、武家の伝統的規範に基づく権威の体系を確立させる役割を果たすことになったのであった。

政治権力に対する幽斎最後の仕事の意味は、相当に大きなものであったとみるべきだろう。

おわりに

織田信長、豊臣秀吉、徳川家康それぞれの権力における幽斎の固有の役割について検討してきた。最後に、注意すべき点を三つほど特記しておきたい。

第一は、足利将軍義昭没落と「本能寺の変」に際しての、藤孝（幽斎）の決断の歴史的意味である。例えば「光秀の三日天下」等として結果を知っている私たちには、信長を選択し光秀を無視した判断は、至極当然のごとく思える。しかし現実の当事者であった藤孝にとっては、これらは二度とも極めて困難で、非常識的な政治決断だったのであり、その判断が室町幕臣出身の唯一の近世大名家を誕生させ、他の大名家にはみられない貴重資料群を伝来させることにつながったという事実に、想いを馳せていただきたいと思う。

第二は、従来はあまり分析されることのなかった、山城西岡および丹後における織田直臣の大名領主としての藤孝の存在形態である。わけても、西岡時代の藤孝が地の利を活かした軍事・経済活動によって信長を支えたこと、信長の軍事戦略のもとで丹後に移りながらも、そこで近世的な支配体制の基礎を構築したこと等に注意しておきたい。

第三は、出家後の幽斎の活動の政治性である。島津義久の豊臣政権への従属や、徳川幕府成立に際して幽斎が果たした役割は、彼の歌学・歌道の力量および武家故実の体系的知識が激動期の政治権力から求められ、晩年に至るまでこれに応じつづけた結果であった。豊臣「惣無事」体制の九州への拡大や、徳川幕府への伝統的武家規範の集約といった事業を進展させるには、他の誰でもなく、幽斎その人が必要であったことは紛れもない事実であった。その意味で、中世に長期継続した戦乱を凍結させ、江戸時代の長期平和＝「天下泰平」を実現させた日本社会と国家の歴史において、幽斎の活動が果たした政治的役割は、決して小さいものではなかったのである。

参考文献

【史　料】

熊本大学文学部附属永青文庫研究センター編『永青文庫叢書　細川家文書　中世編』（吉川弘文館、二〇一〇年。史料引用には、「永」と記して「史料編」の「織豊期文書」における収録番号を付した）

奥野高廣『増訂　織田信長文書の研究』（吉川弘文館、一九八八年。史料引用には「信」と記して収録番号ないし収録頁を付した）

細川護貞監修『出水叢書1　綿考輯録　第一巻　藤孝公』（汲古書院、一九八八年）

【論文・著書等】

稲葉継陽「細川家伝来の織田信長発給文書―細川藤孝と明智光秀―」（森正人・稲葉継陽編『細川家の歴史史資料と書籍』吉川弘文館、二〇一三年）

小高道子「三条西実枝の古今伝受」（『和歌文学論集一〇　和歌の伝統と享受』風間書房、一九九六年）

高木昭作「書札礼と右筆」（『書の日本史　第九巻』平凡社、一九七六年）

林　達也「細川幽斎年譜稿㈠～㈢」（『青山学院女子短大紀要』二八～三〇、一九七四～一九七六年）

同　「細川幽斎ノート（その5）」（『文学史研究』五、一九七七年）

藤木久志『豊臣平和令と戦国社会』（東京大学出版会、一九八五年）
森　正人「幽斎の兵部大輔藤孝期における典籍享受」（森正人・鈴木元編『細川幽斎―戦塵の中の学芸―』笠間書院、二〇一〇年）
三輪正胤『歌学秘伝の研究』（風間書房、一九九四年）
吉村豊雄『近世大名家の権力と領主経済』（清文堂、二〇〇一年）
舞　鶴　市『細川幽斎と舞鶴』（二〇一三年）
【付記】本論は旧稿「細川幽斎と信長・秀吉・家康」（熊本県立美術館図録『細川幽斎展』二〇一〇年）に一部その後の知見を加え、改稿、改題したものである。

3

細川ガラシャの生涯

山田貴司

はじめに

少しでも歴史に興味をお持ち方であれば、細川ガラシャの名前を一度は耳にしたことがあるだろう。明智光秀の娘として生まれ、「玉（珠とも）」と名づけられた彼女は、細川忠興《ただおき》に嫁ぎ、本能寺《ほんのうじ》の変により「反逆者の娘」というレッテルを貼られながらも、敬虔なキリシタンとなって後半生を過ごし、関ヶ原合戦直前に悲劇的な最期を迎えた。かかる波乱万丈の生涯は、いまだ人々を惹きつけてやむところなく、日本史上の女性の中でも、抜群の知名度を有する人物となっている（なお、本来、彼女のことは「明智玉」と称すべきであろうが、本章では、こんにちもっとも通行している「ガラシャ」の洗礼名で呼ぶことにしたい）。

それだけに、ガラシャの存在は、戦前から歴史学者の注目を集めてきた。彼女への興味関心を高め、研究を促したのは、江戸時代に細川家で編纂された家の歴史書（家譜《かふ》）『綿考輯録《めんこうしゅうろく》』（永青文庫所蔵。なお、本章では、汲古書院の活字版を出典とする）の公開と、イエズス会関係史料の紹介、利用環境の整備であった。そうして得られた主要な先学をあげると、その生涯については、早くはラウレス一九五八が、信仰面に軸足を置きつつ実像を解明（なお、文中に掲げた参考文献については、文末に一覧を掲載）。近年は、政治史の展開過程にガラシャの動静を位置づけた田端二〇一〇や、イエズス会関係史料の調査と、東アジアにおける婚姻問題の研究を踏まえ、ガラシャの生涯を改めて捉え直した安二〇一四など、重要な成果が相次いで発表されている。また、彼女の死後に展開した「記憶」の問題についても、江戸時代から近代にかけての「記憶」と「記録」の問題を金子二〇一一が掘り下げ、ゴスマン一九九六や米田二〇〇二、安二〇一五がヨーロッパにおけるイメージ展開を紹介している。すなわち、ガラシャの研究は、大名夫人の人物評伝に留まらない、桃山時代の政治史、女性史、キリスト教史に資するもの。そして、その死後からこんにちまでみられる歴史的イメージの展開は、時々の社会状況に規定される理想の女性像、信仰のあるべき姿を反映する鏡となっている。

ただ、すでに多くの研究成果を得ているとはいえ、課題はいまなお残されている。そのひとつは、これまで発表されてきた先行研究のいずれもが、家譜類やイエズス会関係史料に、素材の多くを依拠してきたことだ。当時の武将や公家が記した古文書・日記等にもガラシャに関する証言はみられるのだが、網羅的にそれを集めたうえで、彼女の動静や事績は検証されていないのである。それは先達の不備というより、関係史料の公開や紹介のタイミングに帰する問題なのであろうが、いずれにせよ、歴史学者が「一次史料」と呼び、史実の復元にあたりもっとも重視する同時代人の証言を検索する作業の余地が、ガラシャ論にはいまだみうけられる。

本章は、こういった先学の蓄積と課題を踏まえつつ、ガラシャの生涯の改めてたどるものである。大半は既知の事実の取りまとめに留まってしまいそうだが、後半生の部分、とくに関ヶ原合戦とのかかわりについては、若干の新出史料により、多少の深まりをもたらすものにはなろう。これらの叙述により、彼女の事績と実像に興味を持っていただけば幸いである。

一　若き日のガラシャ、細川家への輿入れ

(1)　出自と誕生

両親のこと、生誕地のこと　十八世紀後半に編纂された細川家の家譜『綿考輯録』は、ガラシャが天正《てんしょう》六年（一五七八）に十六歳で結婚したとする。それから逆算すると、ガラシャは永禄《えいろく》六年（一五六三）の生まれ。父は明智光秀、母は妻木勘解由左衛門尉範熙《のりひろ》の娘とされる。明智家は美濃《みの》守護土岐《とき》家の庶流で、妻木家は美濃土岐郡の武士である。彼女の生誕地は、越前《えちぜん》朝倉家の拠点一乗谷《いちじょうだに》に隣接する東大味《ひがしおおみ》といわれている（写真1）。足利義昭《よしあき》が越前に流浪してくるまで、光秀は朝倉家に仕え、ここに屋敷を有していたと伝えられるからだ。

ただ、右のごとき経緯は、まだ確定的なものではない。たとえば、時宗《じしゅう》の同念上人《どうねんしょうにん》が、天正六年か

ら同八年にかけて東海地方及び畿内近国を遊行したおりの記録『遊行三十一祖京畿御修行記』（橘一九七二）によると、若い頃に越前の朝倉義景《よしかげ》を頼った光秀は、長崎称念寺《しょうねんじ》（福井県坂井市丸岡町）の門前に十年ほど住んでいたという。光秀が居住していた時期については詳細不明なのだが、もしも、この間にガラシャが生まれていたとすれば、生誕地はこちらということになろう。

もっとも、近年の研究は、光秀が早くから足利将軍家に出仕していた可能性を指摘してもいる。熊本市内で近年発見された、室町幕府の幕臣が記した医術の口伝記事は、永禄九年の義昭越前下向以前から光秀が足利将軍家に仕え、近江の湖西地域で活動していた様子を示唆（永禄九年十月二十日奥書「針薬方《しんやくほう》」『米田《こめだ》家文書』個人所蔵、熊本県立美術館寄託）。もともと彼は細川家臣だったとする見解もある（小川二〇一〇）。すなわち、光秀の生活拠点がずっと越前であり続けたともいい切れないのだ。出身地とされる美濃か、活動のみられた近江か、他の幕臣同様に京都にあった可能性があるわけであり、そうなるとガラシャの生誕地もまた、そのいずれかなのかもしれない。元亀二年（一五七三）に織田信長から近江滋賀郡を拝領した後は、新たな拠点の坂本へ家族で移ったと考えられるが、彼女の

写真１　「細川ガラシャゆかりの里」ともされる明智神社（福井市東大味）

生誕地や幼少期を過ごした場所を確定するには、若き日の光秀論を踏まえたうえでの検証の積み重ねが、いま少し必要なようである。

(2) 細川忠興との婚姻

信長が結びつけた忠興とガラシャ　当初は足利義昭に仕え、やがて織田家中に転じたという共通性を持つ明智光秀と細川藤孝《ふじたか》は、公私にたいへん親密であった。織田信長に仕えはじめた後は、ともに畿内方面軍として、一向一揆《いっこういっき》との戦い、天正《てんしょう》五年（一五七七）に実施された紀州侵攻、松永久秀《ひさひで》討伐、同六年の荒木村重《むらしげ》討伐、同七年にかけて進められた丹波《たんば》・丹後《たんご》攻略で共同（小川二〇一〇、稲葉二〇一三）。また、連歌《れんが》や茶の湯をともにすることも多く、文化人としても交流を有していた（高柳一九五八）。

そうした両者の結びつきをさらに強めたのが、ガラシャと忠興の婚姻であった。『綿考輯録　巻九』によると、婚姻は信長の斡旋で進められた。まず信長は、天正二年正月に「明智光秀の女、御嫁娶之約」を藤孝に指示。その後、同六年八月に安土城で藤孝に「忠興君御縁辺の事」を改めて伝え、光秀には書状で忠興との「縁辺」を勧めたという。

縁談は、こうしてまとまった。新郎新婦ともに十六歳であった。ガラシャは天正六年八月中に青龍寺《しょうりゅうじ》城へ輿入れ。同八年に藤孝が丹後を拝領した後は、宮津《みやづ》へ移ったとみられる。

忠興との間に生まれた子ども　『寛永諸家系図伝』（続群書類従完成会）によると、ガラシャは忠興との間に三男二女を授かった。『綿考輯録』に生年を確かめると、天正八年（一五八〇）に長男忠隆《ただたか》、同十一年に次男興秋《おきあき》、同十四年に三男忠利《ただとし》、同十六年に次女多羅《たら》が生まれている。長女の長の生年ははっきりしないが、田端二〇一〇によれば、天正七年の生まれという。長と忠隆は青龍寺城、興秋は幽閉先の味土野《みどの》、忠利は宮津、多羅は大坂が出生地であろう。

なお、ガラシャの最期にあたり、彼女が「同ムスコ十二才、同イモト六才」を殺害したと伝える記事が『言経卿記《ときつねきょうき》』（大日本古記録）慶長五年（一六〇〇）七月十八日条にみえ、その後この説は、江戸時代から明治時代にかけてかなりの定着をみせる（山田二〇一八）。もし、そうだとすると、ガラシャには、さらに一男一女がいたことになる。年齢的には右に示した面々より幼く、彼女の晩年に手もとにいてもおかしくはない。それに、殺害が事実であれば、ガラシャの最期のみならず、子どもたちの死もまた、家の名誉、徳川家への忠節をより強調する材料になりそうである。

ただ、細川家はかかる事実を認めていない（『綿考輯録　巻十三』）。詳細は後述するが、私も風聞に過ぎないように考えている。

(3)　諸史料が伝える若き日の様子

細川・吉田両家の血縁ネットワークの中で　若き日のガラシャは、どのような日々を送っていたのであろうか。わずかに確認される同時代史料に、細川家の家譜類、そしてイエズス会関係史料を絡め、垣間みてみよう。

細川ガラシャ関連略系図

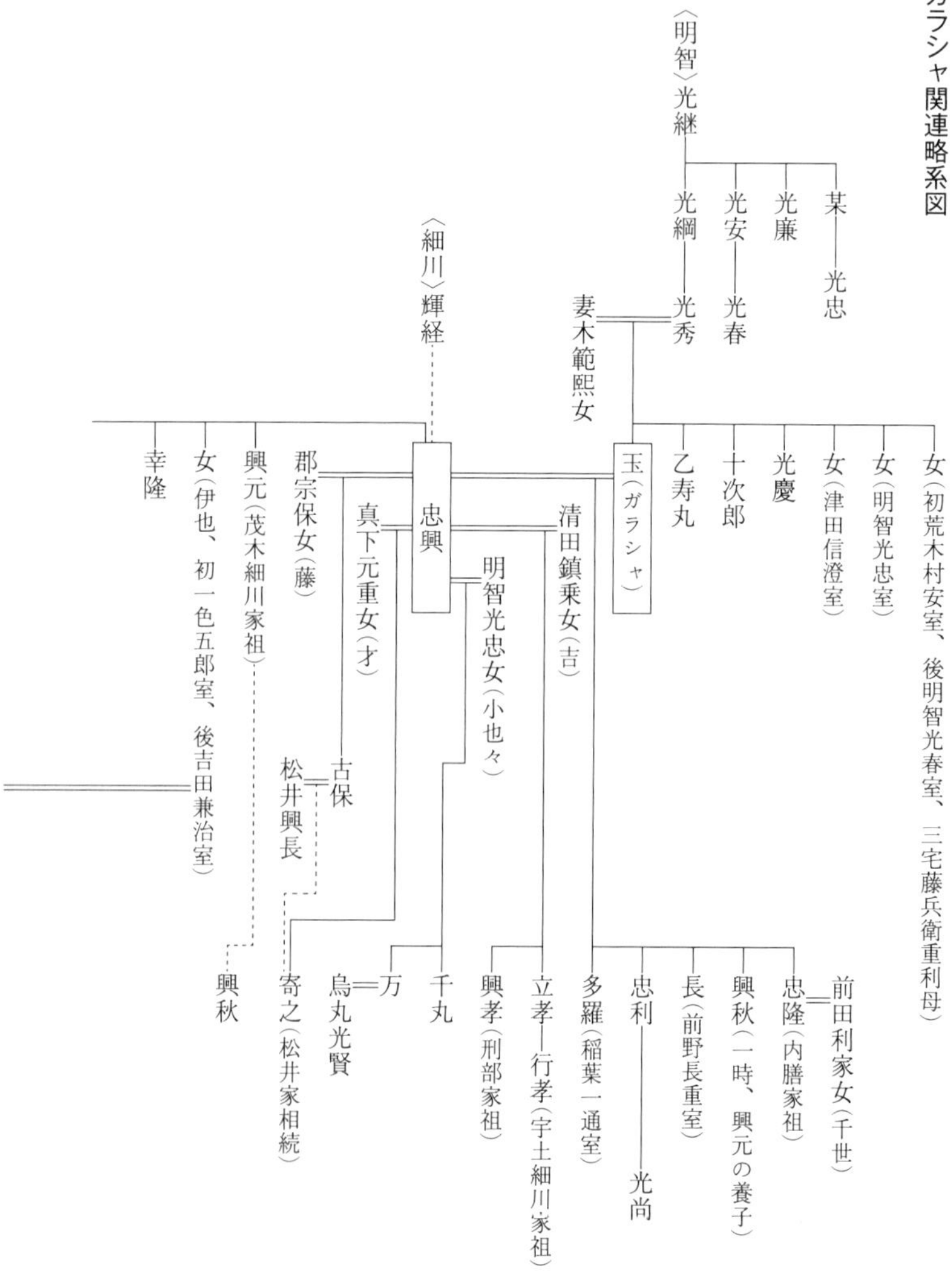
〈明智〉光継
某
光忠
光廉
光安
光春
光綱
光秀
妻木範煕女
女（初荒木村安室、後明智光春室、三宅藤兵衛重利母）
女（明智光忠室）
女（津田信澄室）
光慶
十次郎
乙寿丸
玉（ガラシャ）
〈細川〉輝経
忠興
清田鎮乗女（吉）
明智光忠女（小也々）
真下元重女（才）
郡宗保女（藤）
興元（茂木細川家祖）
女（伊也、初一色五郎室、後吉田兼治室）
幸隆
前田利家女（千世）
忠隆（内膳家祖）
興秋（一時、興元の養子）
長（前野長重室）
忠利
光尚
多羅（稲葉一通室）
立孝
行孝（宇土細川家祖）
興孝（刑部家祖）
千丸
万
烏丸光賢
古保
松井興長
寄之（松井家相続）
興秋

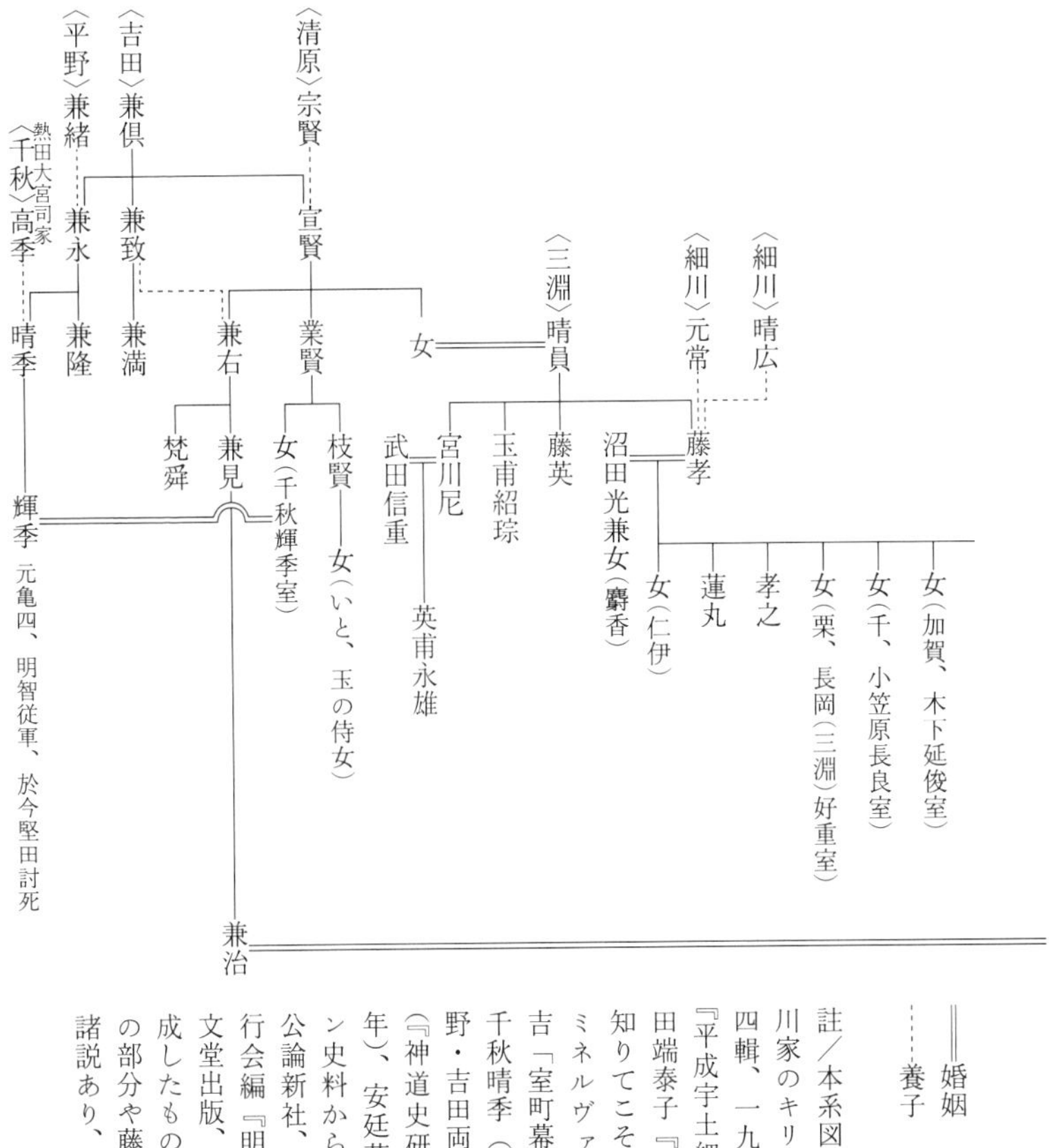

註／本系図は、ヨハネス・ラウレス「細川家のキリシタン」(『キリシタン研究』四輯、一九五七年)、光永文熙編・発行『平成宇土細川家系譜』(一九八八年)、田端泰子『細川ガラシャ―散りぬべき時知りてこそ―』(ミネルヴァ日本評伝選、ミネルヴァ書房、二〇一〇年)、伊藤信吉「室町幕府奉公衆・熱田大宮司家一族、千秋晴季(月斎)について―千秋氏と平野・吉田両卜部氏との関係について―」(『神道史研究』五八巻二号、二〇一〇年)、安廷苑『細川ガラシャ　キリシタン史料から見た生涯』(中公新書、中央公論新社、二〇一四年)、三宅家史料刊行会編『明智一族　三宅家の史料』(清文堂出版、二〇一五年)等を参考に、作成したものである。ただし、明智家系図の部分や藤孝・忠興の子弟等については諸説あり、検討の余地が残される。

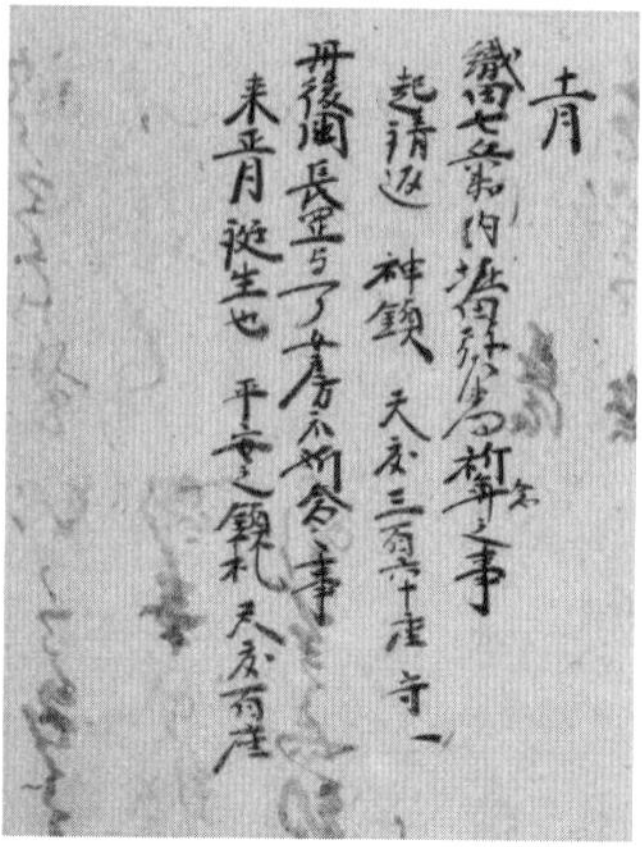

写真2 『諸社祠官伝授案幷祓表書』（部分、天理大学附属天理図書館所蔵）

同時代史料としてあげられるのは、吉田神道の吉田家に残された祈禱記録や日記である。細川藤孝の母智慶院《ちけいいん》は吉田兼倶《かねとも》の三男清原宣賢《のぶかた》の娘。藤孝からみれば、吉田兼右《かねみぎ》は伯父に、吉田兼見《かねみ》は従弟にあたる。細川・吉田両家はすこぶる親密であった（参考系図）。

たとえば、兼見が綴った神道関係の伝授や祈禱の実施記録『諸社祠官伝授案幷祓表書』（天理大学附属天理図書館所蔵）をみると、天正十年（一五八二）正月予定の「長岡与一郎《（細川忠興）》女房衆」出産にあたり、兼見は祈禱を修している（写真2）。この時に生まれた子どもについては確認がとれないが、祈禱まで依頼される細川忠興の「女房衆」となれば、それはいうまでもなくガラシャのことであろう。細川・吉田両家の間に結ばれた血縁ネットワークの中で、ガラシャもまた日々を送っていた様子を示唆する逸話である。

宗教への関心　若き日のガラシャの動静として、イエズス会関係史料と細川家の家譜類という、性格を異にする史料群がいずれも証言するのは、宗教への関心である。ガラシャの教会訪問の様子を記した天正十五年（一五八七）十月平戸発プレネスティーノ書簡によると、当初彼女は「霊魂の不滅を否定する日本の宗派」を信仰。その知識は驚くべきもので、「一五八七年の日本年報」によれば、教会で「大変熱心にイルマンと議論をはじめ、日本の諸宗派の様々な議論を提示し」、対応した修道士コスメをして「日本でこれほど理解力があり、これほど日本の諸宗派について知っている女性には会ったことがない」と感嘆させたという（ホイヴェルス一九六六、安二〇一四）。

その一方、細川家の家譜類の中でも早い時期に、十七世紀後半に成立した『忠興公譜』（宇土細川家旧蔵『細川家譜』の内、熊本県立美術館所蔵）には、「加羅奢様、始ハ建仁寺之祐長老に三十四五則参学被成候」と記されている（『綿考輯録　巻十三』にも同様の記事あり）。「祐長老」とは、藤孝の姉宮川尼と若狭《わかさ》宮川の新保山城主武田信重の子息で、天正十四年に建仁寺《けんにんじ》二九二世となった英甫《えいほ》永雄《えいゆう》（参考系図）。江戸時代前期の儒学者林羅山《らざん》にも影響を与えた名僧である。

それでは、ガラシャはいつ頃「参学」していたのであろう。いまひとつはっきりしないが、本章第三節で紹介する『綿考輯録　巻十三』の記事を踏まえ、吉村豊雄は「（ガラシャは）フロイス『日本史』が言うような、「過度の嫉妬」心を持った忠興の「極端な幽閉と監視」のもとにあったのではない」と指摘。後に紹介する味土野幽閉以後、大坂に住んでいた時期の動静と捉えている（吉村二〇一三）。

ただ、「参学」は、青龍寺城時代や丹後時代のことも考えられる。天正八年以前に建仁寺如是院《によぜいん》に住した英甫永雄は、同年秋から若狭へ下向、やがて丹後へ移り、田辺に一如院を建立して住持を務めていた（石川二〇〇〇）。つまり、この間にガラシャと接点を有した可能性も指摘しえるのである。先述したイエズス会関係史料にみえる博識ぶりを踏まえると、むしろ私は、早くからの「参学」を想定した方が良いように思う。

いずれにせよ、ガラシャの宗教への強い関心や知識は、おそらく細川家と吉田家、清原家との血縁関係、そして縁戚にいた高僧の存在を背景とするものであろう。彼女が後に示したキリスト教への篤い信仰心は、本人の資質や境遇のみならず、かかる人間関係も影響してのことと思われる。

二　本能寺の変により、「裏切り者の娘」に

(1)　本能寺の変と細川家

本能寺の変における細川家のスタンス　結婚後まもなく子宝に恵まれ、ガラシャの新婚生活は順調な滑り出しをみせた。しかし、そうした日々は長く続かない。天正十年（一五八二）六月二日に明智光秀が謀反《むほん》。いわゆる本能寺の変により、彼女の境遇は大きく変化するのである。

翌日に光秀謀反の報を受けたとおぼしき細川藤孝・忠興父子は、難しい判断を迫られた。公私に親しい光秀に与するか、謀反人として打倒する側にまわるか、選択せざるを得なくなったのである。むろん、光秀は藤孝・忠興父子の与同を織り込んでいたことであろう。

しかし、藤孝・忠興父子の判断は早く、明確なものであった。彼らは光秀に与せず、剃髪して信長に哀悼の意を示したのだ。これに驚いた光秀は、有名な三ヶ条の覚書を送り付け、挙兵の理由と今後の見通しを藤孝・忠興父子に説明し、改めて味方に誘引した（「細川家文書」『永青文庫叢書　細川家文

書　中世編』織豊期文書七七号）。しかし、彼らが判断を覆すことはなかった。

(2)　ガラシャの味土野幽閉

離縁されて味土野へ　そして、政局が大きく転換する中、細川藤孝・忠興父子は難しい判断をもうひとつくだした。ガラシャの処遇である。彼女に罪はなくとも、明智との血縁はあらぬ疑いを招く。

写真3　ガラシャの隠棲地・味土野（京丹後市弥栄町）

実際に、ガラシャの姉妹を娶っていた津田信澄《のぶずみ》は、本能寺の変後すぐに殺害されていた。

結局、藤孝・忠興父子が採った選択は、ガラシャを離縁し、幽閉するというものであった。殺害したり、送り返したりしなかったのは、忠興の愛情ゆえか、次男興秋を身ごもっていたためか。理由は複合的であろうが、いま私自身は、明智勢の優勢に備えた判断ではなかったかと考えている。殺害したり、送り返したりしてしまっては、いざという時に光秀とよりを戻すことも、彼女を人質にとることもできないからだ。

『忠興公譜』によると、忠興はガラシャに「汝か父光秀ハ主君の敵なれハ、同室は叶ふへからす」と述べ、一色宗右衛門尉と侍女の小侍従を付け、「丹後の山中三戸野」（味土野）へ送り出した（写真3）。味土野は宮津市街から自動車で一時間ほどの、丹後半島の山間部。現在ほとんど住人はいないが、かつては六十数戸が暮らしていたという山村であった（ふるさと味土野之跡碑文、一九八四）。

味土野が幽閉先に選ばれた理由　ところで、藤孝・忠興父子は、どうして味土野を幽閉先に選んだのであろう。殺害せず、送り返しもしなかった理由は先ほど考えたところだが、近隣に置いておくという選択もまた、諸将の疑いを招きかねないものであったはずだ。

このことについて注目されるのは、「三戸野」に「惟任《これとう》家の茶屋」があったとする『綿考輯録　巻九』の記事である。これによると、味土野は明智領だったと考えられるのである。

そもそも当時の細川家は、丹後を一円的に支配できていたわけではなかった。本能寺の変以前に押さえていたのは、丹後南部の加佐郡と与謝郡だけ（鈴木二〇一四）。国内は、名門一色氏等の在来領主の所領に加え、丹後侵攻と支配を共同してきた光秀の所領が混在する状況にあったのだ。

かかる分割統治的な実態を踏まえると、『綿考輯録　巻九』に記された「惟任家の茶屋」云々の記事には、それなりの信ぴょう性が認められそうである。そして、結果的に、こうした所領の混在が、藤孝・忠興父子の処置にうまく利したともいえる。丹後国内の明智領にガラシャを置くことにより、近距離で彼女の身柄を保護・監視しつつ、離縁の体裁を採ることができたからだ。幽閉生活は厳しいものであっただろうが、政局を見すえつつ家を守り、ガラシャも生かすという意味で、味土野幽閉はまさにぎりぎりの判断であった。

ちなみに、イエズス会士ルイス・フロイスの証言によると、光秀の死後、明智領の一部はガラシャに継承されたという（『日本史』〈中央公論社〉第二部一〇六章）。味土野の地も、そこに含まれていたのであろうか。

(3) 忠興との復縁、そして大坂玉造の屋敷へ

味土野からの帰還　本能寺の変後、羽柴（豊臣）秀吉に与した細川家では、藤孝（幽斎《ゆうさい》）から忠興への代替わりが発生した。当主となった忠興は、全国平定に向けて邁進する秀吉の軍事活動に従軍する一方、千利休《せんのりきゅう》に弟子入りして茶の湯に励んだり（矢部二〇一四）、一門や家臣と演能に興じたり（『丹後細川能番組』永青文庫所蔵）、公私に充実した様子をみせている。

そして、この間に忠興は、ガラシャと復縁を果たす。呼び戻すよう促したのは、皮肉なことに、父を山崎《やまざき》合戦で屠った秀吉であった（『綿考輯録　巻九』）。復縁の時期ははっきりしないが、『貝塚御座所日記』（大系真宗史料　文書記録編十四）天正十三年（一五八五）十月十五日条には、「長岡越中守女房衆」から本願寺《ほんがんじ》光佐《こうさ》「北御方様」へ贈答があったと記される。そうすると、ガラシャの帰還はこれ以前となろう。そして、かかる有力者の妻との交流は、彼女がふたたび正室として振る舞いはじめていた様子を示唆する。

豊臣政権の大坂築城と人質政策　織田信長の死後、中央政局の主導権を握った秀吉は、天正十一年（一五八三）八月頃より大坂築城をスタート。忠興は、これにあわせて大坂の屋敷普請に着手した（大

澤二〇一五)。後にガラシャ終焉の地となった大坂玉造《たまつくり》の屋敷である。

味土野から帰還したガラシャは、屋敷の完成後、大坂に移ったようだ(『貝塚御座所日記』天正十三年十月十五日条)。ただ、天正十四年十月に彼女は三男忠利を「丹後」で生んでいる(『綿考輯録 巻二十八』)。復縁後しばらくは、大坂と国許を往来する日々を送っていたらしい(田端二〇一〇)。

しかし、そうした往来は、やがて難しくなった。「確実な人質」として妻子を大坂の屋敷に、聚楽《じゅらく》第《てい》の造営や伏見築城が進むとそちらに住まわせるよう、秀吉が大名に求めはじめたためである(フロイス『日本史』第二部七十四章および同一〇六章、『多聞院日記《たもんいんにっき》』〈角川書店〉天正十七年九月一日条など)。吉田兼治《かねはる》の妻(忠興の妹)との交流など、味土野時代に絶たれていた人間関係が再開していた様子もみられるけれど(『兼見卿記』〈史料纂集〉文禄二年二月四日条など)、嫉妬深い忠興の「極端な幽閉と監禁」もあり(フロイス『日本史』第二部一〇六章)、ガラシャの行動には多くの制約がともなうようになっていく。加えて、「謀反人の娘」というレッテルが、そんな彼女の気持ちを「深い憂愁」へと誘っていたのかもしれない。

三 ガラシャとキリスト教

(1) 入信の経緯

キリスト教との出会い 細川忠興と復縁し、ふたたび正室として振る舞いはじめたガラシャ。しかし、気の持ちようは、本能寺の変以前とはずいぶん異なっていた。イエズス会士プレネスティーノが天正十五年(一五八七)十月に平戸でしたためた書簡によると、味土野から帰還したガラシャは、「霊魂の不滅を否定する日本の宗派」に属していたがゆえに、「深い憂愁に閉ざされ、ほとんど現世を顧みようとしなかった」り、「夫人の態度は、夫を心配させることが少なくなかったので、二人はしばしば言い争っていた」りと、ネガティブな状況に陥っていたのである(ホイヴェルス一九六六、安二〇一四)。

そうした中、彼女はキリスト教と出会う。初見記事は、右記したプレネスティーノ書簡。これによると、ガラシャがキリスト教の話を耳にしたのは、意外にも夫の忠興から。高山右近《うこん》が語った「神とキリスト教の様々な話」を伝え聞いたガラシャは、「問題をより根本的に知ることを切望するようになった」という。

ただ、他のルートからキリスト教の話を聞いていた可能性もある。たとえば、この頃にガラシャの側には、キリシタンの儒家清原枝賢《えだかた》の娘いとが侍女として仕えていた。いとは、かつては「伊与局」と称された宮廷女官であり、ガラシャの使者を務め、後に彼女の洗礼を司るなど、侍女の中でも重要な人物であった(日向二〇一一)。いとがキリシタンの父のことを語り、ガラシャのキリスト教への関心を高めていた可能性は大いにあろう。

細川家の家譜類が伝える入信経緯

ガラシャとキリスト教の出会いについては、『忠興公譜』や『綿考輯録　巻十三』にも記事がみえる。右近の旧臣でキリシタンとして名高い「加々山少左衛門

（加賀山隼人《はやと》）の母」の勧めにより、入信したというのである。

もっとも、隼人が細川家に仕官したのは文禄《ぶんろく》年間とおぼしく、彼の母とガラシャの接触も同時期以降と推測される。そうすると、先述したプレネスティーノ書簡が示す入信時期と齟齬が生じ、そのことで、イエズス会関係史料の記事に疑問を呈する研究もみられる（吉村二〇一三）。ただ、ガラシャが入信の事実を忠興に、すなわち細川家の中でオープンにしたのは、文禄四年（一五九五）のこと（ラウレス一九五七）。したがって、ガラシャが入信していることを知らない新参者の母がキリスト教を勧めていてもおかしくなく、その影響で彼女がキリシタンになったと周囲がみなしても不自然ではない。そう考えれば、プレネスティーノの証言と家譜類の間に生じる時間差を、それほど問題視する必要はないように思う。

ガラシャの教会訪問　右近の話を忠興から聞かされ、キリスト教に関心を持ちはじめたガラシャであったが、前節の最後で指摘したように、彼女の行動には制約がともなっていた。すぐに教会を訪れ、教えを請うわけにはいかなかった。

ところが、教会訪問のチャンスは、意外な形で訪れる。天正十五年（一五八七）正月に号令された豊臣秀吉の九州征伐に、忠興も従軍することになったのだ。同年正月一日付九州御動座次第（「大阪城天守閣所蔵文書」『豊臣秀吉文書集』二〇七二号）によると、彼の出陣予定は二月五日。九州までの距離を考えると、長期不在が予測される展開であった。

このチャンスを、ガラシャは逃さなかった。以下、安二〇一四を参考に経緯を追うと、天正十五年二月二十一日、屋敷を抜け出したガラシャは、大坂天満に所在したとおぼしき教会を訪問。イエズス会士セスペデスと会い、日本人修道士コスメにさまざまな疑問をぶつけ、入信を決意して受洗を望んだ。

ただ、この時、ガラシャが身分をあかさなかったため、洗礼は見送られた。しかし、終生ただ一度となったこの教会訪問は、彼女にとって大きな転機となった。以後、ガラシャは侍女や家臣をしばしば教会へ派遣しては、キリスト教のこと尋ねさせたり、侍女を次々と受洗させたりしていくのである。

ガラシャの洗礼　そして、最終的にガラシャ自身は、天正十五年（一五八七）六月後半から七月にかけて受洗する。このタイミングで洗礼が実施されたのは、九州征伐直後に秀吉が発布した伴天連《ばてれん》追放令の影響と思われる。来日中の宣教師に、二十日以内の退去が命じられたためであった。

退去期日のこともあり、伴天連追放令は、まもなく上方に達したらしい。これを聞いたガラシャは、殉教の覚悟を伝えるとともに、宣教師の退去前に受洗したいと熱望。こうした状況と彼女の決意を受け、「上の教区長」オルガンティーノは洗礼を決断する。ただ、ガラシャは忠興の家臣に監視されており、教会再訪は難しい。そこでオルガンティーノは、侍女清原マリア（いと）が「代洗」するという手続きを採用し、彼女の思いに応えた。ガラシャ、二十五歳の時のことであった。

(2)　入信後の日々

信仰生活の様相　入信により、ガラシャにはどういった変化が生まれたのであろう。安二〇一四によると、彼女は『ジェルソンの書』とも呼ばれたキリスト教の教理書『コンテムツス・ムンジ』を座右に置き、侍女と講読して教えを学んだ。また、「鬱病に悩まされ」ていたのが、「(顔に)喜びを湛え、家人に対しても快活さを示し」「怒りやすかったのが忍耐強く、かつ人格者となり、気位が高かったのが謙虚で温順」になったという。布教にも意欲を持ち、丹後に教会を建て、住民を入信させる決意なども語っている(フロイス『日本史』第二部一〇六章)。

「謀反人の娘」というレッテルを貼られて一時は味土野に幽閉され、帰還後も思うように振る舞えず鬱屈していたガラシャは、こうしてずいぶん立ち直ったようだ。「からしや」「か」と署名された細川忠興宛消息(手紙)の存在も(東京国立博物館所蔵文書)、入信による心理面の変化を示唆するようである(宮川二〇一八)。

忠興との関係　入信後には、忠興との関係にも変化がみられた。伴天連追放令の影響もあり、九州征伐からの帰国後、キリスト教に敵愾心をみせはじめた忠興の振る舞いや、多くの側室を抱えていた女性関係、そして宣教師の国外退去の可能性にともない、ガラシャは夫と離婚して西国へ行きたいと望みはじめたのである。フロイス『日本史』第二部一一一章に記される彼女のそうした思いは、「まつもとのないき」宛ガラシャ消息の「やかて〱ふんこ《豊後》へくたり候ハん」という一文も示すところである(国立国会図書館所蔵文書、宮川二〇一八)。

ただ、これを聞いたイエズス会の面々は頭を抱えた。そもそもキリスト教は離婚を認めていないうえ、伴天連追放令の後、布教活動を控えざるを得ない状況下で、キリシタンとなった大名夫人が西国へ下向すれば、さらなる弾圧強化を招きかねないからだ。かかる懸念もあり、オルガンティーノはガラシャを説得。結局、彼女が西国へ下ることはなかった（安二〇一四）。

なお、伴天連追放令が中途半端なものに留まり、慶長《けいちょう》元年十二月（一五九七年二月）の「二十六聖人殉教事件」まで弾圧が強化されなかったこともあり、一時的に悪化した忠興との関係は、その後修復されたようだ。先述のように、ガラシャが忠興に入信事実を告白したのは、文禄四年（一五九五）のこと（ラウレス一九五七）。最終的に彼はガラシャの信仰を認め、屋敷には礼拝堂もつくられたという。

夫がキリスト教に理解を示すようになったことで、晩年のガラシャは、少なくとも入信前後の時期より落ち着いた日々を送ったように思える。ただ、それもまた長くは続かなかった。秀吉没後に起こった豊臣政権の権力闘争により、世情は風雲急を告げ、細川家は否応なくそれに巻き込まれていくのである。

四　ガラシャの最期と関ヶ原合戦

(1)　関ヶ原合戦の直前、西軍の挙兵と細川家

秀吉没後の権力闘争と忠興　慶長五年（一六〇〇）七月十七日、徳川家康打倒を目指す西軍諸将が決起した前後、人質となるよう迫られたガラシャが大坂玉造の屋敷で最期を迎え（写真4）、西軍の

写真４　ガラシャ終焉の地・大坂玉造の「越中井」（大阪市中央区）

人質政策に影響を与えた顛末はよく知られている。外岡二〇一八の指摘どおり、彼女はまさに「関ヶ原合戦最初の戦死者」であった。

ただ、右の話には、詰めきれていない課題も残されている。ひとつは、なぜ西軍がまっ先にガラシャを人質にしようとしたのか、という疑問。もうひとつは、彼女の最期が人質政策に与えた影響の実態解明である。

まず前者の課題を念頭におきつつ、関ヶ原合戦までの経緯をみよう。ことのはじまりは、慶長三年（一五九八）八月の豊臣秀吉死去にともなう権力闘争。五大老内部の主導権争いのみならず、石田三成《みつなり》などの奉行衆と加藤清正《きよまさ》・黒田長政《ながまさ》などの諸将の間で対立が生じたのである。後者の対立は、慶長の役のおりに生じた蔚山《ウルサン》城の攻防と戦後の関係者処分を発端とし（笠谷二〇〇〇）、やがて、前田利家《としいえ》没後の慶長四年閏三月に勃発した「七将襲撃事件」へと発展。細川忠興は蔚山城の攻防にかかわっていないものの、文禄四年（一五九五）の豊臣秀次失脚事件以来の三成との険悪な関係もあり（田端二〇一〇）、襲撃に参加したとみられる。そして、ここで彼らは、三成を失脚させることに成功する。

家康暗殺計画の疑惑と突然の加増　利家の死去と三成の失脚により、豊臣政権の主導権は徳川家康が握った。三成の退場に、忠興は溜飲を下げたことであろう。

ところが、その半年後、今度は忠興が危機に追い込まれる。慶長四年（一五九九）九月、前田利長に謀反疑惑が浮上し、利家の娘を長男忠隆の正室に迎えていた彼にも余波が及んだのだ。最終的には、忠興自身はもちろん、幽斎（藤孝）・弟の興元《おきもと》・家老の松井康之《やすゆき》からも起請文が提出され、三男光千代《みつちよ》（忠利《ただとし》）を人質として江戸へ遣わすことで、嫌疑は晴れることとなった（林二〇〇〇）。

ただ、この一件は、忠興に家康との距離感の重要性を強く認識させた。三成一派とは折り合えず、前田家も家康に屈服した以上、家康に忠節を尽くす以外に、秀吉没後の権力闘争に勝ち残る道が見当たらなくなってしまったからである。

慶長五年二月、忠興のそんな立場を決定的にする出来事が起こった。三成の妹婿にして、蔚山城攻防戦後の処分問題を担当し、義兄の失脚後に領知削減処分を受けていた福原長堯《ながたか》の旧領を含む所領（豊後速見郡《ぶんごはやみ》と由布院《ゆふいん》）を、家康の采配で拝領したのだ（『松井文庫所蔵古文書調査報告書』二〇三号）。家康が加増に踏み切った理由はよくわからないが、忠利を人質に差し出していたこともあり、謀反疑惑から一転、忠興と家康は急激に親密さを増していた。

西軍が細川家を目の敵にした理由

ガラシャの最期に話を戻す。慶長五年（一六〇〇）七月十七日の挙兵にあたり、西軍諸将はガラシャの身柄確保を画策し、あわせて丹後への軍勢派遣を急ぐなど、細川家を最初のターゲットとする。その背景には、忠興と三成の険悪な関係のみならず、挙兵の檄文「内府違条々」で弾劾された「忠節も無之者共ニ」勝手に知行を与えるという家康の振る舞いがあった（『松井文庫所蔵古文書調査報告書』四二三号）。つまり西軍は、右のごとき経緯で実現した忠興への加増を問題視していたのだ。しかも、対象地は三成の妹婿の旧領であり、加増を受けた忠興は「七将襲撃事件」の参加者。政治的にも怨恨的にも、西軍サイドに忠興を許容する余地はなかった。

こうしてガラシャは、西軍の人質確保作戦の最初の標的とされた。もし、これが二番目以降であれば、彼女は死以外の選択肢を視野に入れたのかもしれない（写真5、「霜女覚書」永青文庫所蔵、熊本大学附属図書館寄託）。しかし、忠興の人間関係と政治的立場は、それを許さなかった。

(2) ガラシャの最期

最期の様子を伝える史料　人質となることを拒み、みずから命を投げ出したガラシャの最期は、同時代の人々に大きなインパクトを与えた。当時書かれた手紙や日記には、彼女の最期に触れた記事がいくつも確認され（山田二〇一九）、「一六〇〇年の日本年報」は、ヨーロッパへ様子を詳報していた（安二〇一四）。また、四十八年後には、元侍女の回顧録「霜女覚書《しもじょ》」も作成されており、これらをあわせると、ガラシャの最期については、かなり豊富な検討材料を得ることができる。

最期の場面に関する疑問　ところで、ガラシャの最期の場面について、先行研究では①なぜガラシャは死を選択したのか、②最期は自殺だったのか、③誰が一緒に最期を迎えたのか、という問題がおもに議論されてきた。①は当時の政治史に、②・③はキリスト教の教えに関係する事柄。②については先学に議論を譲り（金子二〇一一、安二〇一四）、ここではとくに①と③について触れておこう。

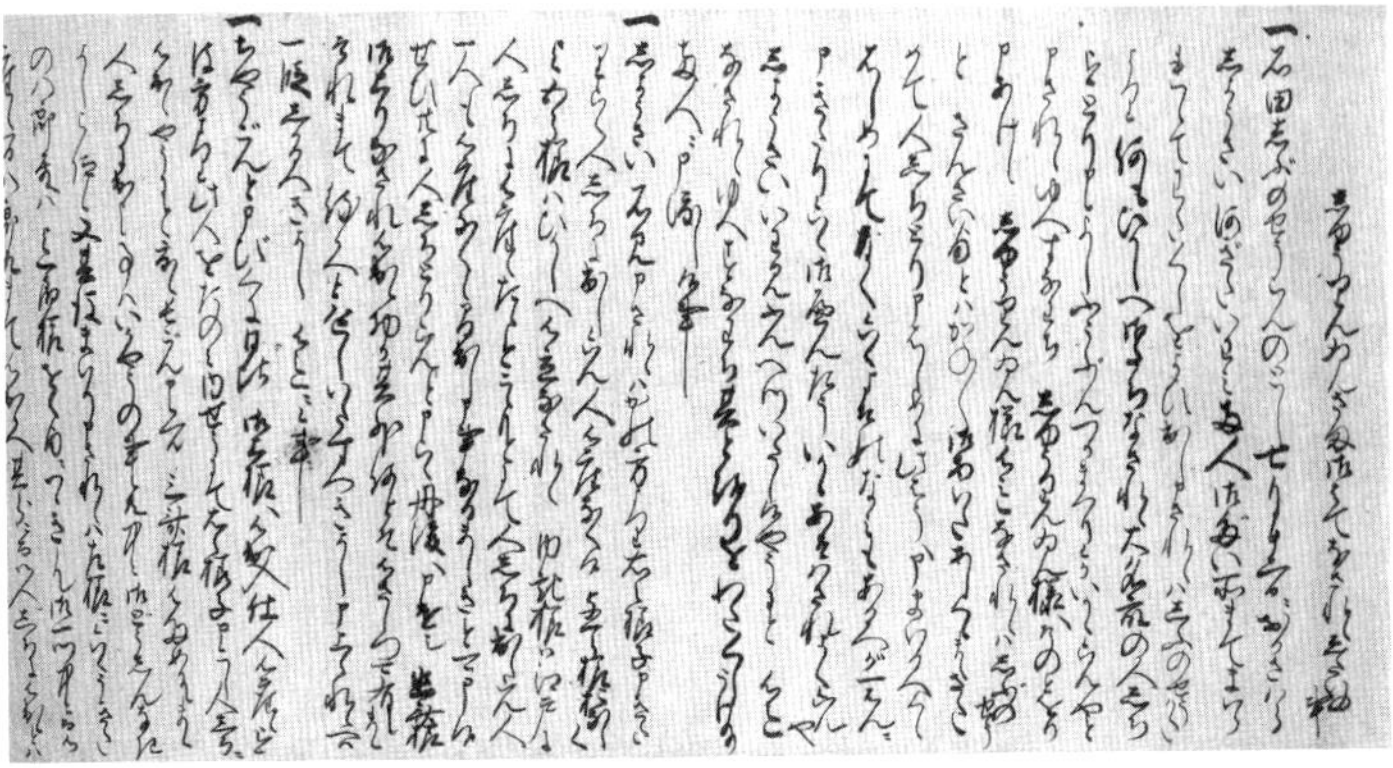

写真５　「霜女覚書」（部分）

まず、①について。検討の前提は、東軍に与する諸将が西軍の挙兵を事前に想定していたこと。そして、そうなった場合、石田三成と対立していた細川家が狙われるのは、細川忠興・ガラシャ夫妻の予測の範囲内であったことだ（「霜女覚書」）。ゆえに忠興は、留守の家臣に、万一の場合はガラシャを殺害せよと指示していたのであり、彼女も当然のごとくそれを受け入れたのである（「一六〇〇年の日本年報」）。なお、ガラシャは死を選択することがキリスト教の教えに背きはしないか、以前から宣教師に諮問。回答を得て、「大いに満足して心が落ち着い」た状態にあったとされる（安二〇一四）。

かかるガラシャの最期が、いわば「決め打ち」的な対応であったことは、西軍の動向とのギャップからもうかがえる。たとえば、「霜女覚書」によると、ガラシャが最期を迎え、侍女の霜が大坂玉造の屋敷を退去した時には、西軍の軍勢はすでに引き上げていた。屋敷内からはわからなかったのかもしれないが、囲みが解かれた頃に彼女は亡くなったのである。また、慶長五年（一六〇〇）八月五日付真田昌幸《まさゆき》等宛三成書

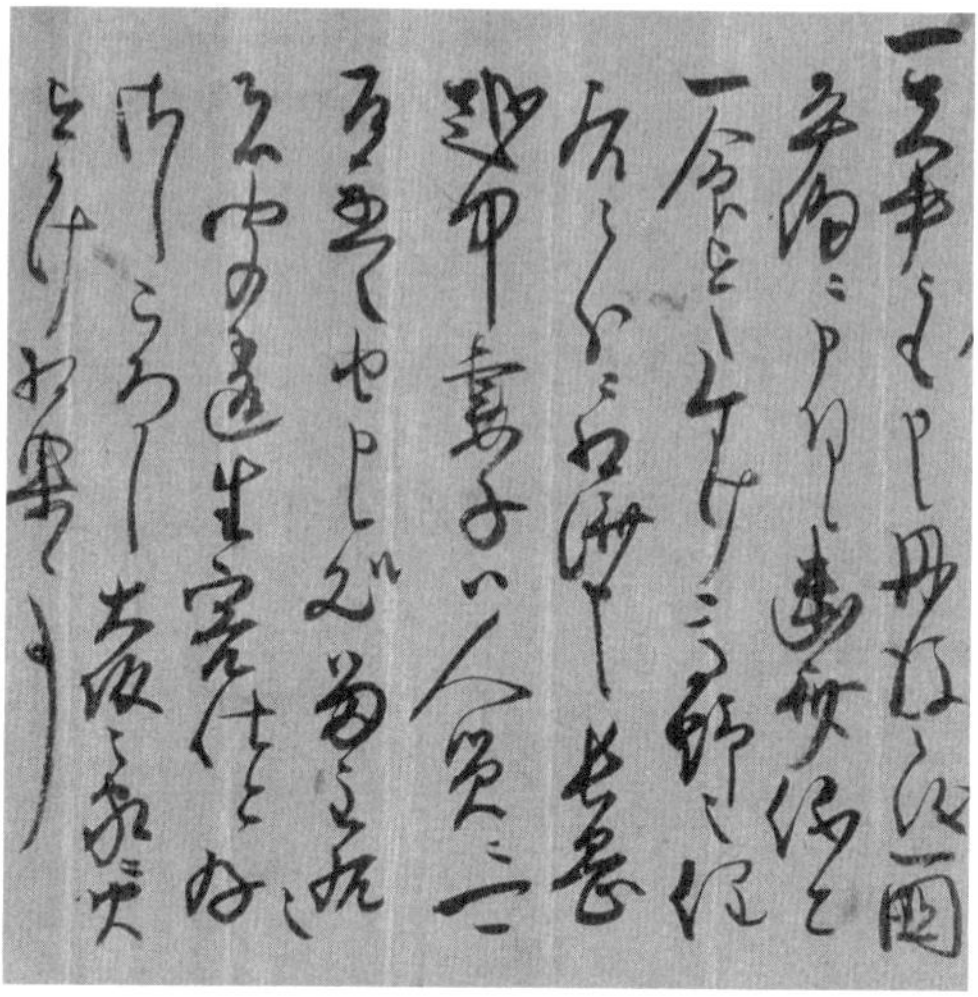

写真6　ガラシャの最期を伝えた石田三成書状（部分、真田宝物館所蔵）

状には、「人質ニ可召置之由申候処、留主居之者聞違、生涯仕と存、さしころし、大坂之家ニ火をかけ相果候」とみえる（写真6、「真田宝物館所蔵文書」『愛知県史　資料編十三』九二七号）。西軍はガラシャを「生涯」に追い込むつもりはなく、彼女の死は、むしろ唐突な結末と考えられていたわけだ。そうすると、ガラシャの最期を決定づけた要因は、会津出兵以前より示されていたという忠興の意向と、彼女自身の覚悟と判断されよう。

　次に、③について。ガラシャの最期にあたっては、忠興の留守を預かっていた小笠原少斎や河北石見等が殉じたとされる。ただ、史料によっては、他の死者の存在も示唆される。先ほど触れたように、ガラシャの死の翌日に記された『言経卿記』に、「同ムスコ十二才、同イモト六才等、母切殺、サシ殺」と記されているのである。他の同時代史料にそういった記載はなく、「霜女覚書」にも記されていないものの、慶長年間に成立した軍記物には同様の記事がみえ、そうした説が早くからまことしやかに語られていた様子がうかがわれる（金子二〇一一）。

ただ、先述のように、細川家はこの説を否定している。子ども達まで失なったのだと肯定すれば、徳川家へのさらなる忠節アピールに繋がるはずなのに、あえてそれを否定するのは、単純に事実でなかったためであろう。元侍女の霜が、当時の屋敷には人質に相応しい人物がいなかったと証言していたり（「霜女覚書」）、膨大に伝来する永青文庫の資史料群に、顕彰や供養、鎮魂の様子がみえないのも、その証左である。

(3) ガラシャの最期、その政治的影響

人質確保作戦への影響　さて、こうした経緯を有するガラシャの最期は、同時代の人々にどのような影響を与えたのであろう。これまでよく指摘されてきたのは、彼女の死により西軍の人質確保作戦に支障が生じたという話である。ここでは、その是非について考えてみたい。

関ヶ原合戦前後の人質問題については、すでに水野・福田二〇〇七や田端二〇一〇といった先学を得ている。ただ、両者の見解はいささか異なっている。「東軍主要大名の室は大坂城に取られており」、去就に「迷っている大名の妻子は状況次第でいつ西軍に襲われてもおかしくない」状態にあり、「ガラシャの自害によって三成らの人質作戦は中止を余儀なくされ」たとする「定説」は誤り、と述べる前者に対し、後者は、西軍は池田輝政《てるまさ》や藤堂高虎《とうどうたかとら》といった東軍諸将の室を大坂城本丸に集めていたもの の、ガラシャの死により、「人質収容策」をむやみに拡大することはなかった、と評価するのである。

実際のところ、ガラシャの死後も西軍の人質確保作戦は続いていた。しかも、当初は彼女の死にざまに驚きを隠せなかった石田三成は（「真田宝物館所蔵文書」九二七号）、すぐに言説を変更し、「秀頼様を申掠、取新地候故、遺恨深候、被《（彼）》か妻子居大坂候ツ、焼討ニ被申付候事」と喧伝。徳川家康に味方する者への見せしめとして、その死を政治利用する動きさえみせている（「歴代古案」『愛知県史　資料編十三』九三一号）。

では、ガラシャの最期は、人質確保作戦になんら影響を与えなかったのであろうか。調べてみると、まったく影響しなかったともいい難い。手がかりは、東北の秋田実季《さねすえ》へ中央政局の動向を伝えた慶長五年（一六〇〇）八月二十二日付佐々正孝書状（「秋田家史料」『愛知県史　資料編十三』九七〇号）にある。ここで正孝は、「羽越中殿留守居稲富・小笠原、右両人として越中殿妻子ヲさしころし、火懸、腹ヲきり相果申候間、双方女子とも堅改申候儀ハ打置、人しち有之ハ取、無之ハ留守居之人しちを取置申候由、其聞候」と証言。ガラシャの最期を受け、「双方」すなわち東西両軍が人質確保作戦を徹底しきれなくなった状況を指摘するのである。

人質の取り扱いの難しさ

ちなみに、仮に人質を確保したとしても、その取り扱いはまた別の政治的課題であった。関ヶ原合戦の三日前に大坂の増田《ました》長盛《ながもり》へ宛てた書状で、三成は「妻子人質の儀ハ、何様ニても苦かるましき躰ニ候、増右、内府へ被仰合筋目候とても、妻子なと一人も成敗ハ有ましきと申なし候」という「敵味方下々」の「取沙汰」を踏まえ、「敵方之妻子五三人も成敗候ハヽ、心中替可申」という味方の声を伝えている（「古今消息案」『愛知県史　資料編十三』一〇一九号）。「御成敗」

をともなわなければ、諸将の去就にはさほど影響しない。しかし、西軍がそれに踏み切ることはなく、彼らは最後まで人質を持て余し続けていた。

それでは、なぜ西軍は「敵方之妻子」を「成敗」しなかったのか。右に示した三成書状は、家康と長盛の「被仰合筋目」(密約!?)の存在を示唆しており、興味深いが、いずれにせよ間違いないのは、遺恨を持った難敵を増やすのは避けたいという思惑の働きであろう。『綿考輯録　巻十二』によると、ガラシャの死を聞いた細川忠興は、東軍諸将に向かい「何の面目ありて上方に属すへく候」と述べ、西軍への敵愾心をむき出しにしたという。人質の死は、当事者の去就を確定させ、その戦意に火を付ける。ガラシャの最期を目の当たりにした西軍は、改めてそうしたリスクを思い知り、人質の取り扱いに逡巡していったのではないだろうか。

このように考えると、ガラシャの最期は、ひとりの大名夫人の悲劇的エピソードに留まるものではない。利用されたにせよ、あるいは抑止をもたらしたにせよ、政治性を強く帯びた歴史的出来事であったと、改めて認識されるのである。

おわりに

本章では、先学の成果に学びつつ、多少の新出史料をおぎないつつ、ガラシャの生涯をたどってきた。改めて振り返ると、彼女の生涯は、戦国時代から桃山時代にかけて生じた歴史のうねりに巻き込まれ、

写真７　「烈女」イメージで描かれたガラシャの最期《関ヶ原合戦絵巻　春巻》（部分、江戸時代後期、19 世紀、徳川美術館所蔵 © 徳川美術館イメージアーカイブ／DNPartcom）

写真８　キリシタンイメージで描かれた《ガラシャ夫人像》（橋本明治画、1923 年、島根県立美術館所蔵）

翻弄された部分がずいぶん大きかったように思われる。ゆえに、これまで悲劇のヒロインとみなされてきたのであろう。ただ、「裏切り者の娘」となって沈んでいた時期に、心のよりどころを求め、みずから判断したキリスト教への改宗や、関ヶ原の前夜に迎えた最期の場面には、ガラシャの強い意志と覚悟が垣間みられた。彼女の生きざまが人々を魅了するのは、悲劇性だけでなく、そうした強さをあわせ持っているからなのかもしれない。

もっとも、そんなガラシャのことを調べ、掘り下げていく場合、もうひとつなすべき作業が残されている。彼女の死後、その歴史的イメージがどのように形成され、変遷してきたのかを追跡する作業である。歴史上の人物を調べていくと、たいていは、研究により明らかになった等身大の実像と、巷間に定着した歴史的イメージとの間に大きなギャップがみられるのだが、ガラシャの場合、明治時代後半までキリシタンであった事実がほぼ認識されておらず、近代におけるイメージの転換が甚だしい。江戸時代以来、関ヶ原の前夜に細川家のために命を投げ出した模範的な大名夫人、「烈女」「貞女」だとみなされてきたのが（写真7）、ヨーロッパからガラシャの信仰事情が逆輸入され、明治時代後半にそれが広まった結果、迫害の可能性を恐れず、信仰を貫いた敬虔なキリシタンへとイメージが大きく塗り替えられていくのである（写真8）。

かかる歴史的イメージの問題については、冒頭に示したように、すでに多くの研究者が関心を示している。筆者もまた、そのプロセスを注視しており、その研究成果は、二〇一八年開催の特別展に反映させた（山田二〇一八）。ただ、まだ作業は道半ばで、不備は否めない。今後、改めて検討の機会を持つこととしたい。

参考文献

ヨハネス・ラウレス「細川家のキリシタン」（『キリシタン研究』四輯、一九五七年）

高柳光寿『人物叢書　明智光秀』（吉川弘文館、一九五八年）
ヨハネス・ラウレス『細川ガラシア夫人』（中央出版社、一九五八年）
ヘルマン・ホイヴェルス『細川ガラシア夫人』（春秋社、一九六六年）
橘俊道校註「遊行三十一祖京畿御修行記」（『大谷学報』五二巻一号、一九七二年）
エリザベート・ゴスマン、水野賀弥乃訳「ガラシャ細川玉の実像と虚像」（鶴見和子他監修『女と男の時空―日本女性史再考　Ⅲ　女と男の乱―中世』藤原書店、一九九六年）
笠谷和比古「蔚山籠城戦と関ヶ原合戦」（同著『関ヶ原合戦と近世の国制』（思文閣出版、二〇〇〇年。初出は一九九八年）
林　千寿「関ヶ原合戦における細川家―その動向と動機―」（『熊本史学』七六・七七合併号、二〇〇〇年）
石川登志雄「英甫永雄と玄圃霊三」（『宮津市史　通史編　上巻』第十章第三節三、二〇〇二年）
米田かおり「細川ガラシャとイエズス会の音楽劇」（『桐朋学園大学研究紀要』二八集、二〇〇二年）
水野勝之・福田正秀『加藤清正「妻子」の研究』（ブイツーソリューション、二〇〇七年）
小川剛生「細川幽斎―人と時代―」（森正人・鈴木元編『細川幽斎―戦塵の中の学芸―』笠間書院、二〇一〇年）
田端泰子『細川ガラシャ―散りぬべき時知りてこそ―』（ミネルヴァ日本評伝選、ミネルヴァ書房、二〇一〇年）
金子　拓『記憶の歴史学―史料に見る戦国―』（講談社選書メチエ、講談社、二〇一一年）

日向志保「ガラシャ改宗後の清原マリアについて」(『織豊期研究』一三号、二〇一一年)
稲葉継陽「細川家伝来の織田信長発給文書―細川藤孝と明智光秀―」(森正人・稲葉継陽編『細川家の歴史資料と書籍―永青文庫資料論―』吉川弘文館、二〇一三年)
吉村豊雄「もう一つの細川ガラシャ像―生誕四五〇年に寄せて―」(『総合文化誌　KUMAMOTO』五号、二〇一三年)
安　廷苑『細川ガラシャ―キリシタン史料から見た生涯―』(中公新書、中央公論新社、二〇一四年)
鈴木将典「織田・豊臣大名細川氏の丹後支配」(『織豊期研究』一六号、二〇一四年)
矢部誠一郎『利休随一の弟子　三斎　細川忠興』(宮帯出版社、二〇一四年)
安　廷苑「細川ガラシャ没後の評価について」(『キリシタン文化研究会会報』一四五号、二〇一五年)
大澤研一「文献史料からみた豊臣前期大坂城の武家屋敷・武家地」(『大阪歴史博物館　研究紀要』一三号、二〇一五年)
外岡慎一郎『「関ヶ原」を読む―戦国武将の手紙―』(同成社、二〇一八年)
宮川聖子「ガラシャ消息について」(熊本県立美術館編『永青文庫展示室開設十周年記念　細川ガラシャ』展図録、細川ガラシャ展実行委員会、二〇一八年)
山田貴司「総論　ガラシャの生涯とそのイメージ展開」(『永青文庫展示室開設十周年記念　細川ガラシャ』展図録、二〇一八年)
山田貴司「同時代の人々が記したガラシャの最期」(『日本歴史』八五〇号、二〇一九年)

【付記】本論は、参考文献に掲げた山田二〇一八の前半部に新知見を加え、再構成したものである。

コラム―1

細川家の茶道具

伊藤千尋

細川家と茶の関係は深い。歴代当主のなかでも、とくに細川家二代・三斎《さんさい》（忠興《ただおき》）は、茶の湯の大成者・千利休《せんのりきゅう》の高弟であり、教えを忠実に受け継いだ一人として評価されている。利休が豊臣秀吉の勘気に触れ京を追われたとき、古田織部《おりべ》とともに、堺に下る利休を淀の船着場で見送ったというエピソードは有名だ。細川家の文化財を管理する美術館・永青文庫には、利休や三斎をはじめ、歴代当主が使用した茶道具が数多く伝わっている。ここでは、それら細川家伝来の茶道具について、関係史料を交えながらいくつか紹介したい。

細川家の重宝として、他の茶道具とは別格の扱いをされていたのは、「唐物尻膨茶入《からものしりふくらちゃいれ》 利休尻ふくら」（写真1）である。その名のとおり利休が所持していた茶入で、全体に釉《うわぐすり》がかけられて紫黒色を呈し、腰から裾にかけて丸みを帯びた安定感のあるフォルムをみせている。利休はことのほか、この尻膨タイプの茶入を好んだとされるが、弟子の山上宗二《やまのうえそうじ》が「市中のどこにでもあるもの」と特別視しなかったように、当時の尻膨茶入に対する評価は低く、利休だけがその価値を認めていた。

細川家の家記『綿考輯録《めんこうしゅうろく》』によると、「利休尻ふくら」は、慶長《けいちょう》六年（一六〇一）、関ヶ原の軍功がたたえられて三斎が徳川秀忠《ひでただ》から拝領したという。熊本大学永青文庫研究センターが所蔵する、家老衆宛ての慶長六年三月二十三日付の三斎（忠興）書状には、「年来之望是一にて候つる処、……か様の満足無之候」とあり、長年の望みであったこの茶入を入手し、喜びも一入の様子がうかがえて興味深い。のちに三斎は、江戸での幕臣を招いた茶会において「利休尻ふくら」を実際に使用しているが（松井文庫所蔵「細川三斎茶会道具附」）、利休が四方盆に載せず直置きしたことを踏襲し、自らも盆を用いていない。そこに利休を受け継ぐ者としての三斎の姿勢がよくあらわれている。

「利休尻ふくら」は利休から徳川家を経て三斎の手に渡った後、宇土支藩へ伝わるが、五代・綱利《つなとし》のときに本家へ戻り、代々珍重されていくこととなる。すでに指摘されているように、細川家では江戸時代、複数の道具帳が作成されたものの、その名が登場することはほとんどない。他の茶道具とは別格の「御家の宝」とみなされ別の管理がなされていたのであろうか。この茶入への興味は尽きない。

三斎以降の歴代当主も、茶杓の制作や道具の収集を行っており、茶の湯への関心が高かった。

写真１　重要美術品「唐物尻膨茶入　利休尻ふくら」南宋〜元時代（13〜14 世紀）

写真２　「瀬戸肩衝茶入　銘　花さくら」江戸時代（17 世紀）

熊本大学附属図書館に寄託されている永青文庫資料のなかには、『御《ご》参勤《さんきん》江戸《えど》御持遣《おもちつかわし》』という道具目録があるが、そこには参勤交代の際に藩主がどのような茶道具や絵画などの道具類を持参していたのかが、詳細に記されている。これは八代・重賢《しげかた》の江戸参府（宝暦《ほうれき》十三年〈一七六三〉八月）から十一代・斉樹《なりたつ》の江戸参府（文化《ぶんか》十二年〈一八一五〉二月）までの四代にわたる記録であり、多くの茶道具が藩主とともに江戸と国許の熊本を行き来していたことがわかる。永青文庫に現存している道具の名前がいくつも見出せるが、利休ゆかりの道具に関しては、利休自作の「瓢花入《ひさごはないれ》　銘　顔回《がんかい》」、「茶杓《ちゃしゃく》　銘　ゆがみ」などはあるものの、「利休尻ふくら」については御家の宝であるがゆえなのか、運ばれた形跡はない。では、藩主とともに旅をし、実用に供された茶道具にはどのようなものがあったのだろうか。

重賢在任中の記録を見てみると、参勤・帰国のたびに必ず持参している茶入があることがわかる。それは、前掲史料の中に「花桜」「華桜」と出てくる「瀬戸《せと》肩衝《かたつき》茶入　銘　花さくら」である（写真2）。黒褐色の釉が縦に流れ、静かな景色となっている茶入だ。重賢のお気に入りだったのか、または旅用の茶入という位置づけだったのかは定かではないが、江戸と熊本間の藩主の往来に欠かさずお供していた。その他、重賢は自ら制作した茶杓や、細川家中にあった茶入と茶碗を緻密に写し描いた「茶入茶碗写真帖」（写真3）も持参している。明和《めいわ》六年（一七六九）の江戸参府の折には、この画帖はそこに描かれた複数の茶入の原物とともに運ばれており、忠実に写された画帖の絵と、原物とを比較して楽しむ重賢の姿を想像せずにはいられない。

茶碗については、『御参勤江戸御持遣』全体をとおして、「黒楽《くろらく》」、「乙《おと》ごぜ」、「三嶋《みしま》」、「伊羅《いら》保《ぼ》」、「柿蔕《かきのへた》」、「熊川《こもがい》」などが散見されるように、総じて黒楽茶碗と高麗茶碗が選ばれる傾向にあったようだ。「乙ごぜ」（写真4）は、三斎が長次郎に焼かせたと伝わる細川家の名物茶碗の一つであり、史料の中に何度もその名が見えることから、茶の席に度々用いられたと考えられる。

このように、細川家には御家の宝として丁重に扱われた「利休尻ふくら」のような茶道具がある一方で、頻繁に使用されていたことが史料から読み取れるものも多くある。それらは、御家の存在意義を高める役割、また自身の楽しみや大名同士の交流のためのツールとしての役割など、様々な機能を持っていたことを示している。江戸時代、茶道具に課せられた使命は今日の私たちが想像する以上に大きかったのである。細川家伝来の茶道具は、そのことをよく伝えていると言えるだろう。

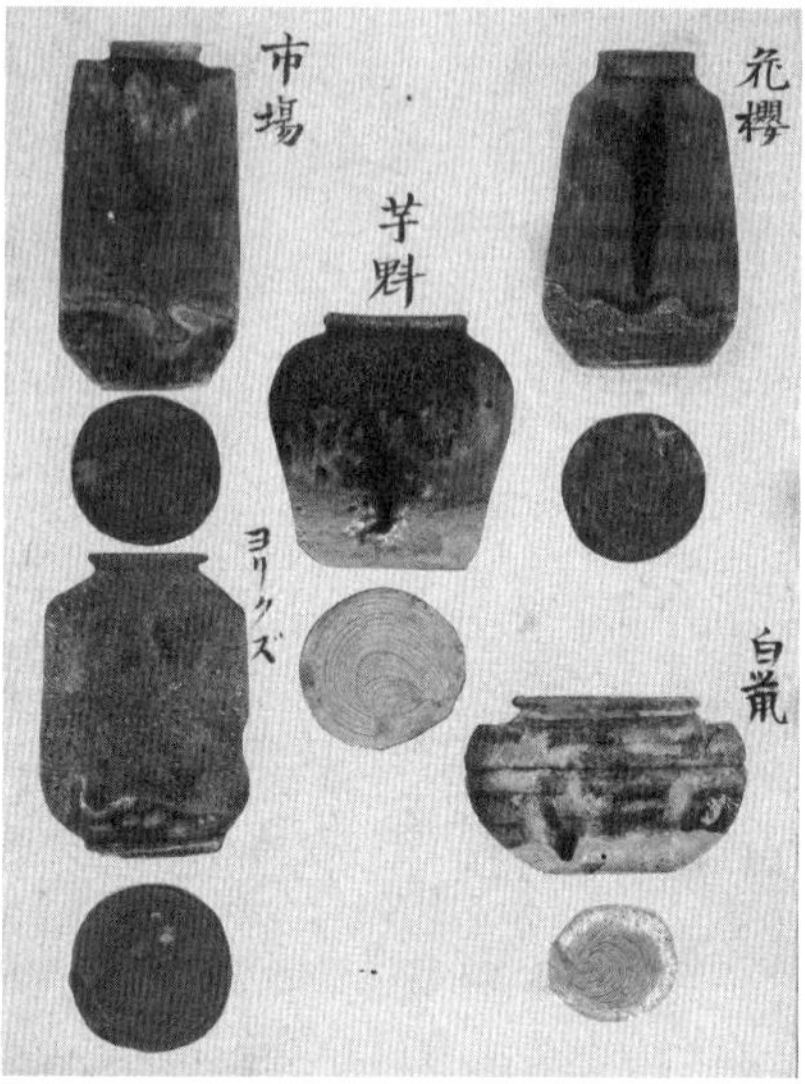

写真3　「茶入茶碗写真帖」江戸時代（18世紀）

写真4　重要美術品 長次郎作「黒楽茶碗 銘おとごぜ」安土桃山時代（16世紀）

参考文献

「翻刻『御参勤江戸御持遣』」『大名細川家の至宝　文武の歴史と雅の文化・永青文庫名品展』（山梨県立美術館、二〇〇一年）
『細川家の至宝―珠玉の永青文庫コレクション―』（NHK・NHKプロモーション、二〇一〇年）
『茶の湯』（NHK・NHKプロモーション・毎日新聞社、二〇一七年）
『細川ガラシャ』（細川ガラシャ展実行委員会、二〇一八年）
千　宗屋「唐物尻膨茶入 利休尻ふくら」（『國華』一四七八号、國華社、二〇一八年）
竹内順一「タイムカプセルの茶入」（『永青文庫の茶入』永青文庫、二〇一九年）
三宅秀和「史料に見る細川家の茶入」（『永青文庫の茶入』永青文庫、二〇一九年）

4

一六二〇年代　細川家の葡萄酒製造とその背景

後藤典子

はじめに

永青文庫の史料の素晴らしいところは、一次史料、つまりその時代にリアルタイムで書かれた史料が数多く存在し、紛れもない史実を私たちに伝えてくれることだ。本章は、これらの一次史料から、細川家が小倉時代の寛永《かんえい》四年（一六二七）から寛永七年にかけて、「葡萄酒《ぶどうしゅ》」を造っていたという史実を明らかにする。

細川家が葡萄酒を造っていたという話はよく知られていて、以前、永青文庫の広報誌『季刊永青文庫』でも取り上げられたことがある。今回、再び注目されるようになったのは、二〇一六年、北九州市を「ワイン特区」にすることとの関係で、毎日新聞社から取材を受けたのがきっかけである。反響が大きく、たくさんの問い合わせがくるうちに私が危惧したのは、取材したことだけを書いてくれる新聞はいいのだが、テレビの方は「細川家が江戸初期に小倉でワインを造っていた」の後に、必ず「これは、細川ガラシャの追悼の秘密のミサをおこなうためだった」と勝手につくってしまうことである。葡萄酒が造られた時代背景を考えれば、それは絶対にあり得ないことだ。

いまここで永青文庫の一次史料によって、紛れない史実をきちんと書いておきたいと考えている。以下、次頁の関係地図も参照されたい。

一　葡萄酒製造を伝える一次史料

細川忠興《ただおき》とガラシャの息子の小倉《こくら》藩主細川忠利《ただとし》が命じて、明らかに「葡萄酒」と呼ばれる酒が造られたことが永青文庫の史料上で確定できるのは、寛永四年（一六二七）から七年までの四年間である。それ以前も以後も、現在確認できる葡萄酒関係史料は、長崎での輸入品に限られている。細川家で実際に葡萄酒が造られた事実に関係する史料を、以下にすべてご紹介しよう。

(1)　寛永五年の葡萄酒造り

葡萄酒造りに関する史料の初見は、寛永五年の「奉書《ほうしょ》」である。これは藩主忠利からの命令を奉行所が記録したもので、その命令に奉行組織がどう対処したかまでも記されている。寛永五年八月二十八日の箇所に次のようにある。

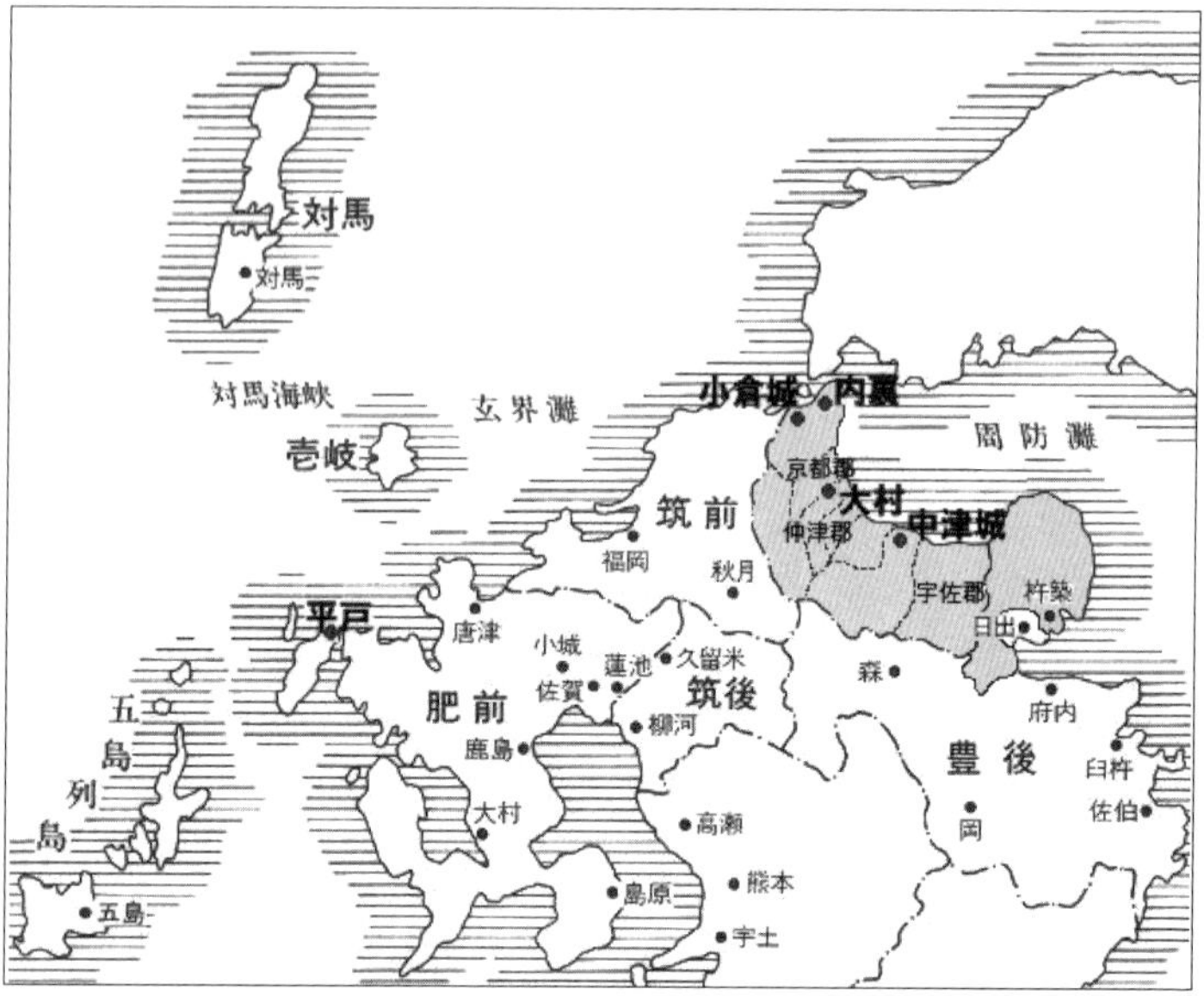

細川家葡萄酒製造関係地図

【史料1】

ぶだう酒を作り申時分にて候間、上田太郎右衛門尉ニ便宜次第申遣、作せ可申旨　御意之由、斎奉之由にて野田源四郎申来候事、

【現代語訳】

葡萄酒を造る季節なので、上田太郎右衛門によい時期に命じて作らせるようにとの殿様の御意を、斎（忠利側近の朝山斎助）が殿様から奉《うけたまわ》って、野田源四郎が使いとして奉行所に申してきた。

ちなみに、この史料で忠利の意向を奉って奉行所に伝えた「斎」を細川三斎だとみる向きがあるが、史料の文意からみて、そのような解釈が成り立つ可能性はまったくない。

九月十五日付けの「奉書」には次のようにある。

【史料2】

ぶたう酒仕様、上田忠蔵（太郎右衛門の甥）ニおしへ可申旨、太郎右衛門ニ被仰渡由、治部丞奉、
自然忠蔵煩之時なとノためニ被為　思召候間、歩之御小性衆ノ内、慥成者ニ一人おしへ可申旨、
奉同人（皆川治部丞）、

【現代語訳】

葡萄酒の造り方を太郎右衛門の甥の忠蔵に教えるよう太郎右衛門に命じるようにとの殿様の命令を側近の皆川治部丞が奉った。そして、この忠蔵が病気などした時の用心のために歩《かち》の御小姓の内からしっかりした者一人にも教えるようにとの殿の御意である。

「歩の御小姓」というのは、忠利に近い奉行クラスの家臣のことである。この命令は奉行らによって実行された。右の記事には次のような注記が付されている。

（肩書）上田忠蔵ニ申渡候、又、歩之御小性ハ赤尾茂兵衛ニ申渡候、

つまり、「甥の上田忠蔵に命じた。また、歩の御小姓は赤尾茂兵衛に命じた」と、忠利の命令に従って奉行所で葡萄酒製造法の教授対象者について決定・実行した事項が、書き入れてある。

そして、次の条にはこうある。

【現代語訳】

太郎右衛門、ふだうヲ取ニ在郷へ参、手廻能候ハヽ、手伝を付、可遣旨、治部丞奉、

太郎右衛門が葡萄を採りに「在郷」（自分の知行所）に帰るのに、手配がつけば手伝いの者を付けて帰すようにとの忠利の命令を、側近の皆川治部丞が奉った。

さらに、九月十五日付けの「奉行所日帳」には、次のように記録されている。「日帳」は小倉城の細川家奉行所の日報で、奉行が業務をどうこなしたかまで詳細に記録されている。

【史料3】

上田太郎右衛門ニ中津郡ニ而ぶどう酒被成御作候手伝ニ、御鉄炮友田二郎兵衛与中村源丞遣候、御郡ニ而がらミ・薪ノちんとして、五匁銭五貫文ヲ遣候、又、歩之御小性赤尾茂兵衛ハ、右之さけ作ならひ候へと申付遣、今度ハ江戸へ上田忠蔵被　召連候、太郎右衛門ゟ忠蔵ニ作様をしへ遣申候へきとの　御意ニ候、忠蔵煩、其外之時之ためニ、歩之御小性ニをしへ候へと被　仰出ニ付、御供番三与ノ内ゟ丈夫成仁を改、被出候へと申ニ付、赤尾茂兵衛をさし上候、則申渡、太郎右衛門所へ遣候事、

【現代語訳】

上田太郎右衛門に仲津郡で葡萄酒を造らせる手伝いに、御鉄炮衆の友田二郎兵衛与《くみ》の中村源丞を遣わした。「がらみ」と、薪の代金として五匁銭五貫文を遣わした。今度参勤で江戸にお供する甥の上田忠蔵に太郎右衛門は葡萄酒の造り方を教えるように。そして、忠蔵が病気などをした時の用心のために歩の御小姓にも教えよ、御供番三与の中から確かな者を選抜せよとの御意であった。そこで赤尾茂兵衛を選び、すぐに二人に命じて太郎右衛門の所へ遣わした。

「がらみ」というのは山ぶどう（エビヅル）のことで、主に九州・山口地方の方言だという（写真1）。五匁銭で五貫文というのが、現在の貨幣価値でいくらかというのは、米の相場が変動するので様々な学説があり大変難しいが、だいたいの目安として二十五万円から高くて五十万円といったところだろうか。

写真１　かつての仲津郡大村地域に現在も自生する「がらみ」

そして、その翌日の九月十六日付けの小倉の惣奉行衆から仲津郡の御郡奉行（農政を担当する行政官）に宛てた文書の控（「御郡へ之文案」）には、次のようにある。

【史料4】

上田太郎右衛門知行所にてぶたう酒御作せ被成ニ付而、爰元ゟさけ作申道具、次夫三人ニて主知行所へ遣申候、兵粮可被相渡との状遣候、但、当郡ゟ中津郡迄ニ当遣候也、

【現代語訳】

上田太郎右衛門の知行所で葡萄酒を造らせるのに、小倉から酒造りの道具を継夫三人に持たせるので、この者たちに兵粮米を仲津御郡奉行から渡すように。

「継夫」というのは、この場合、小倉から仲津郡までのリレー方式の人足のことで、「兵粮米」というのは、人足の手当のことである。

さらに、九月二十四日付けの「奉書」にはこうある。

【史料5】

ぶだう酒、去年江戸へ被遣候程、当年も可被遣様と、得 御諚申候、并諸白も口ニ無御座候間、御奥ゟ被成御出候様と、佐膳殿を以得 御意候処ニ、此方次第と被 仰出候事、

【現代語訳】

葡萄酒を去年江戸へ遣わしたほど、今年も送るがいいかどうか、殿様にお伺いを立てた。また、「諸白《もろはく》」（白米の酒）も納戸の入り口にないので、奥から出していいかと殿の傍にいる長岡左膳（三渕之直）を通してお伺いを立てて、それでいいと殿様の許可が出ている。

ここで「葡萄酒を去年遣わした」と出てくる。この寛永五年の史料に去年江戸に送ったほど送ると記録されているのだから、少なくとも寛永四年も葡萄酒造りが行われていたことは確実である。

以上が寛永五年の一次史料である。これらをまとめてみよう。

寛永五年八月二十八日、葡萄酒を造る時分になったので、上田太郎右衛門に命じて、上田の知行所の豊前国仲津郡で「がらみ」を採らせて葡萄酒を造らせるようにと、藩主忠利より命令が出て、その手伝いに御鉄炮衆の中村源丞が遣わされ、がらみ・薪の代金として五匁銭五貫文が出された。そして、太郎右衛門の甥忠蔵と、歩の御小姓赤尾茂兵衛が、太郎右衛門から葡萄酒の造り方を習うように命じ

られたのである。

(2) 寛永六年の葡萄酒造り

次にその翌年、寛永六年(一六二九)の史料を見てみよう。九月十五日付けの小倉の惣奉行衆から仲津郡の御郡奉行衆に宛てた文書の控(「御郡江之文案」)には、次のようにある(写真2)。

【史料6】

当年も上田太郎右衛門尉ニぶだう酒被仰付候、如去年、がらミを御郡夫ニ取せ可被申候、御奉行ニ御鉄炮衆差出申候間、切手を取置御定之賃米請取候へと可被仰付候、

【現代語訳】

今年も上田太郎右衛門に葡萄酒造りを命じられたので、去年のように「がらみ」を「御郡夫」に採らせるように。その担当の奉行に御鉄炮衆を派遣するので、切手を取り置き、規定の賃米を払うようにとの殿様の御意である。

「御郡夫」というのは、郡奉行の権限によって動員される藩の公的な百姓夫役のことである。次いで九月十八日付けの「奉行所日帳」にはこうある(写真3)。

【史料7】

御小人孫介ニ、ふたう酒作こミ候樽弐つ、上田太郎右衛門所へ持せ遣候、右孫介かへりニ、太郎右衛門口上にて被申越候ハ、黒大つ并手伝無御越候、併、何も此方にて調可申由、被申由候事、

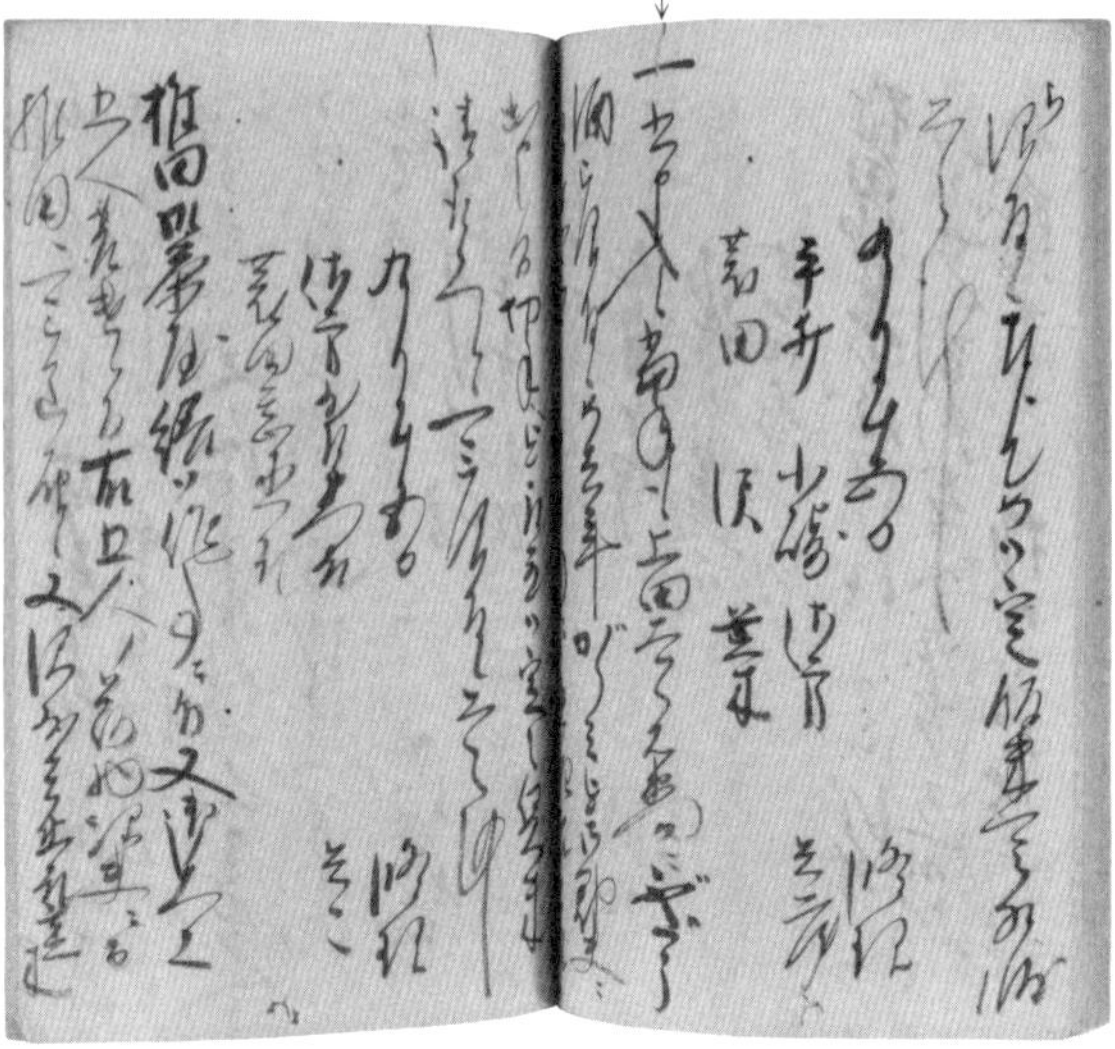

写真２　「御郡江之文案」寛永６年９月15日
　　　　惣奉行達書　仲津郡奉行宛て

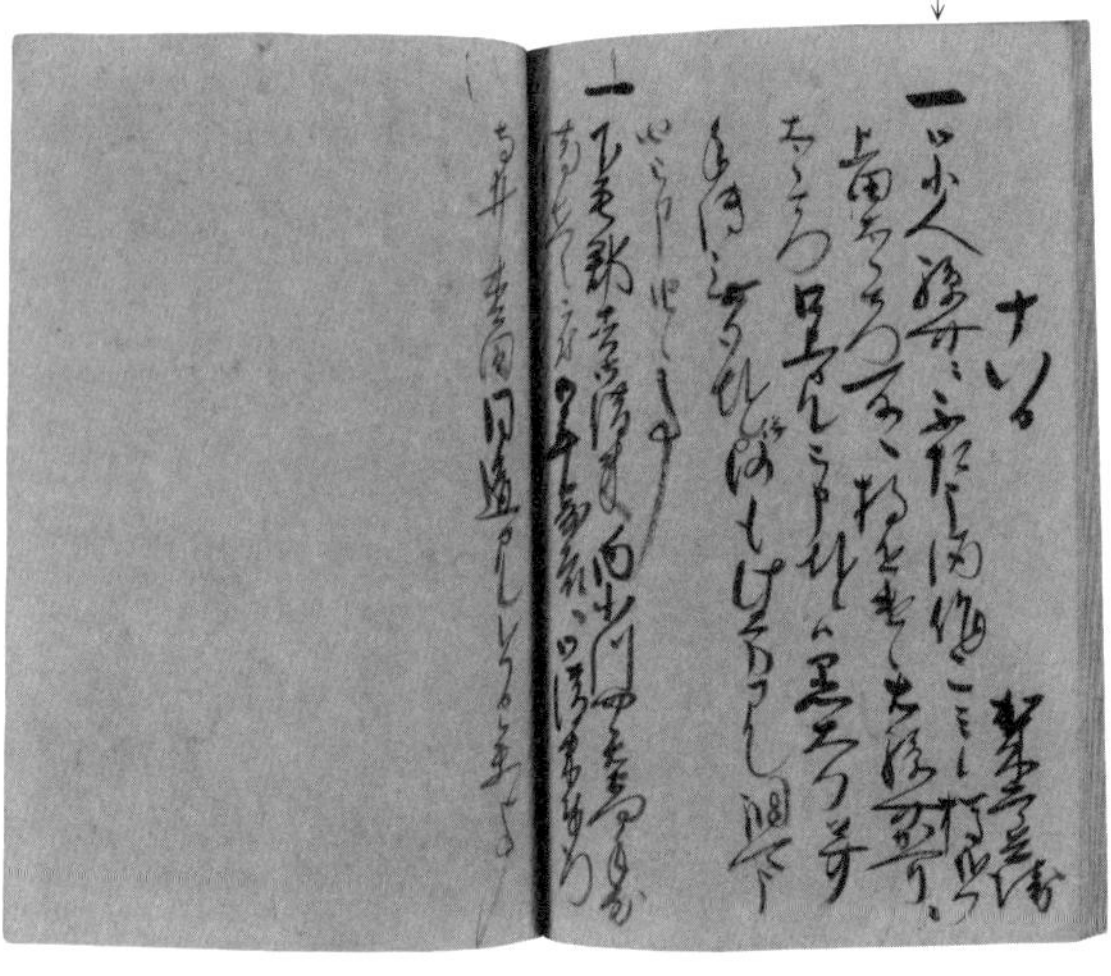

写真３　「奉行所日帳」寛永６年９月18日条

【現代語訳】

御小人（雑用を務める下級の武家奉公人）の孫介に、葡萄酒を造り込む樽二つを上田太郎右衛門の所へ運ばせた。その時、帰りに太郎右衛門から「黒大豆と、手伝いの者が来ていないが、どっち

も こちらで調達する」と言われたと、この孫介が小倉に帰って惣奉行衆に報告した。

この史料で、葡萄酒を造るのには「黒大豆」を使っていたということが分かる。

さらに、それから十日余り経った十月朔日付けの「奉行所日帳」には、次のようにある。

【史料8】

上田太郎右衛門尉、ふたう酒弐樽被仕上候、手伝ニハ、竹内与谷口次左衛門尉と中者也、中津郡ゟ今晩持せ来候事、

【現代語訳】

上田太郎右衛門が、葡萄酒二樽を仕上げた。手伝いに竹内与《くみ》の谷口次左衛門が行って、仲津郡から今晩小倉へ運んできた。

以上が寛永六年の史料である。これらからは、次のようなことが分かる。

寛永六年にも上田太郎右衛門が葡萄酒造りを命じられて、材料の「がらみ」採りに地元の百姓が郡夫として駆り出され、賃米が支給されたこと。そして、小倉から仕込み用の樽二つが運ばれたこと。樽というのが、どのくらいの大きさかだが、この時代の他の史料には、お酒はだいたい二斗入りの樽で江戸に送ることが多いようなので、二斗樽（約三六リットル）だと考えられる。その樽二つ分の葡萄酒が出来たということである。

また、ここで注目すべき点は、材料に「黒大豆」が使われていることである。私は、「黒大豆」は葡萄酒の発酵を促進する材料ではないかと考えている。多湿の日本で、野生の葡萄の糖分だけでは十

分な発酵は望めず、大豆の酵母を添加して発酵を助けさせたのではないか（長谷川元気二〇一二）。当該期に造られたこの葡萄酒が、醸造酒であったことは間違いないだろう。

葡萄酒を作り込む樽を小倉から運んでから約二週間経って酒が仕上がり、十月朔日、樽二つ分が小倉に届けられたのである。

(3) 寛永七年の葡萄酒造り

寛永七年（一六三〇）の史料を見てみよう。まず同年四月七日付けの「奉行所日帳」には次のようにある。

【史料9】

上田太郎右衛門所へ、ふとう酒作候手伝ニ、芦田与兵衛与中橋孫右衛門付也、

右酒作候奉行ニ、高並権平遣也、

【現代語訳】

上田太郎右衛門の所へ葡萄酒造りの手伝いに、芦田与兵衛与の中橋孫右衛門を付けた。そして、酒造りの奉行には高並権平を命じた。

ところが、その七日後の四月十四日付けの「日帳」には、このように記されている。

【史料10】

歩之御小性海田半兵衛登城にて被申候者、今度ぶどう酒の御奉行に、高並権平被仰付候へとも、

まへかとゟ拙者仕つけ申候ニ付而、歩之頭共ゟ差替申候由にて登城仕候、可然候由、申渡候也、

【現代語訳】

歩の御小姓海田半兵衛が登城して奉行衆にこう申請した。「今度、葡萄酒造りの奉行に高並権平が命じられたが、以前から自分がやっていたので、差し替えてもらうようにと歩の頭衆から言われて登城した」。そこで、その通り差し替えて、海田半兵衛に奉行を命じた。

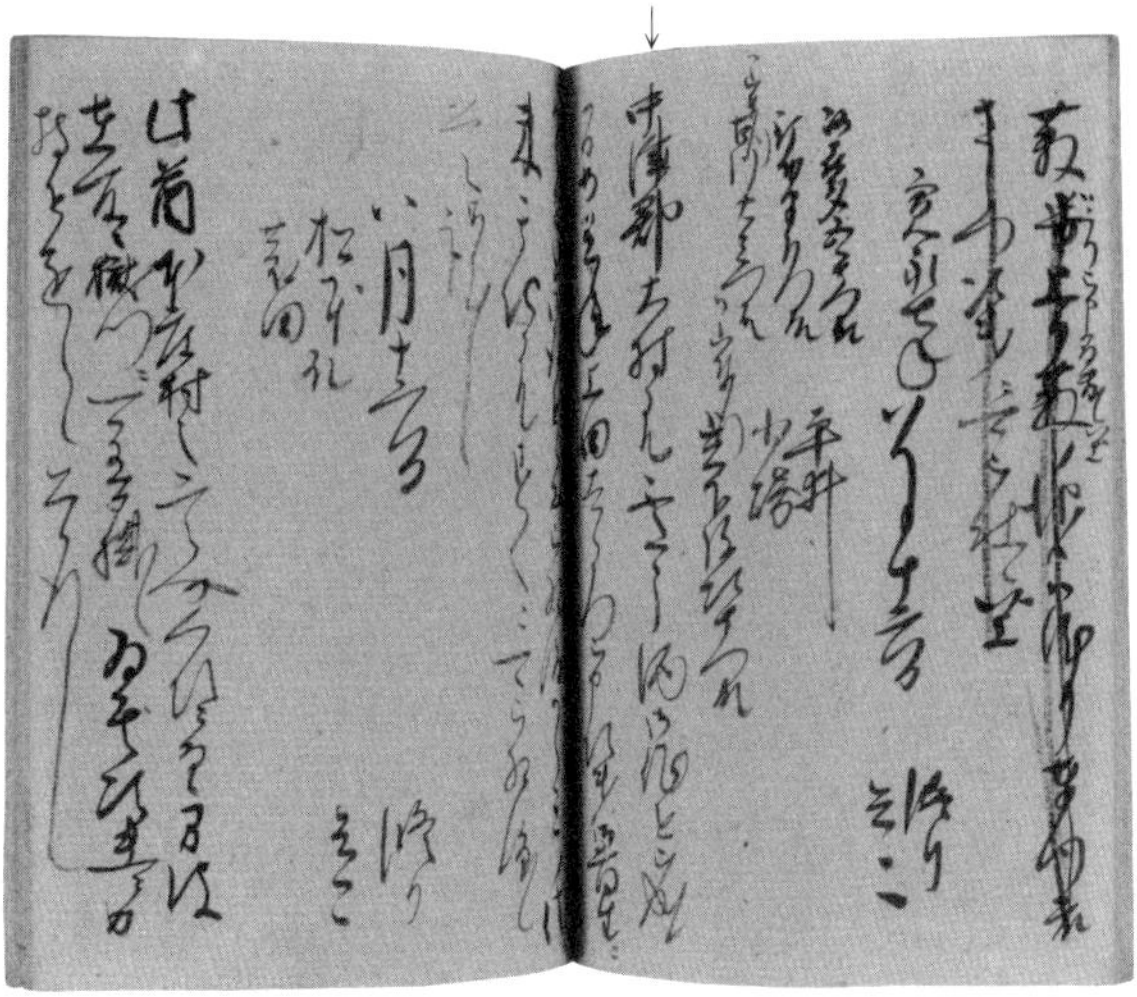

写真4　「御郡へ之扣」寛永7年8月16日
惣奉行衆達書　仲津郡奉行宛て

また、小倉の惣奉行衆から仲津御郡奉行衆宛ての書状の控えを記録した「御郡へ之扣」の八月十六日付け書状案には、次のようにある（写真4）。

【史料11】

中津郡大村にて、ふたう酒御作せ被成候間、如去年上田太郎右衛門被申次第、御百生ニからミを御取せ候而、被相渡がらミノ代米其地にてすくニ可被相渡候、

【現代語訳】

仲津郡大村で葡萄酒を造らせるので、去年のように上田太郎右衛門の指図次第で、百姓に「がらみ」を採らせて、そのがらみの代米を現地ですぐに百姓たちに支払うように。

この史料が重要なのは、葡萄酒製造の場所が仲津郡の大村であったことが分かる点である。以上の寛永七年の史料の内容は、次のようにまとめることができる。

葡萄酒造りの奉行は、以前から自分が担当していたので交替した方がいいと言っているのだから、葡萄酒造りの担当奉行にはある程度の専門性が必要で、歩御小姓組の中でも特化した役職になりつつあったということだ。また、上田太郎右衛門が葡萄酒を造っていた彼の知行地というのは、仲津郡大村であったことが分かったのだが、大村というのは、現在の福岡県京都《みやこ》郡みやこ町である。

以上が、小倉藩で葡萄酒造りが行われていた事実を示す一次史料である。翌寛永八年の葡萄酒に関する史料で現在確認できるのは、長崎での輸入に関するものだけである。時代がずっと下るが、元禄十年（一六九七）人見必大《ひつだい》著『本朝食鑑』には蘡薁《えびづる》の項に「当今これを採って酒に醸《かも》すと甚だ好い」との記述がある。

二　葡萄酒を造る上田太郎右衛門とその一族

(1)　上田太郎右衛門の召抱え

一六二〇年代に葡萄酒造りを任された上田太郎右衛門とはどういう人物なのだろうか。私は仕事柄、殿様の命令を伝える「奉書」や、奉行所の「日帳」などの史料を日々見ているのだが、そうしたなか上田太郎右衛門の記事を追っていくと、彼が大変興味深い人物であることが分かってきた。

史料で見てきたように、上田太郎右衛門は寛永四年（一六二七）から葡萄酒を造っていたわけだが、ずっと後の時代に、細川家の家臣たちの由緒をそれぞれの家から集めて編纂された「先祖附」という史料があって、その上田家の項によると、太郎右衛門は寛永三年に忠利に新知三百石を拝領して、御小姓組に召し加えられたとある。

それは一次史料で確認することができる。寛永三年閏四月二十八日付けの「奉書」に、次のような記事を見つけることができた。

【史料12】

上田太郎右衛門儀、可申渡　御意ハ、今程奉公人被召抱儀御法度候へ共、太郎右衛門儀ハ前廉ゟ御存之者ノ儀ニ而御座候間、内裏ニ居申候一色十右衛門被遣旨、百性ノ家ニ居候而内作をも仕、小倉ニ罷出候ハヽ、御扶持方を被下、家なと茂仁合ニ可被遣旨　御諚ニ候通申聞せ候処ニ、忝御諚共可申上様無御座候、左様ニ御座候ハヽ、小倉ニ被召置、仁相之御屋敷をも被為拝領候而、御留（守脱カ）之時ハ火用心之御番成共仕度由申上候段、奉御耳候処ニ、小倉ニ居申候ハヽ何れの家成共、主見立候而望可申旨被　仰下候事、人数之儀御尋被成候間、弐十四五人御座候、馬も壱疋所持申由申上候事、

【現代語訳】

殿様が上田太郎右衛門のことで次のように申し渡された。今の時代は奉公人を新規に召し抱えるのは禁じられているが、太郎右衛門は以前より知っている者なので、内裏《だいり》(大里・現在の福岡県北九州市門司区の南西部)にいる十右衛門に命じて、百姓家で内作をしていた太郎右衛門に、小倉で召し抱え扶持と家を与えるがどうかと打診したところ、太郎右衛門は喜んで、小倉に行って相応の屋敷を拝領して、殿様が参勤でお留守の時は火の用心の御番でもいいからさせてほしいと申し上げげ、それを聞いた忠利は、小倉でどこでも本人に希望させて家を拝領するようにとの御意で、家族の人数をお聞きになったので、二十四・五人いて馬も一疋所持していると申し上げた。

そして、五月七日付けの「奉書」には、次のような忠利からの指示が記録されている。

【史料13】

上田忠左衛門尉弟太郎右衛門尉ニ、明八日ゟ拾五人扶持、永可相渡　御印切手相調候而可差上旨、式部少殿奉り、

【現代語訳】

上田忠左衛門弟の太郎右衛門に、明日五月八日より十五人扶持を遣わす御印切手を調えて渡すように。家老の長岡式部少輔(松井興長)殿が奉る。

「御印切手」とは、忠利のローマ字決裁印が捺された辞令のことを指す。

以上の史料から、太郎右衛門が上田忠左衛門という人物の弟だったということが判明する。忠左衛

門はこの当時、宇佐郡の御郡奉行であった。郡奉行とは地方農政を担当する行政官である。忠利が太郎右衛門について、今の時代は新規の奉公人の召し抱えは御法度だけれども、この者は以前から知っている者だから大丈夫だと述べた理由は、自分の家臣で御郡奉行の要職を務める上田忠左衛門の弟であるということにあったと思われる。

次に五月十一日付けの「奉書」には、次のようにある。

上田太郎右衛門ニ家望可申由、被　仰出候付、今迄清右衛門居申候明家望申候由申上処、可遣旨被　仰出候事、

すなわち、上田太郎右衛門に小倉で家を希望するようにと殿様が仰ったので、いままで惣奉行の浅山清右衛門が住んでいた家を希望していると申し上げたところ、その許可が下りたという。さらに十月二十二日付けの「奉書」には、

上田太郎右衛門儀、右ニ被　召抱候時ニ、当年御知行可被下旨御約束被成候間、明所書付上ケ可申候、其内を以可被遣旨　御意候事、

とあり、その翌日十月二十三日付けの「奉書」には、次のようにある。

上田太郎右衛門ニ、宮部久三郎・志水市兵衛知行、被遣候事、

これらの史料によると、上田太郎右衛門は寛永三年閏四月に新規に召し抱えられる時に、その年のうちには知行を与えると約束されていて、十月二十三日に、前に宮部久三郎（仲津郡・京都郡御郡奉行）と、中津にいる忠利の父細川三斎付の志水市兵衛の知行地であった場所を、宛行《あてが》われたのであっ

た。それが、葡萄酒を造っていた仲津郡大村だったのだ。
太郎右衛門が寛永三年に召し抱えられている事実は、葡萄酒造りが翌年の寛永四年から始まったことを十分に裏付けている。

このように、葡萄酒を造った上田太郎右衛門は、新規の奉公人召し抱えが幕府から禁じられている時期に、家、扶持方、そして知行を与えるからと、忠利が内裏でリクルートして来た人物であった。用心深い性格の忠利が、公儀の法度を拡大解釈してまでも彼に熱心に入れ込むのは、太郎右衛門の特殊な技能なり技術なりを特別に見込んでのことだったに違いない。また、忠利が、葡萄酒造りを教えておくようにと命じていた太郎右衛門の甥忠蔵は、宇佐郡御郡奉行の上田忠左衛門の息子である。この忠蔵も含めて、上田一族に注目してみよう。

(2) 上田一族と南蛮技術

上田忠蔵については、元和《げんな》九年(一六二三)四月九日付けで江戸の忠利から国元の惣奉行衆に宛てた達書に、次のような興味深い記述がある。

【史料14】

上田忠左衛門せかれ忠蔵事、ひらどへ遣し、石なとひき候色々のてだて、忠蔵おぢ存候由ニ候間、ひらどへ忠蔵を遣し習はせ可申候、万力と申おもき物を引道具有之由ニ候、をなしくハひらどにて誂、先壱ツ取よせ調法成ものニ候ハヽ、いかにもかくし候て可申付候、其外何にても左様之きとく成儀候ハヽ、習候へと可申候、忠蔵奉公にも成候ハヽをしへ可申由申由承候間、左様之事を存候へは家中共ニ重宝成儀ニ候間、忠蔵ため迄も可然候間、其段、具忠蔵にも可申聞候、銀之入候儀ハ可申付候、

【現代語訳】

上田忠左衛門のせがれ忠蔵を平戸《ひらど》へ遣わして、石などを引く色々な技術を忠蔵の叔父が知っているので、忠蔵に平戸で習わせるように。万力という重い物を引く道具があるそうなので、平戸で誂《あつら》えて、まず一つ取り寄せて、重宝なものなら内緒で習うように。万力のほか、何でも珍しいものがあったら習うように命じよ。忠蔵の奉公のためになるなら教えるとその叔父が言っていると聞いている。このような技術を知っていれば、御家にとっても重宝するし、忠蔵のためにもなるからと、よく忠蔵に申し聞かせよ。銀が必要なら、出してやるように。

また、六月五日付けの忠利から惣奉行衆に宛てた達書には、次のようにある。

【史料15】

上田忠蔵、平戸へ遣候儀、先差延候由、銀子弐貫目請取可参と申候由、やすき儀ニ候、早々可申付候、普請なとの儀ニ付而家中之重宝ニて候、さきのもの死候ハヽ成ましく候、又普請之役ニ不立儀ニ極候ハヽ、忠蔵ニ見候て習申間敷候由可申付候事、

【現代語訳】

上田忠蔵を平戸へ遣わす件が、いったん延期になったとのこと。銀子二貫目が要るということだ

がお安い御用だ。早々に命じよ。万力が普請などの時に家中の重宝になる。その叔父が亡くなってしまっては教えてもらえないではないか。もし、万力が普請の役に立たないものと忠蔵が見て思ったなら習わなくていいと申し付けよ。

万力の購入に銀子二貫目が必要だと言っているが、現在の価値に換算するのは大変難しいのだが、目安として二百五十万円くらいのものだろうか。

これらの史料にみるように、忠利は、家臣を平戸に派遣して、南蛮の技術や文化を積極的に取り入れようとしていた。平戸は、長崎に出島が出来て、いわゆる鎖国体制が完成される以前の、南蛮貿易の拠点である。

忠利は、上田忠蔵の叔父から、忠蔵に万力という道具の技術を平戸で習得させようとしていた。この万力が石を引く道具として細川家に採用されたかどうかは不明だが、忠蔵は翌年、御天守米十俵を忠利から拝領しているので、それなりの働きをしたと思われる。後の史料に普請の道具として「まり木」という道具がみられるが、これが、この「万力」だという説がある。しかし、同じく普請の道具で「南蛮ろくろ」というものがあり、むしろこれが万力ではないかと私個人としては考えている。南蛮轆轤《ろくろ》は、その後の普請道具として史料によく出ており、また他の大名に貸したりもしているので「家中の重宝」な道具となったようだ。

また上田忠蔵は、彫り物などの細工物や、桐油《とうゆ》紙《がみ》の合羽《かっぱ》を作っている（「奉行所日帳」）。桐油紙は、桐の油を塗った紙で防水性がある。合羽の語源はポルトガル語で、もともとはキリスト教宣教師が着ていた上衣であり、それを真似て日本ではラシャやビロードで作り、江戸時代になると雨具として桐油紙を用いた桐油合羽が用いられるようになったという。忠蔵は、寛永七年の八月二十六日には、御細工奉行に任じられている（「奉行所日帳」）。

上田一族と、平戸の関係をもう少し史料で追っていこう。上田忠蔵の父で太郎右衛門の兄である上田忠左衛門は、太郎右衛門が忠利に内裏で召し抱えられたとき、先述したように宇佐郡の御郡奉行をしていたが、寛永二年（一六二五）に郡内の惣庄屋との間で問題を起こしている。御郡奉行の忠左衛門も惣庄屋もどちらも籠に入れられ、翌寛永三年二月十日には、小倉城で忠利による直接裁判となる。その裁判前日に惣奉行衆から忠利の側近に出された伺いと、それに対する忠利の裁可が次の史料である（「御印并御書出之写」）。

【史料16】

明日上田忠左衛門尉出入、御直ニ可被御尋旨被　仰出候、左様ニ御座候へハ、忠左衛門尉二番めのせかれ加左衛門と申者、平戸ニ忠左衛門弟居申候ニ養子ニ遣置申候が、此中参居申候、又、拾五六ニ成申せかれも壱人御座候、両人共ニ何もへ御預ケ可被成候哉、奉得　御諚候、

【現代語訳】

明日、上田忠左衛門の裁判の件で、殿が直接お尋ねになりますが、そうであれば、忠左衛門の二番目の息子加左衛門は平戸の忠左衛門の弟の所に養子に行っていますが、その者が現在小倉に戻ってきています。また忠左衛門には、十五、六になる息子も一人います。息子二人共、どこかに

お預けになりますか。

この伺いに答えて、忠利は自筆で次のように回答する。

御自筆ノ御裏書ニ

平戸のハ他国之者候間、人ニあつけ候事成間敷候、今一人ハたれぞニ見合預ケ可申候、平戸のも、やと可有之候間、宿ゟわきへ参間敷由申付、それもいやニ候ハヽ、帰候へと可申候、

【現代語訳】

養子となって平戸にいる息子は他国の者なので、人に預けてはならない。もう一人の十五、六になる息子は検討して誰かに預けるように。今小倉にいる平戸の息子も小倉の宿からどこにも行かないように命じよ。それがいやなら平戸に帰るように申せ。

当時は連座制なので、息子のことが問題になるのである。この事件は結局、惣庄屋の方が誅伐されて、上田忠左衛門は籠から出されるのだが、この史料から読み取りたいのは、平戸に上田忠左衛門の弟がいて、忠左衛門の二番目の息子がそこに養子に行っているということだ。そして、この平戸の弟こそが、上田忠蔵に万力の技術を教えた叔父だったのである。

また、この平戸の叔父については、同じ寛永三年の二月二十三日付け「奉書」には次のような史料もある。

【史料17】

平戸ノ我貴所へとけいの儀、道倫所ゟ可申遣候、なをし候ハヽ、取テ可帰候、于今不直候ハヽ、何と

中者ニ渡候哉、其段能承可帰候由、可申聞候、むさと出入かましく不申様ニとの御意候、上田弟所へも能可申遣旨御意之事、

【現代語訳】

平戸の我貴の所へ時計のことを道倫（忠利側近の国遠道倫）から申し遣わすように。時計が直っていたら取って帰るように。まだ直っていなかったら、誰に渡したか事情をよく聞いて、むやみにもめることのないようにとの忠利様の御意である。上田弟の所へもよく申し遣わすように。

平戸の我貴というのは、細川家の交趾《こうち》（ベトナム）との朱印船貿易を担った唐人の商人だと思われる。また、時計というのは、おそらく南蛮時計のことだろう。平戸の唐人の商人の所に修理に出していたのである。平戸の上田弟にもよく申し遣わすようにとあるので、この上田忠左衛門の弟は、万力や時計といった南蛮の技術に詳しい人物だったと思われる。

さらに寛永四年、中津に隠居していた忠利の父細川三斎から忠利に宛てた書状（月日未詳）の中に、面白い記述がある。

【史料18】

黄飯ノ料理仕者二人給候、我々存候と替り申候間、上田忠左衛門弟、只今可給候、鳥めしをもさせ、又ナンハン料理させて見申度候、

【現代語訳】

忠利が黄飯の料理をする者を二人よこしてくれたが、自分が知っている黄飯とは違っているので、

上田忠左衛門の弟をすぐによこしてくれるように。鶏飯をも作らせ、また、南蛮料理を作らせてみたい。

三斎が忠利に中津によこしてくれと依頼できる上田忠左衛門の弟ということだから、この人こそ忠利に召し抱えられて葡萄酒を造った上田太郎右衛門だと考えられる。黄飯は、キリシタン大名大友宗麟《そうりん》の本拠地豊後《ぶんご》臼杵《うすき》の郷土料理で、スペイン料理のパエリアを真似たものだという説がある。また、一六〇〇年以前の『南蛮料理書』（作者不用）には「なんばんれうり」として、くちなしで染めて黄飯にした鶏飯の作り方が紹介されている。

上田太郎右衛門は、黄飯や南蛮料理を習得した人物であった。それなら、同じように葡萄酒の造り方を南蛮人から習得していても、なんら不思議ではない。

三　上田太郎右衛門によるアヘンの製造と葡萄酒

(1)　アヘンの製造

上田太郎右衛門が造ったのは、葡萄酒や南蛮料理だけではなかった。寛永三年（一六二六）、忠利に召し抱えられて小倉に来てすぐに、太郎右衛門は薬用として、萩の油と「ねり」を造り、京都にいた忠利に送り届けている（「上方江言上之扣」「上方御奉行衆江状之控」「忠利公ゟ御家老御奉行御郡奉行等江之御書」）。「ねり」というのは、ねり薬である。萩は秋の七草の一つだが、煎じて飲めば咳止めの効能を発揮する種類がある。

また、驚くべきはアヘンの製造である。史料には「あひん」と出てくるのだが、『日本国語大辞典』にはケシの汁のラテン語オピウムの中国語音訳「阿片」（アーピエン）に由来するとある。私は、日本人がそれを聞いて「あひん」と表記したのではないかと考えている。

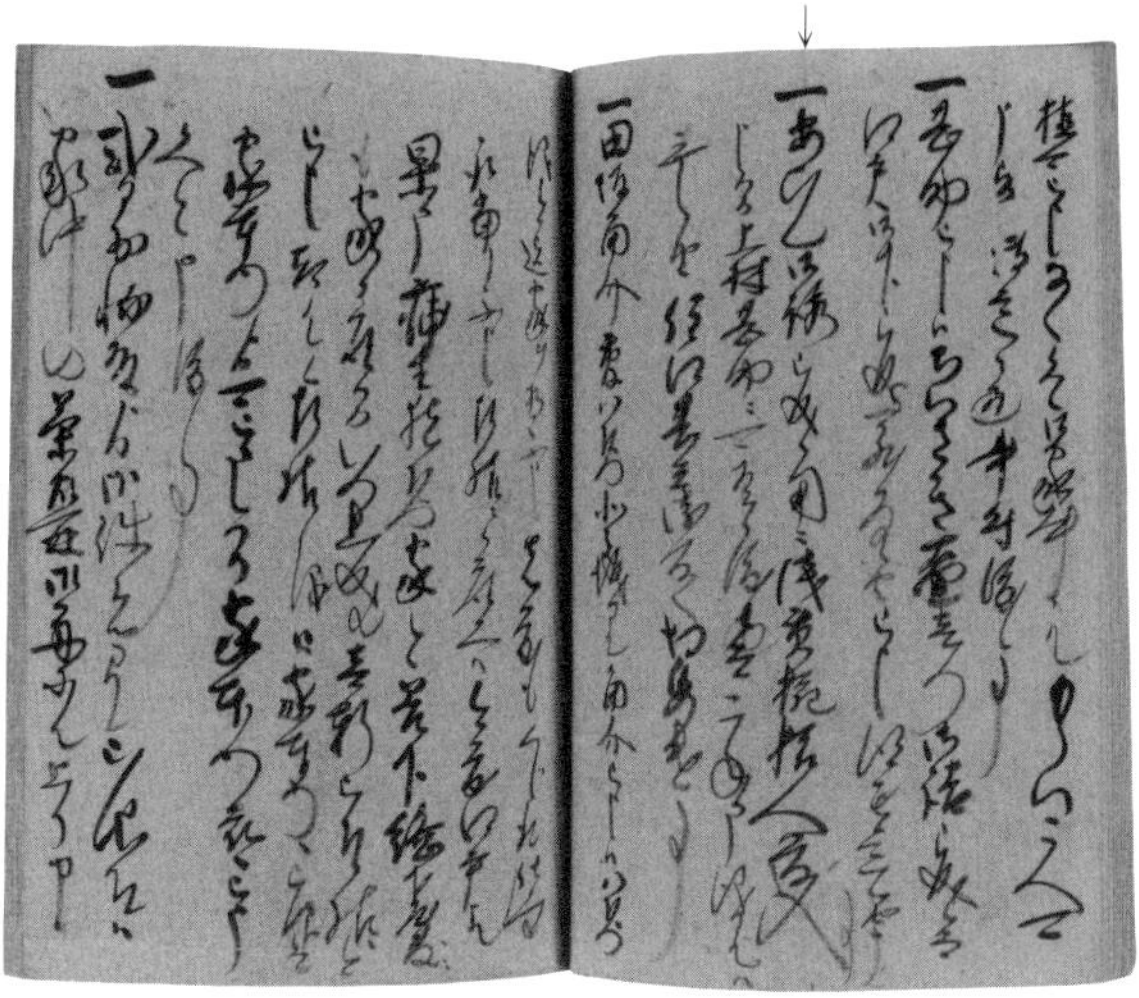

写真５　「奉行所日帳」寛永６年４月５日条

上田太郎右衛門がアヘンを造ったという史料は、何故か寛永六年のものに限られる。

【史料19】

あひん御誘被成御用ニ、浅黄椀拾人前入申候間、上林甚助ニ可有御渡候、そこね申儀にてハ無之由、住江甚兵衛所へ切帋遣事、（「奉行所日帳」四月五日条、写真5）

上田太郎右衛門登城にて被申候者、あひん仕候ニ、からかねなべ壱つ入申候間、何方ニ而成共、被仰付候而被下候様ニと、被申候間、有吉頼母殿ニ申遣、かりよせ渡候也、（同前　四月十五日条）

上田太郎右衛門登城にて被申候ハ、あひん悉仕廻申、ほし申迄ニ仕、上林甚介ニ渡置候由、被申候事、（同前　四月十七日条）

上田太郎右衛門尉あひん悉仕舞候、持せ被上候、則林隠岐守へ渡させ候、大小数三拾九丁、内壱丁ハ上々ノ由、残而三十八丁ハなミノ由、具様子、太郎右衛門隠岐へ被申渡候事、但、御天守か、いつれニ成共、風ノ吹候所ニ居可被申由也、（同前　四月十九日条）

また、四月二十三日付けの惣奉行衆から忠利側近飯田才兵衛宛ての書状には、次のようにある。

【史料20】

あひんこしらへ申時分にて御座候ニ付、仕様上田太郎右衛門能存候間、こしらへ可申通申渡、出来仕候、正味拾両又並のあひん拾壱斤三拾目御座候、併次第ニかたまり申候ほとへり申候よし申候、只今可致進上候へとも、今少かたまり候てから上可申と存候而、此度上不申候、

それから四ヵ月して八月二十日付けの惣奉行衆から忠利側近飯田才兵衛宛ての書状には、こうある。

【史料21】

あひん大形ひ《（干）》申候間、大小拾ヲ、此度差上申候、

さらに、九月段階の史料に次のようにみえる。

【史料22】

あひん大小箱ニ入、三百四拾三匁也、（「奉行所日帳」九月二十日条）

あひん大小拾、請取候事、（九月二十三日付け　忠利書状惣奉行衆宛）

寛永六年の小倉でのアヘン製造、出来上がったアヘンを江戸の忠利のもとに送るまでの以上の一連の史料の内容を、以下のようにまとめることができる。

寛永六年四月五日に、アヘン製造のために浅黄椀《あさぎわん》が十人前必要なので、それを上林甚助に渡すようにと、奉行所から担当者の住江甚兵衛に指示の切紙が出されている。浅黄椀は、黒い漆塗りの上に浅黄色の模様を施したお椀である。住江甚兵衛は御客人賄《まかない》奉行だが、お椀なので、お客様を振舞う係りの奉行が調達を担当したのだろう。アヘンを造るのに浅黄椀を用いるというのも意外である。上林甚助というのは上田太郎右衛門の組の組頭、上司にあたる。御掃除奉行だが、植林や花の栽培を一手に任され、薬用植物から忠利やその息子光尚の薬膳や薬を作ったりしている人物である。

そして、四月十五日に上田太郎右衛門が奉行所に登城し、「アヘンを造るのに、唐金《からかね》の鍋が一つ要るので、どこからか調達してくださるように」と申し入れてきたので、家老の有吉頼母（英貴《ひでたか》）の所から借りてきて、太郎右衛門に渡したとある。唐金鍋というのは、青銅製の鍋である。

その二日後の十七日には、また太郎右衛門が奉行所に来て「アヘン製造はすべて終了して、あとは干すまでにして組頭の上林甚介に渡した」と報告する。その二日後の四月十九日、太郎右衛門が製造して出来上がったアヘンが奉行所に納められて、すぐに御天守奉行の林隠岐守に渡される。その時の量は、大小三十九丁（枚）、内一丁は上々の品、残りの三十八丁は並の品で、天守か、どこでも風の吹く所、つまり風通しのいい場所に置くように、と太郎右衛門は御天守奉行の林隠岐へ伝える。

こうして納入されたアヘンだが、作業がすべて終わったところで小倉の惣奉行衆から江戸の忠利に報告がいく。「アヘンを造る時分になったので、造り方を知っている上田太郎右衛門に命じて、出来上がりました。正味十両（三七五グラム）、並のアヘンが十一斤三十目（約六・七キロ）あります。しかしながら、次第に固まって量は減ります。もう少し固まってから江戸に進上します」。この報告から四ヵ月経った八月二十日、アヘンが江戸に送られる。そのときの量は「奉行所日帳」九月二十日条に「あひん大小箱に入れ、三百四拾三匁」とある。約一・三キロであった。

以上が、寛永六年の上田太郎右衛門によるアヘン製造から江戸の忠利への送付までの経過である。アヘンは、初夏に実を付けるケシの未熟な果実から出る乳液を乾燥させてつくった茶褐色の粉末で、鎮痛・鎮咳・催眠などの効能がある。アヘン製造の記録は寛永六年にしかないと先に述べたが、四月二十三日付けの史料20に、「あひんこしらへ申時分にて御座候ニ付」、つまり「アヘンをこしらえる季節なので」とあるので、それ以前にも造っていた可能性はある。

日本におけるアヘンの製造が文献史料で確実に確認できるのは、現在のところ元禄期のようで、この細川家の一連のアヘン製造の記録は、初見の一次史料と位置づけられる可能性がある。

(2) 薬酒としての葡萄酒

以上検討してきたように、小倉で葡萄酒造りを担当した上田太郎右衛門とその家族は、平戸との強いつながりをもち、南蛮文化を習得する立場にあった一族であった。

では、忠利はこの寛永四年（一六二七）から七年までの短い期間ではあるけれども、なぜ上田に葡萄酒を造らせたのだろうか。それは、単純に薬酒として用いるためだったと考えられる。史料には平仮名で「くすりさけ」と書いてあるものもある。忠利は、葡萄酒だけではなくさまざまな薬酒を造らせている。忍冬酒《にんどうしゅ》や人参酒《にんじんしゅ》、人参というのはおそらく高麗《こうらい》人参であろう。

小倉で葡萄酒を造った十年後のことになるが、熊本に国替えした後の寛永十五年の島原・天草の一揆のとき、忠利は島原の陣中から熊本に「熊本にある葡萄酒を送ってくれ」と依頼している（「有馬ニ而之奉書」）。忠利は、前の年の九月から十一月まで体調を崩して鎌倉で養生していたのだが、その最中に一揆勃発の知らせを受けて、急遽正月に島原の陣中に駆け付けることになった。おそらく体調も万全ではない状態で参戦していたのだろう。

また、寛永十七年には、肥後の隣の日向《ひゅうが》国縣《あがた》（延岡《のべおか》）藩主有馬直純《なおずみ》からも、体調が悪いので葡萄酒がほしいと言ってくる。それに忠利は八月七日付けで次のように返事を出している（「公儀方御書案文」）。

【史料23】

御気色しかと無之由ニ付而、ぶとう酒参度由、我等給あましハ江戸ニ置候而、此方へ持而参、給かけ候入物共、此印判を口ニおし進之候、事之外、薬とハ覚申候、

【現代語訳】

御気色がよくないとのこと、葡萄酒が欲しいとのことですが、私の飲み残しは江戸に置いていて、それを肥後に持ってきて、飲みかけのものを入れ物のまま、印判を口に捺して差し上げます。

飲み物であるから、人に差し上げる時は口に必ず封をして、そこに印判を捺す。重要なのは末尾の記述だ。「事之外、薬とハ覚申候」、すなわち「思った以上の薬だとは思います」と忠利は有馬に伝えている。忠利ら大名にとって、葡萄酒は薬として重宝なものだったのである。葡萄酒の薬酒としての効能については、『本朝食鑑』に「腰腎を煖め、肺胃を潤す」とある。身体の弱かった忠利にとっては、甘い口当たりの良い葡萄酒は、とても魅力的な薬酒だったのだ。忠利が史料2・3で、葡萄酒の造り方を太郎右衛門の甥の上田忠蔵ばかりでなく、用心のために歩の御小姓にも教えろと指示していた事実を思い出していただきたい。忠利は葡萄酒の造り方をそれほど大事に守りたかったのである。

ここで、上田太郎右衛門と医療との関係を示す興味深い史料を紹介しておこう。関連史料は何点かあるが、そのうちの二点だけを挙げておく。

寛永七年、上田太郎右衛門がまだ葡萄酒を造っている時期のことである。寛永七年三月、中津の三斎付きの下村巳安《いあん》という医者が病気になる。腫物が出来ていて、中津にはいい医者がいないので派遣してくれと、三斎付きの家老たちから小倉の忠利に依頼がくる。そこで八喜《やぎ》慶閑《けいかん》という外科の医者が中津に派遣されるが、治療が大変難しいというので、忠利は上田太郎右衛門にも中津に行って治療するよう命じているのだ。つまり、忠利は太郎右衛門を医師あるいは薬師として派遣しているのである。ちなみに、病気になったこの中津の下村巳安という人は、武田信玄《しんげん》の軍師山本勘助《かんすけ》の孫にあたる。

史料を見てみよう。これは、忠利の御意をうけて、小倉の惣奉行衆が上田太郎右衛門に三月十二日付けで出した文書の控である（「御国中御侍衆并寺社へ之状扣」）。

【史料24】

為　御意申入候、中津下村已安、腫物被相煩ニ付、八喜慶閑一昨日被遣候処、大事之腫物ニ而慶閑療治ニも難成通被申候ハヽ、就夫明日貴殿中津へ早々被参、療治可被仕旨、被　仰出候間、被得其意、早々可有御越候、

【現代語訳】

殿様の御意として申し入れます。中津の下村已安が腫物を煩ったので、八喜慶閑が一昨日遣わされたが、重篤な腫物で治療が困難だと慶閑が言っているので、明日貴殿が中津へ急いで行って治療するようにとの殿様の仰せなので、急いで行くように。

次は中津の三斎付き家老衆から小倉への三月十四日付け報告書（「中津ョリ来状写」）である。

【史料25】

上田太郎右衛門殿被差下候、已安忝次第難申上候、則慶閑と談合被仕、昨晩ゟ内薬あたへ被申候、又一昨夜慶閑炎を被仕候へハ、それにてうミ殊外出来申、一段甘申候へ共、うミ出申ゆへにて御座候や、其身気力少おとり申候、長々の儀ニ御座候へハ、身ふしも所々痛申候を今ほと覚申付、両人之内薬当り申様ニ主申候、定而御両人ハ内薬之儀斟酌可被申候へ共、其段ハ皆共ゟ已安ニ申聞せ御両人之内薬たべさせ可申候、

【現代語訳】

上田太郎右衛門殿をよこして下さいました。已安は大変感謝しています。太郎右衛門と慶閑が相

談して、昨晩より内服薬を与えています。一昨日の夜、慶閑が腫物を切開した（「炎を仕る」）ところ、膿がたくさん出て、それで少し良くなったのだけれども、膿が出たせいか気力が衰え、今は身節も所々痛むようになったので、この内服薬に当たったのだと巳安が言っている。きっと医師の二人は内服薬を使うのをためらうだろうけれども、それはみんなで巳安を説得して薬を飲ませます。

内服薬の具体的な名称は出てこないが、私は、先に述べたアヘンの製造がこの前の年であることから、外科の八喜慶閑が切開などの外科的治療に太郎右衛門が造ったアヘンを使ったのではないかと推測している。アヘンは強力な鎮痛・催眠効果を発揮するが、大変危険な薬だ。危険なので、太郎右衛門と慶閑はこの薬を使うのをためらったし、また巳安の方も医者ゆえに、薬に当たったと言って躊躇した。それを皆で説得したのではないか。残念ながら、この下村巳安は二日後に亡くなってしまう。

そのときに三斎付きの家老が、「この外科の医者たちの薬に中《あた》って死んだのではない」と言って、「病気が重かったから薬が中ったのだ」との巳安の言葉を伝えている（「中津ヨリ来状写」）。その史料では、当たるという字に中毒の「中」の字を使っているので、いよいよアヘンだと推察する根拠になるのだ。

これより前の寛永五年、忠利は長崎で南京（中国江蘇省）から来た唐人からアヘンを取り寄せているが、この時は品質が良くないと返品している（「奉書」「奉行所日帳」）。危険なものだけに、忠利自身が厳しく品質をチェックしていたのだろう。

忠利が、上田太郎右衛門を内裏でリクルートしたとき、新規の奉公人召し抱えは御法度というのを拡大解釈してまでも、何としても採用したかった理由は、太郎右衛門の医師あるいは薬師、当時は「医師」と「薬師」を同じように使っているのだが、南蛮技術に明るい医師・薬師として彼を必要としたからではないだろうか。

おわりに—細川家葡萄酒の消滅—

薬酒として効能が期待された細川家の葡萄酒造りは、なぜ続かなかったのだろうか。それは、当時葡萄酒はキリシタンを勧めるのに用いるものと認識されていたからである。この点を史料で確認しよう。

寛永十五年（一六三八）の島原・天草の一揆のすぐ後、信州松代《まつしろ》藩主の真田《さなだ》信之《のぶゆき》は江戸にいる忠利の息子光尚《みつなお》に葡萄酒を所望した。それを江戸の光尚から聞いた忠利は、六月二十五日、真田に対して次のように書き送る（「公儀方御書案文」）。

【史料26】

葡萄酒御用之由、肥後守所迄被仰越由ニ而、申越候、内々貴様御すきと存候間、長崎をも尋させ候へ共、きりしたんをすゝめ候時入申酒にて御座候とて、それを気遣、わきニハ一円売買無御座候、今程舟一そう参候へ共、未口明不申候故無御座候、廿年計以前ニ参葡萄酒にて、去年我等ニくれ申候を給候て、残を壺ニ入、江戸ニ召置候様ニ覚申候間、ぶどう酒ハ少御座候も不存候へ共、

壺なから進之候へと申遣候間、誘以下むさと仕たる躰ニ而可有御座候、

忠利は真田信之に、「あなたが葡萄酒がお好きだと内々存じていたので、長崎にも問い合わせてみたけれども」と言いながら、次のように述べているのである。

葡萄酒はキリシタンを勧める時に要る酒だというので、それを心配して周囲では一切売買がありません。現在、南蛮船一艘が長崎に来ているけれども、まだ荷を開けていないので葡萄酒はありません。それで、二十年ばかり前に輸入した葡萄酒を去年もらって、残りを壺に入れて江戸の屋敷に置いていたと思うので、どれだけ残っているかわからないけれども、壺のまま差し上げましょう。

やはり、当時の人々には、葡萄酒がキリシタンを勧めるときの飲み物、つまり入信させるのに用いる飲み物だと認識されていたのである。これが、忠利が葡萄酒を造らなくなった一番の理由である。

江戸幕府によるキリシタン禁教令は、慶長《けいちょう》十七年（一六一二）に幕府の直轄領に出され、翌十八年には全国的に適用されている。細川家ではそれよりも前、慶長十五、六年の段階で、それまでキリシタンを庇護していた立場から迫害する側へ転向する（後藤典子二〇一八）。細川家が葡萄酒を造ったのは、秘密にガラシャのミサを行うためだなどとマスコミ等でいろいろ取沙汰されたが、そのようなことは絶対にあり得ない。葡萄酒を造る十六年も前、慶長十六年にはすでに小倉の伴天連寺は取り壊されているし、ガラシャが信じた宣教師も追放されている。八代市立博物館未来の森ミュージアム『松井文庫所蔵古文書調査報告書　八』『同　九』に収録されている細川忠利書状によれば、忠利が葡萄

酒を造る以前の元和四年（一六一八）には、忠利自身もキリシタンを転ばない家臣を成敗している。伴天連迫害として象徴的な、有名な島原雲仙地獄のキリシタン拷問の銅版画を見たことがないだろうか。この拷問が始まったのが、ちょうど葡萄酒を造った同じ寛永四年である。

では、葡萄酒がキリシタンを勧める時の酒で危険だというなら、どうして忠利は禁教令の中で造らせたのだろうか。やはり危険だとは知りながら、先にも述べたように葡萄酒の薬酒としての効能がそれほどに大きかったからではないかと考えられる。矛盾は大いにあるのだ。

忠利は、この真田信之への書状（史料26）で、キリシタンを勧める時に要る酒だから長崎で売買は一切ないと言っているが、実際には忠利自身を含む大名たちも、贈答品としてあるいは薬の御用として長崎で大量の葡萄酒を買い求めている。そして、寛永十一年には、キリシタン宗門改めの最前線にいるはずの幕府長崎奉行の榊原職直《さかきばらもとなお》から、輸入した葡萄酒をもらっている。榊原は忠利の幼馴染で親友である。忠利は榊原に葡萄酒をもらった御礼を次のように書いている（閏七月十九日付け、「公儀方御書案文」）。

【史料27】

ふたう酒にて候哉、南蛮之樽共ニ被下候、扨も〳〵誘誠之南蛮物にて候、酒を給候へハ、ふたう酒にても無之候、終ニたへ不覚味にて候、是もふたう酒にて御座候哉、必御返事ニ待入候事、

【現代語訳】

葡萄酒でしょうか、南蛮の樽のままくださいました。造りが真正の南蛮物です。葡萄酒の味でも

ない。今まで知らなかった味です。これも葡萄酒でしょうか。必ず御返事で教えてください。

南蛮の樽とは、約八〇〇リットルの樽である。本物の南蛮物の葡萄酒だと言っているので、国産とは明らかに違うもので、しかもこれまでの輸入葡萄酒とは味が違うということだから、南蛮物にも種類があったのだろうか。それとも長い航海の途中で味が変わってしまったのだろうか。葡萄酒は薬酒として造ったと断言したが、こうして嬉々として手紙を送っているところをみると、やはり忠利にとっても、葡萄酒は魅力的なものだったのだ。忠利は長崎での葡萄酒の買物注文に「いかにもあまきを」と特記して命じている（「御印并御書出之写」）ので、甘い葡萄酒がお好みだったのだろう。信州の真田信之は、本当に葡萄酒が好きだったようで、寛永十八年に忠利が亡くなった後、息子の光尚は、弔問の御礼に葡萄酒一樽を真田の江戸屋敷に届けたほどだった（「公儀方御書案文」）。

最近、仙台市文化財課仙台城史跡調査室の須貝慎吾氏から、伊達政宗《だてまさむね》（一五六七〜一六三六）の時代に仙台城内でも葡萄酒を造っていた可能性があるとのご教示を得た。近世初期、どこの大名家でも同じように葡萄酒を造っていたことは十分あり得る。まして慶長期にスペイン、ローマに使節団を送った伊達家はなおさらだ。

江戸幕府によるキリシタン禁教はますます熾烈なものとなり、細川忠利はその最前線に立ってキリシタンの撲滅に奔走する。忠利は、もっと厳しくキリシタン宗門改めを頻繁に実施するべきだと幕府に提言して、実際に全国的なキリシタン宗門改めの強化月間が設けられるほどであった（後藤典子二〇一九・二〇二〇）。細川家による葡萄酒造りという大航海時代の夢の産物のような歴史的事実も、やがて、キリスト教禁教によるいわゆる鎖国という時代の暗雲の中で、歴史上抹殺されてしまうことになったのである。

最後に本章の最も重要なポイントを四点にまとめておこう。

(一) 細川家で造られた葡萄酒は、北部九州在来の「がらみ」(山ぶどうの一種エビヅル)を原料とし、黒大豆を用いて発酵を促進させた醸造酒だったと判断されること。

(二) 葡萄酒を造ったのは寛永四年から七年までの短い期間に限られること。まさにキリシタン禁教が厳しくなる時期にあたり、細川家の葡萄酒製造はガラシャのミサとはまったく関係ないこと。

(三) 葡萄酒はキリシタンを勧めるのに必要な酒だと認識されていたので、キリシタン禁教が厳しくなる過程では、忠利もその製造は危険な行為だと認識していたこと。それでも忠利が葡萄酒造りを命じたのは、薬としての効能を高く評価していたためであること。

(四) 葡萄酒を造った上田太郎右衛門とその一族は、南蛮文化や技術を身に付けた者たちであり、忠利は上田をリクルートすることによって、彼らを通じて積極的に南蛮の文化や技術を取り入れ、自国のものにしようとしていたこと。それが、大航海時代末期における西国大名の姿であったこと。

参考文献

岡美穂子「近世初期の南蛮貿易の輸出入品について―セビーリャ・インド文書館所蔵史料の分析から

―」(『東京大学史料編纂所研究紀要』一八、二〇〇八年)
後藤典子「ガラシャの子・細川忠利とキリスト教」(熊本県立美術館図録『細川ガラシャ』二〇一八年)
同「島原・天草一揆以前における肥後細川家のキリスト教政策」(『永青文庫研究』二・三、二〇一九・二〇年)
鈴木晋一・松本仲子編訳注「南蛮料理書」(『近世菓子製法書集成2』平凡社、二〇〇三年)
長川元気「微生物の発酵特性に対する大豆の作用」(高知工科大学環境理工学群松元研究室卒業研究論文、二〇一二年)
人見必大著/島田勇雄訳注『本朝食鑑1・2』(平凡社、一九七六・七七年)

5

近世初期熊本城の被災と修復

後藤典子

はじめに

二〇一六年四月十四日と十六日、熊本は最大震度七の大地震に見舞われた。各地に大きな被害が出るなかで、私たち熊本県民に大きなショックをもたらしたのは、県民の誇りの象徴ともいえる熊本城の被害だった。

厖大な永青文庫資料の中から熊本城の被災の記録を発掘する仕事は、前震の翌十五日から、さっそく始まった。それは、絶えず続く余震の恐怖の中でのことだった。地震が多い時代といわれる近世初期、熊本城の最大規模の被災としてよく知られている加藤家時代の寛永《かんえい》二年（一六二五）の細川家奉行所の記録はすぐに見つかった。そこには、次のように記されていた。

六月十七日の夜、肥後で大地震が起き、熊本城の天守、そのほか城内の家々は空木立ばかりにな

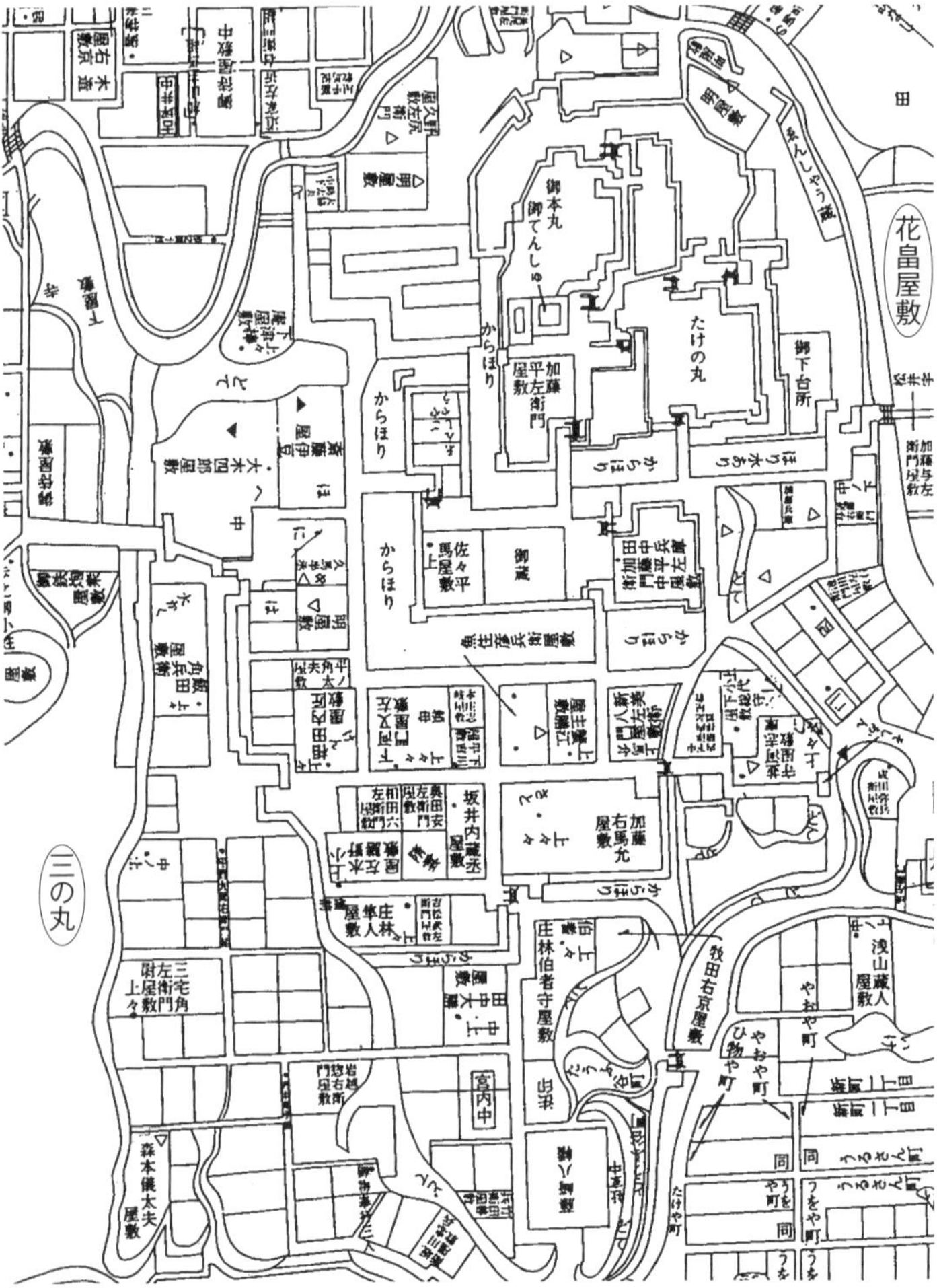

「しまり」の悪い近世初期の熊本城（『新熊本市史別編絵図・地図』より）

って、瓦、家の梁も皆落ち崩れ、城内の死者は五十人ほど。火薬庫の蔵から出火、爆発して、およそ五〇〇メートル〜八〇〇メートルの間の家は跡かたなくすべて吹き飛んだ。火薬が四八トン以上もあったので、蔵の下の石垣、屋根瓦がいずれも三、四キロメートルほども吹き飛んだ。

この大きな被害の七年後、細川家第三代当主の忠利《ただとし》は肥後に入国するが、ぼろぼろになっていた熊本城の修復普請は、様々な要因によって困難を極めることになった。本章は、忠利による熊本城修復普請の苦難の道をたどり、その実像を明らかにしようとするものである。

なお、本章では極めて煩瑣となるため史料の詳細出典は明記していないが、その大半は、細川忠利の書状を右筆《ゆうひつ》がリアルタイムで記録した「公儀御書案文」等の書状留、細川家奉行所の日報である「日帳」、忠利らの書状原本といった、各種の一次史料に拠っている。詳細出典については、本章のもとになった拙著『熊本城の被災修復と細川忠利―近世初期の居城普請・公儀普請・地方普請―』（熊日新書、二〇一七年）をご参照いただきたい。

一　細川忠利の肥後入国と熊本地震―寛永九年・十年―

改易された加藤家に代わって細川忠利が前任地の小倉《こくら》から熊本に入城したのは、寛永九年（一六三二）十二月九日だった。初めて熊本城に入った忠利は、城とその囲いの広さに驚き、「江戸城のほかに、これほど広いのを見たことがない」と、江戸にいる息子の光尚《みつなお》に宛てて、自ら筆を執り書き送っている。五十四万石という大国を拝領して喜ぶ忠利であったが、一方、加藤家から引き継いだ熊本城は、塀は穴があいたり落ちたりしていて、屋根は雨漏りしていた。

寛永十年正月二十一日、小田原《おだわら》大地震が起きて、老中稲葉正勝《まさかつ》の居城・小田原城は矢倉も残らず崩壊した。この時は熊本は揺れなかったが、国元にいた忠利は、「江戸城本丸には避難できる庭はありませんか。私がいる熊本城も本丸には庭がなく、いつも不安に思っています」、と江戸にいる老中土井利勝《としかつ》に安否を尋ねる書状の中で、不安を口にしている。また、二月二十五日付の菅沼定芳《さだよし》宛ての書状では「だいたい熊本も地震繁き所です」と書いており、近世初期の熊本は地震の多い土地だと認識されていたことが分かる。

その関東大地震の影響からか、熊本でも三月から五月にかけて地震がたびたび発生した。三月十八日付の後の伊勢菰野《こもの》藩主・土方雄高《ひじかたかつたか》宛ての書状には、「頂いたお手紙の中にありましたように、細川家中の侍たちの家が思いのほか被害を受けており、被害はあなたの思われた以上です」と書いていて、熊本地震は三月十八日以前、少なくとも二月末から三月初旬のうちに起き、五月まで続いたものと思われる。

この書状には、「熊本城は、思った以上に矢倉が多く家もつまっていて、少しも庭がない上に、たびたび地震で揺れるので本丸には居ようもなくて、城の下に花など作って思いのほか広い屋敷があるので、まずその屋敷にはいって過ごしています」とある。忠利が地震を避けて住んでいる花畠屋敷とは、熊本城外、現在の熊本市中央区花畑町一帯に加藤家時代からあった広大な藩主屋敷である。

五月十一日の書状では、江戸にいる忠利の奥方千代姫と息子の六（光尚）付の家臣である狩野是斎《かのうぜさい》にこう伝える（写真1）。

参勤で江戸に行った時に上様のお許しを頂いて、地震屋がある庭を造らなければ本丸には居られないということを、柳生宗矩《やぎゅうむねのり》殿へお話しするつもりだ。

ここで忠利がいう「地震屋」とは、藩主とその家族らの地震避難用の耐震建物である。前任地の小倉では、小倉城の本丸に地震屋を設けていたのだが、熊本城にはそれがなかった。

二月から五月まで続いた地震で、熊本城は石垣に被害を受けていた。さらに、寛永十年五月末、肥《ひ》後《ご》国中は大雨で多大な被害を受けた。洪水で球磨《くま》川の堤防が切れ、忠利の父三斎《さんさい》（忠興《ただおき》）の居城八《やつ》代《しろ》城も二の丸まで水が入って家臣の下々の妻子までも本丸に避難させた。この大雨の被害は肥後国沿岸地域一帯に及び、忠利はこの大水による堤防

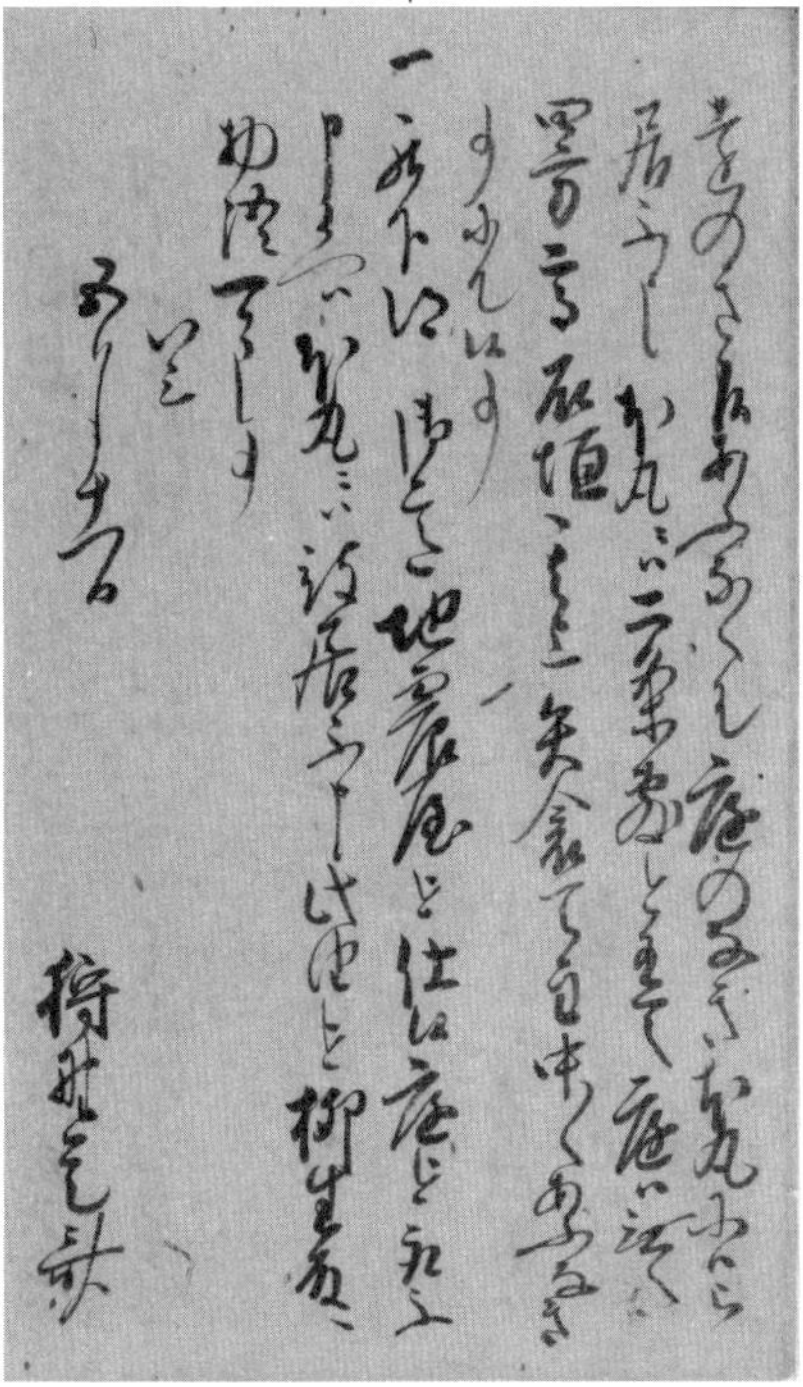

写真1　忠利書状狩野是斎宛て（部分、「御国御書案文」）「地震屋を造らなければ本丸にはいられない」

普請に国を挙げて取り組み、しばらくは井手堤普請に専念せねばならなかった。

八月五日、忠利は幕府に熊本城普請を申請するための「肥後国隈本城廻り普請仕度所目録」を作成させ、以下の普請希望箇所を記載させた。棒庵坂《ぼうあんざか》より坪井川《つぼいがわ》までの水通ほか全十一ヵ所、石垣設置箇所が小天守の下北の方ほか全二十五ヵ所、塀建築希望箇所が本丸北出口上り塀ほか全四ヵ所、そのほか塩屋町口門脇の川手の石垣ほか惣構《そうがまえ》の全五ヵ所であった。しかし、すぐに幕府に普請の申請をしたわけではなかった。実際に申請するのは翌年になってからである。

「逃げるところがない、しかも高石垣に囲まれた、地震屋のない熊本城」で恐い思いをした忠利が、すぐに幕府に城普請の申請をしなかった理由は何か。それは将軍家光《いえみつ》の健康の状態であった。忠利は地震の後、六月の大雨による肥後国内の井手堤普請に追われていたが、そのうちに、九月から十月には家光が病気になり、将軍の病中であることを憚って熊本城普請は遠慮せざるをえなかったのである。

しかしながら、いつでも普請ができるように、準備はしていた。十月三日付けの作事奉行衆から郡奉行衆に宛てた書状によると、熊本城矢倉と塀の作事のための材木・杣木《そまぎ》について、伐り出しは飽田《あきた》郡内の大友山、玉名郡の長洲山・万田山・大野山のいずれも船着場に近い所で行うよう命じている。このように材木・杣木の調達を指示した上で、寛永十年年末には忠利は家老衆に次のような指示を与えている。

「本丸の家作事のための柱の梁の切組み、戸建具はいつごろ出来るのか。それを待って本丸の家を崩すつもりなので報告するように」。さらに、「本丸の作事、家の修理の分はそのまま休止し、家を建て直す時は必ず自分の指示を仰ぐように」と念を押している。

二　修復普請の申請と大風被害　公儀普請の準備―寛永十一年・十二年―

翌寛永十一年（一六三四）正月、忠利は老中土井利勝・酒井忠勝《ただかつ》に使者を出し、「熊本城中には家ばかりで空き地がなく、地震の時逃げる場所がないので、自分が熊本に帰る前に城中の家を壊して、地震屋を一つ建てたい」と伺いを立て、許可を得た。忠利は城中の家の解体についても念のため幕府に断りを入れたのだが、城普請・作事にあたって常に彼の頭にあったのが、元和《げんな》五年（一六一九）の福島正則《まさのり》の改易であった。福島正則は、新規の城郭を築くことを禁じた武家諸法度《ぶけしょはっと》に反して、幕府の許可なく広島城の石垣・矢倉を普請したことが発端で、改易にまで及んでいた。当時小倉藩主だった忠興と忠利父子は、元和の武家諸法度に則って、城普請について非常に用心深く綿密に幕府の老中衆と相談し、石垣・塀・土居の新造は一切避けていた。

忠利が熊本城普請について、家作事以外の普請を正式に幕府に申請したのは、将軍家光が健康を取り戻して余裕が出来た寛永十一年三月になってからだった。加藤時代からの塀・矢倉の修理の必要な箇所に前年の地震で破損した石垣の分も加えて、幕府に三箇条の申請書を提出したのである（写真2）。

この願書で驚くべきところは、一条目で「熊本城の塀・矢倉のほとんどに修理が必要だ」と明記し

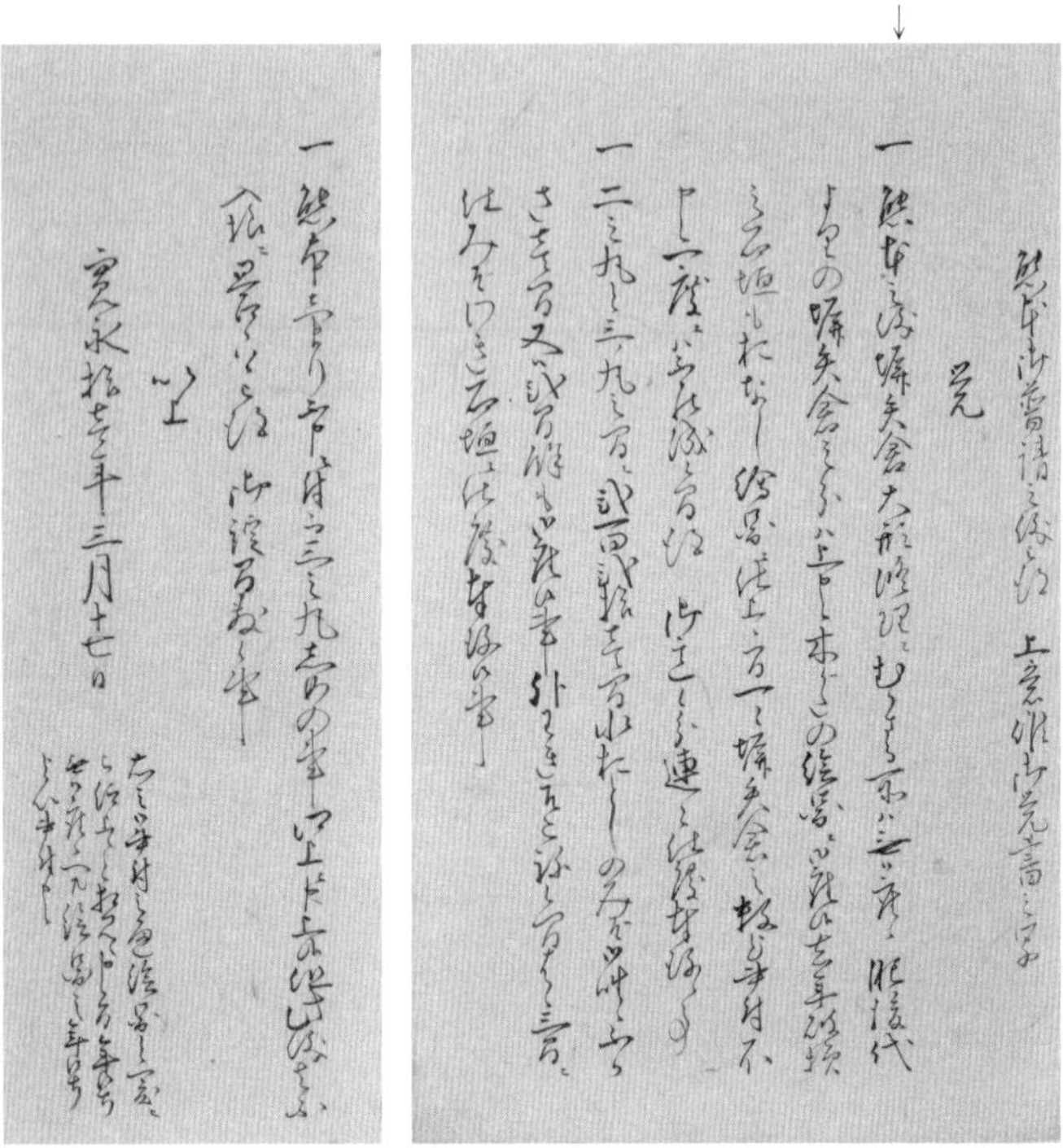

写真２　忠利の普請許可申請書写「熊本城の兵や櫓はほとんど修理が必要」

ている点である。忠利は、熊本城に入ってすぐの寛永九年十二月二十五日付けの伊丹《いたみ》康勝《やすかつ》宛ての書状で次のように述べていた。

　塀など落ちた箇所は、小倉城でやっていたように修理したい。ただし、小倉城はたびたび幕府の許可を得て修理をしていました。熊本城は、塀も直さないのでしょうか。屋根の雨漏り、塀の穴は修理するものでしょう。

忠利は、入国当時ぼろぼろの状態であった熊本城の普請をようやく申請し、願書の一条目では、「大変な普請なので一度にはできない。段階的にやっていきたい」と述べている。二条目は、新規の石垣構築の申請である。三条目は、熊本城三の丸の「しまり」が悪い、つまり防禦上の備えが悪い箇所の普請申請である。

老中衆から許可の奉書が届いたのは四月、それを待って忠利は熊本城石垣普請を命じ、五月末から閏七月初めには、一部の石垣と矢倉の修復が完了した。本丸の家作事も七月にはできた。さらに、熊本城「しまり」の普請は、一度にやっては国の疲弊になるから何年もかけてやるようにとの幕府からの指示をうけ、普請開始は十月にずれ込んだ。

このように寛永十一年に幕府の許可を得て始まった熊本城普請も「年々に」、つまり数年にわたって実施せよという幕府からの指示どおり、実際にはなかなかスムーズには進まなかった。そうした中で、熊本藩は寛永十三年の江戸城公儀御普請で、石垣普請の手伝いを命じられることになるのである。

忠利は早速、石垣に心得のある者を兼ねてから多く召し抱えていることを幕府に伝え、伊豆《いず》の細川家の石切場、江戸の小屋場・石上場の確保など、その準備に入る。自身も、九月から十一月にかけて肥後領国内の巡検を実施し、国境まで「無理に歩いて、散々足は腫れ筋は痛み、灸をして」実見し、石垣の土台木となる木材を取るための山入りを下々に命じた。また、普請用の石や普請道具の値段を江戸や方々で調査させて費用の削減を図るなど、江戸城御普請の準備は大変なものだった。

寛永十二年になると、いよいよ翌年の江戸城御普請の準備に忙しくなった。江戸に派遣するのは、家中の鉄炮衆八百人、そして新たに召し抱えるように命じた長柄衆《ながえしゅう》三百人である。また、沢村弥左衛門・戸波儀太夫・沢村安兵衛といった細川家召し抱えの穴太衆《あのう》（石垣構築の専門石工）も派遣された。

こうして公儀御普請の準備に追われる中、熊本城普請の方の進捗状況は、寛永十二年五月の時点でも申請の絵図の分（本丸・二の丸）すらできていない状態だった。忠利は五月二十三日に老中酒井忠勝のところに相談に行き、「上様の許可をもらっている以上は少しも遠慮なく命じてよい」との確認を取り、熊本城内の塀建築を命じる。前年に出た幕府からの普請の許可は時間を掛けて段階的にとのことではあったが、その老中奉書が出てからすでに一年を過ぎたこともあって、忠利は念を入れて再度の許可を得たのである。

「奉行所日帳」によると、五月二十五日には熊本城廻りの普請がいよいよ本格化する。一方、寛永十二年六月二十一日には武家諸法度の改訂が公布された。城に関する条項を元和元年のものと比較すると、堀・石垣の修復は幕府の奉行所への届出制とし、矢倉・塀・門は許可がなくても修復可能とするなど、前令をさらに具体化・明確化している。

しかし、七月二十五日に肥後国中が大風に見舞われ、各郡に多大な被害が出る。「奉行所日帳」によれば、藩領全体から三万軒余の家屋損壊が報告されていた。熊本城もまたこの大風で塀・矢倉に被害を受けた。新しく出された武家諸法度に則って、忠利は早速、安心して修理を行うよう国元に申し付け、家中被災者に救済の漏れがないようにと細かく指示している。

しかし、江戸御普請の準備は細川家の財政を圧迫していた。そこに大風による肥後国中の被害であった。加藤代には江戸の公儀普請には熊本領内の百姓が大勢行ったけれども、大風で被害を受けたので、今年から来年までは百姓は国元で井手堤普請や農業生産に精を出させようかと、忠利は国元の惣奉行衆に相談している。そして、江戸御普請には百姓は使役しないこと、百姓には夫役は申し付けるけれども、大風で被害を受けたので、国で耕作し井手堤の普請に専念させるよう命じている。

忠利は江戸普請の費用が膨れ上がってしまったことを、幼馴染の長崎奉行榊原職直《さかきばらもとなお》に宛てて、こうこぼしている。

肥後も大風の被害で散々の様子だと報告があって心配です。江戸城御普請が終わったら、肥後でも修理普請をしなければいけないでしょう。さてもさても大変な金の要り様、あなたが想像なさる以上です。江戸城御普請に早くも三万両以上要りました。これで、国元から御普請に下々の者が来たら、どのくらい掛かるのでしょう。

大風の被害を受けた熊本城本丸・天守の修理は年内には終わった。この間、老臣の沢村大学は、忠利留守中の城内で、天守下から方々への口の修理の絵図を手に、本丸・二の丸の普請の様子を熱心に見廻って指示し、江戸の忠利に報告していた。忠利は大学に宛てて、やがて春に自分が帰国して普請の指示をすると書いている。おそらく沢村大学は、忠利が参勤で国元不在の期間は熊本城代であったか、あるいは城の管理責任者であったのではないかと思われる。

三　江戸城公儀普請・熊本城普請の進捗と家光の病気—寛永十三年・十四年—

寛永十三年正月に始まる江戸城公儀御普請のため、普請衆が前年の十月中に三手に分かれて国元を出立した。寛永十三年に入っても、前年の大風で国中が傷んでいることを憂慮した忠利は、収穫の時期までは最小限の用水普請だけに留めるように国内に達していた。

一方、公儀の江戸城御普請の方は、三月いっぱいで終わった。それを待って忠利は、いよいよ熊本城の防禦＝「しまり」の普請を再開するべく、幕府の老中衆に伺いを立てる。江戸城公儀御普請の後、三月に始めた花畠屋敷の普請も六月には完了し、六月十六日に忠利は本丸から花畠屋敷に移った。これ以後、忠利は住居を城下南側の花畠屋敷に移して、便宜に城に上がって本丸を使用するという形をとるようになった。寛永十三年七月十五日、忠利が出した自筆の達書によると、毎月三日・八日・十三日・十九日・二十五日を御用日と定め、その日には朝の御膳が済んでから夕御膳まで、奉行たちからの上申を聞くとした。寛永十四年正月十九、二十五日の「奉行所日帳」には「今日は御用日で、奉行たちは花畠屋敷に参ること」とある。奉行たちは御用日には忠利の住む城下の花畠屋敷に参上するようになったのである。このように、藩主が花畠屋敷に居住して、藩政機構が二元化されることになったのは、大変に興味深いことである。

熊本城普請は許可された分のまだ半分も終わっていなかった。仕残した分について、忠利は、寛永十二年武家諸法度に則った許可を改めて幕府に求めるため、次のように再申請している。

寛永十一年に熊本城普請について段階的に命じるようにとの奉書（許可書）をもらったけれども、寛永十一年のうちはすぐに暮れ、そのうちに江戸城御普請があって、願書に添付した絵図のうち半分も命じないままである。今度、新しい武家諸法度が出たので、普請の仕残しの箇所について、以前もらった奉書に添状をもらいたい。奉書の日付も書き換えが必要ならばと思い、江戸の光尚のところまで送るので、御上意を得たい。

熊本城普請の遅れの理由に、江戸城公儀御普請を優先せざるをえなかった事情を挙げて、怠慢で城普請が遅れているわけではないことをしっかりアピールしている。以前の許可から時間が経ったこと、武家諸法度新令が出たことにより、普請許可を再度求めたのであったが、それに対する幕府老中衆からの返事は、熊本城の「しまり」については先年許可されたとおりで、奉書の添状も書き換えも必要ないということであった。忠利は、熊本城普請について幕府からの二年前の奉書の効力があるかどうかにいたるまで、細心の注意を怠らなかったのだ。

八月になると、熊本城内、城廻りの普請・作事は本格的になった。作事奉行の求めに応じて奉行所から御買物奉行衆に発した指示書（差紙）の控えを写した「御買物差紙之控」によれば、この時期に城内・花畠の作事に次のような品々が調達されている。

本丸の所々を繕う松六分板・けころ（蹴転・木の小片のこと）、春木与吉屋敷裏の塀、同所御門見付塀の御用にのね板（高知県野根山で伐り出される木材からつくられる薄板）、本丸用か花畠屋敷用かは分からないが御居間の前の御小便所に据える今焼の壺、御鏡の台、御銀箱、御本丸所々の水ぬき樋の御用に松一寸角、棒庵坂下の御長屋作事御用に矢部（益城郡）の曾木・天水坪、御本丸・所々御繕御用に大月役《つきやく》（長さ約一八〇センチ、幅四・五センチの割り木）・のね板など。九月から十二月末までのこれらの記載は、作事の活発な様子を窺わせる。なお、御小便所の今焼の壺には「水が一斗ばかり入る背の低い見事なもの」と細かい指示がされている。

忠利が参勤で江戸にいるうちに、熊本城「しまり」普請によって城の北側の京町口の堀は埋め立てられ、勢溜《せいだま》り（軍勢が集まり控えている空間）とされた。また、「奉行所日帳」の十月十四日の項には、「今日、新奉行所ニ移り申候事」とあるので、この時に奉行所も新しくなったのである。そして、奉行衆から忠利に普請・作事に携わる「桶奉行、貼付け、畳刺し、絵書など、職人を竹の御丸などに置きたい」との伺いがなされ、普請・作事の間に限って許可されている。さらに、十一月六日、太鼓矢倉御門の見付に矢狭間《やざま》（矢を射るための小窓）がないので、検討させて開けさせるようにと忠利からの達しが出ている。十一月二十四日には、平左衛門丸の家が破損し雨漏りがしているので修繕してもいいかとの奉行衆からの伺いに対して、忠利は「あなふさくへく候」と許可している。

なお、こうした熊本城普請・作事の一方で、八代の海堤防普請、川除け普請も続けられていた。

寛永十四年正月、熊本城では天守・本丸、さらに当時城内にあったと思われる泰勝院殿《たいしょういんでん》の作事が完了したと考えられる。忠利の祖父で藩祖と位置づけられた幽斎《ゆうさい》を祀る泰勝院殿は、ガラシャを祀る秀林院殿《りんいんでん》、忠利の祖母麝香《じゃこう》を祀る光寿院殿《こうじゅいんでん》とともに城内に設けられていた。また三月には玉薬調合施設の移設について検討が重ねられ（「奉書」）、同時期には熊本城内平左衛門屋敷六軒（広間・書院・居間・化粧間・おうへ・台所）と西竹の丸台所を解体して出た材木の記録「平左衛門元屋敷家材木覚帳」が作成されている。「おうへ」は、妻子がいる奥のことで、平左衛門元屋敷は、加藤家の重臣加藤平左衛門が居た屋敷であり、熊本城天守と宇土櫓《うとやぐら》との間に位置していた。平左衛門丸の屋敷を解体して、古くなったこの屋敷を建て替えることにしたのである。

忠利は三月十二日参勤のため熊本を出立した。ところが、熊本城普請は将軍家光の病によってまたもや中断されることになる。閏三月、忠利は、国元の家老たちに「熊本城普請の許可を得ているけれど、上様の御病気の間は不適切だと思うので、こちらから指図するまでは、無用のこと」と指示している。家光は同年の二月頃から体調を崩し、忠利はその病気は長引くと判断して、普請を中断したのだった。

忠利は熊本城普請について、幕府の老中衆のところに松野織部《おりべ》・加々山主馬《かがやましゅめ》を使者に遣わし、将軍不例の時の城普請の可否について、幕府の老中衆に次のような伺いを入れていた。

上様が御病気の間は、普請はしてはいけないと思い、侍には百姓がする地方《じかた》普請を申し付けています。御病気がよい時にだけと申し遣わしているので、百姓普請が暇になったら、もしかして熊本城普請に取り掛かることもあるだろうと思ったので、去年も国元にはまったく無用なことだと申し遣わしました。上様が快復なさって御目見えの儀もあってから、普請を命じればよろしいでしょうか。それとも、このまま城普請を命じても構わないでしょうか。

この間も、熊本城以外の辛川《かるかわ》用水、分田《ぶんだ》用水、川尻・宇土の潮堤、松嶋用水、それに国中の架橋、前年の雷で被災した熊本城本丸座敷の屏風などの作事は行われていた。八月一日に江戸から国元の家老たちに宛てた忠利の達書からは、忠利の普請についての次のような考え方が明らかである。公儀を重んじるという意味で、将軍不例（病気）の時は自国の城普請は行わない。耕地開発も止める。しかし、領国を維持するための国内の用水など地方普請と、神社・寺などの普請は行う。これらはすべて、他国からの評判を気にしてのことであった。それでも、藤崎八幡宮の石垣については、城内にあることを気遣って家光が病気の間は決して石垣普請をしないようにと、筆頭家老の松井興長《おきなが》に特に注意させている。

家光の病気は七月末には大分快復するが、今度は忠利自身が体調を崩し、十月、鎌倉での養生を願い出て、十六日からは鎌倉に逗留していた。ところが十月二十六日、かの島原・天草の一揆が勃発するのである。

十月二十八日、まだ一揆の勃発を知らなかった忠利は、幕府の許可を得ながら家光の病気で中断していた矢倉の塀を建てるように、そして熊本城筑後口の城普請を翌年正月から始めるように命じていた。ところが、一揆の蜂起を知り、熊本から島原・天草へ加勢に出陣しなければならなくなると想定した忠利は、こんどは普請に従事させるという口実で鉄炮衆を熊本に集結させるように命じたのだった。

忠利の子息光尚は十一月十五日江戸を発し、十二月六日に熊本着。島原への出陣命令が幕府からおりたのは十二月二十二日のことである。忠利自身も寛永十五年正月二十六日には島原に着陣した。正月から始めるつもりだった熊本城普請は、一揆に侍も百姓も動員され延期となったことはいうまでもない。

四　島原・天草一揆と寛永牛疫　普請の再開―寛永十五年・十六年―

寛永十五年三月、一揆が終焉した直後、忠利は国内の用水普請や耕地開発に取り掛かるよう指示する。上林甚助を頭に耕地開発が進められていた合志《こうし》郡《ぐん》大津原では、植林事業にも取り組ませた。さらに、熊本城下の惣構内の見付の普請を命じている。また、忠利は作事奉行の和田伝兵衛・矢野勘右衛門に、平左衛門丸の御蔵を修理して米・塩以下入れるように命じているが、急いでばたばたとしないようにと念を押している。

さて、熊本城普請を再開するにあたって忠利は、幕府に対して、家光が病気だったこと、そして島原・天草の一揆で普請ができなかったことを踏まえ、再度普請の許可を申請する。願書の中で忠利は、一揆に動員した侍たちが帰ってきたら少しずつ命じるつもりだけれども、中断していた期間が長くて何の普請だろうと不審に思われるといけないので、こうしてまた申請するのだと、断りを入れている。さらに忠利は豊後《ぶんご》府内藩主の日根野吉明と豊後府内御目付衆にも熊本城普請を届けている。

忠利による幕府要路への根回しは完璧なものであった。これに対して、老中阿部忠秋《ただあき》は、「以前の老中連署の御奉書の通り、普請を命じてよい」と七月四日付で返事をだした。忠利によるじつに用心深く綿密な許可申請・交渉が実を結んだのである。

ところで、幕府は島原・天草一揆の後、国中の古城の破却を命じていた。一揆軍が古城を利用して

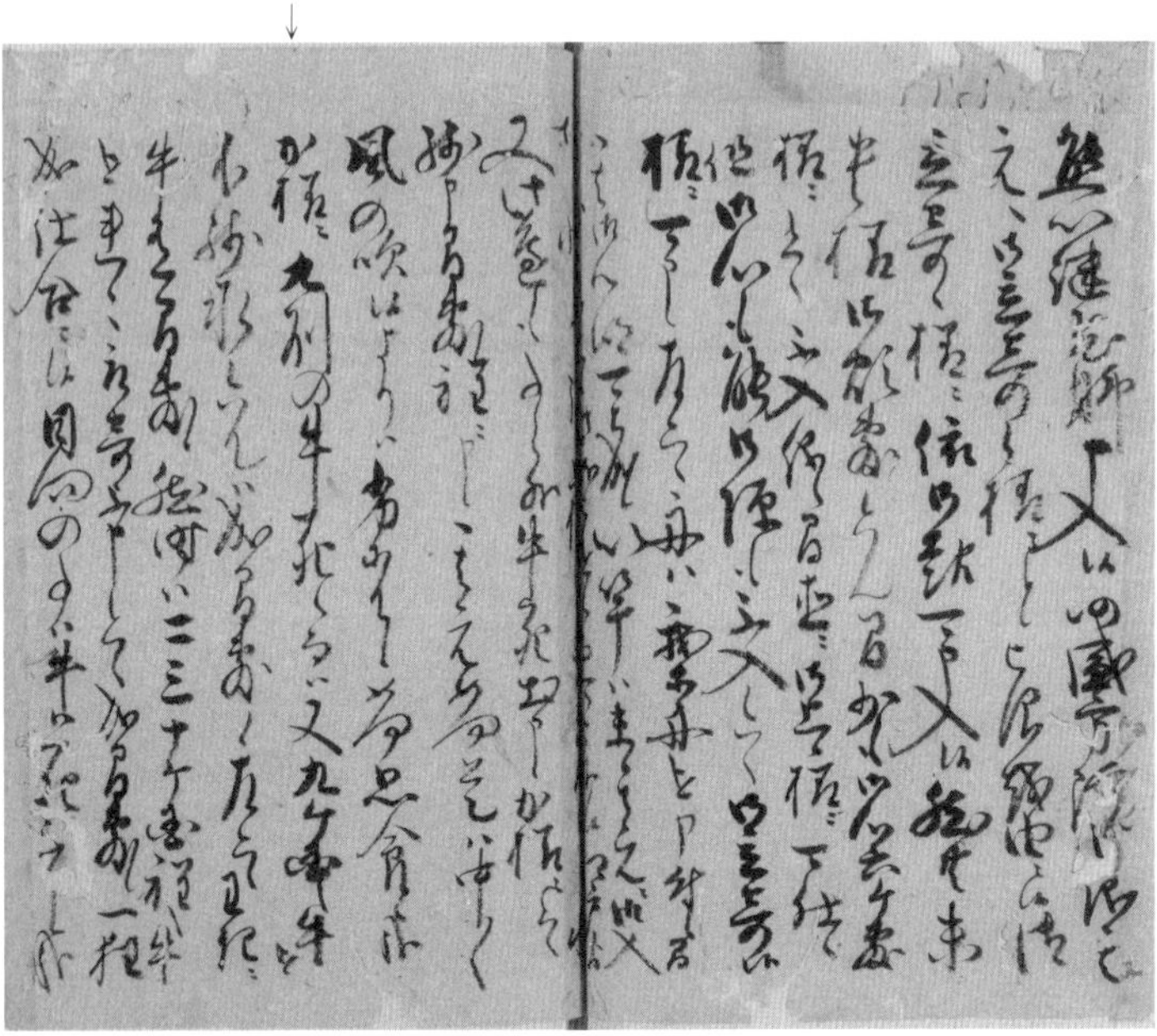

（「公儀方御書案文」）「九州の牛は半分死んだ」

籠城したため、幕府は各地の古城の徹底的な破却を求めたのである。忠利はこれをうけて惣奉行に調査を命じたが、郡々の古城の石垣・土手・古堀の徹底的な破却は、どこも山奥であったため、思った以上に手間取った。六月までかかって、「古肥後守」（加藤家）時代に城割《しろわり》した佐《さ》敷《しき》（現芦北町）・水俣《みなまた》・合志の城々について、端々に見えている石を取り除き、堀まで埋める作業を徹底したと、老中松平信綱《のぶつな》まで報告している。

ところが、熊本城普請は八月にはまた新たな障害に突き当たった。百姓の主たる労働力である牛の伝染病である。西日本全体に広がったこのウイルス性の伝染病は後に「寛永牛疫」と呼ばれる（山内二〇〇九）。忠利は八月二十八日の時点

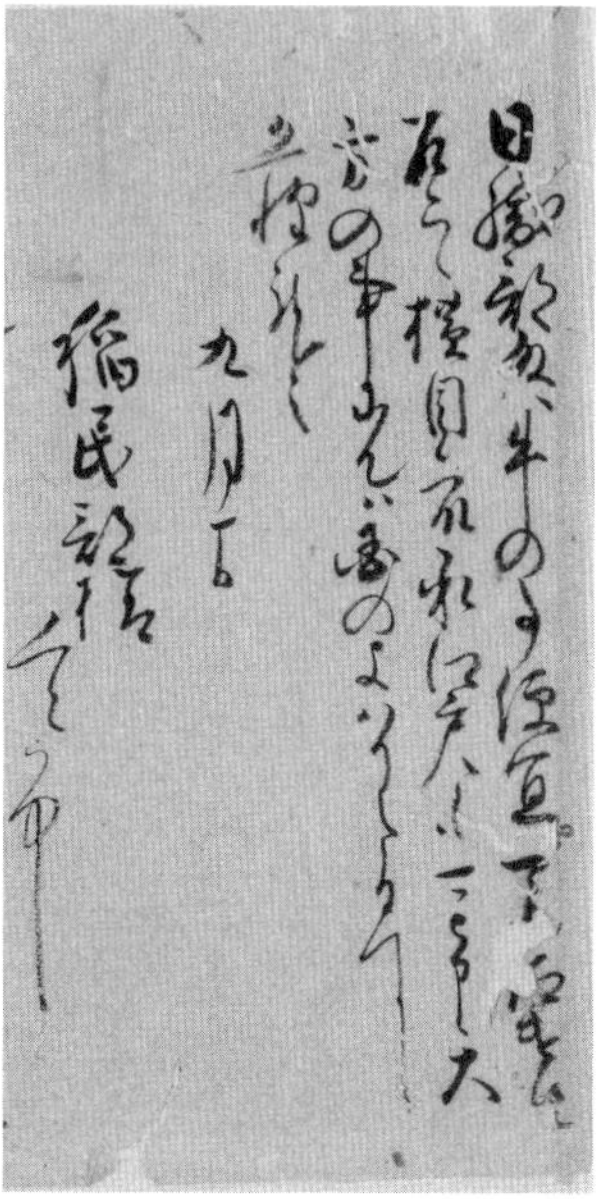

写真３　忠利書状稲葉一通宛て

までは熊本城の石垣・土居の普請を命じていた。忠利が何とか普請を進めようとしている一方で、じつは九州内で大量の牛が死ぬという深刻な事態が起きていたのだ。忠利は義兄の小倉藩主小笠原忠真《おがさわらただざね》に宛てて、こう書き送っている（写真3）。

熊本城の堀・石垣・矢倉などの普請のことですが、幕府から許可の御奉書をたびたび受給しているのですが、有馬陣のことなど色々あって普請をしなかったので、また上様の御意を得たところ、段階的に命じるようにと御老中より伝えられました。かたじけないことです。それでいま端々の普請を命じていますが、このように牛が死んでしまっては百姓は普請をする暇は一切ないでしょう。それで、まず普請を止めて、麦蒔きの時分ですので、百姓の生活を侍たちに手伝わせようと思います。何とも采配が難しいです。

そして、十月五日付の久留米藩主有馬豊氏宛ての書状では、「熊本城内の筑後口の川手の土手の堀を浚《さら》い、町口の見付を一つ築いただけで普請は止めて、侍たちを今日・明日中に知行所に帰して、死んだ牛の替りに百姓の麦蒔きを手伝わせると決心した」と伝え、「熊本城普請の仕残した箇所が数々あるけれども、また次の機会にすればよい」と述べている。

ほんの一ヵ月前、忠利は普請の者が少なく進まないことに怒り、すぐに対策を指示していた。その熊本城普請を領国農村の状況に配慮して苦渋の決断で中止したのだった。奉行衆と相談し、翌年参勤にお供する家臣たちを知行所に帰し、百姓たちに春の根付まで申し付けて三月一日に戻ってくるようにと命じた。「奉行所日帳」等によれば、十月中旬までには熊本城内のすべての普請が停止されたのであった。

翌寛永十六年二月の段階でも、熊本城普請は中断したままだった。忠利は、一町目御門の上の矢倉など既存の矢倉の修理はやってもいいが、そのほかのすべての熊本城普請については、江戸から自分が命じるまではしてはならないこと、四月一日になったら普請奉行などの役人を任命すること、作事用の材木を伐り出すことを命じて、参勤のため二月二十六日に江戸へ発った。

そして、寛永十六年四月一日、前年寛永牛疫によって中断されていた熊本城普請が再開された。用心深い忠利は、心安い親友の曾我《そが》古祐《ひさすけ》を取次にして老中阿部忠秋に申請して許可を得て、四月二十七日、国元の家老衆へ宛てて普請を命じた。

まず「城内の春木与吉屋敷の向かいの門の脇の矢倉と、百間馬屋向こうの石垣の上の矢倉を普請し、道家左近右衛門屋敷の前の堀を、人の手が空いたら三十人、五十人でもそろそろ命じるように。それ以外は追って指示する」と命じている。「人の手が空いたら」とあるのは、牛の伝染病が落ち着いた農閑期の百姓の日雇いを想定していた可能性を示唆している。

寛永十六年五月には、花畠屋敷の前の橋が壊れて架け直されることになり、さらに十月には城内の平左衛門屋敷の修繕が終わった。平左衛門丸には寛永十四年に壊された六軒の屋敷のほかにも屋敷が存在していたのだ。

十一月二十四日付の達書で忠利は、「花畠前之橋出来、百間馬屋之上、角之矢倉大方出来、古城両所之橋之作事取懸候由、得其意候事」と述べていて、百間馬屋の上の角の矢倉が大方完成し、古城《ふるしろ》の二ヵ所の橋の作事に取り掛かっているとの報告を受けて了承している。

また、「御留守中御侍衆御奉公帳　長岡勘解由組」(沼田延元)によると、寛永十六年七月十二日から閏十一月十八日まで、三の丸普請奉行の上田太郎右衛門尉が普請に専念していた旨の記録があるので、この期間に三の丸の普請が行われていたとみられる。また、同じ勘解由組の的場勘平は寛永十六年四月十七日より熊本御城廻水まわり奉行を担当しながら、七月十六日から十二月七日まで二の丸の堀浚え御普請奉行、さらに七月十六日には二の丸堀御普請奉行にも任命され、それらの普請は十二月五日に終わっている。

五　大雨による熊本城の被災、そして忠利の死―寛永十七年・十八年―

寛永十七年六月一日、国元に帰る道中にあった忠利は、熊本城横の井手・小川を港湾都市川尻（現熊本市南区）まで高瀬船が行き来できるように拡張することと、三の丸内を流れる坪井川の川浚いの普請を幕府に申請する。この中で忠利は、坪井川については、城内を流れる川のことなので幕府に届ける旨を特記している。忠利は絵図とともにこの覚書を幕府に申請し、すぐに許可がおりている。

八月十三日から十六日にかけて肥後は大雨に見舞われ、熊本と細川三斎の八代城がともに被害を受けた。熊本城は本丸東の高石垣が三ヵ所ふくれてしまう。忠利はまだ雨が降り続く八月十五日寅の刻(午前四時頃)、八代の三斎への書状で次のように述べている。

八代城本丸の石垣が、今度の大雨にふくれていて早くも崩れそうになっている由……熊本城本丸でも、南の方が思った以上に石垣がふくれて、根石などは上からとても見えない状態になっています。崩れてしまえば、高石垣なので思いのほか大変な普請になるでしょうが、崩れるまでだと思い、今はこのまま放置しています。

忠利は、八代城の石垣修復の許可申請をする三斎とならんで、熊本・八代両城の石垣修復の願書を、幕府老中衆の松平信綱・阿部忠秋・阿部重次《しげつぐ》、そして大老格の土井利勝・酒井忠勝・堀田正盛《まさもり》に提出した。幕府への願書は老中衆と大老衆、両方に提出していたのである。石垣の崩れ方の状況によって修復の内容が変わってくるので、八代城石垣の崩れ方の様子を見ながらの申請であった。そして九月には熊本・八代両城の石垣修復はすぐに許可されている。大老格の酒井忠勝からの返信は次のようなものであった。

熊本城本丸の高石垣も三ヵ所ふくれて、危ない状況だとのこと。そこは堀がない所なので、石垣の根元に石を捨て置き抱えさせて様子を見られるとのこと、私もそれでいいと思います。石垣は場所によって少しふくれても問題ないこともあるので、よくよく穴太にお見せになって相談なさるのは、それでいいと存じます。

酒井忠勝は、熊本城石垣の修復について、今は石垣の根元に捨て石を重ねて抱え込んでいて今後それを穴太に相談するという、忠利からの報告を承認している。捨て石というのは、根石の変形を防ぐために根石の全面に据えられる石材のことで、現在は、石垣の構造や修理の痕跡を示すものとして調査対象になるという。

九月十四日、忠利は、熊本城や花畠の作事で引物（家の梁）が不足しているとの報告を受けて、玉名や阿蘇《あそ》の往還筋や、方角のよい場所に大きい木があるのでそれを伐らせて普請の御用に使うことを郡奉行衆と相談するよう、熊本の惣奉行衆に命じた。山奥の木だと搬出に手間と費用が嵩むため、主要往還の道筋の大木も御国のためだとして伐らせるようにと指示している。また、不足している普請のための材木獲得のため、豊後佐伯《さえき》やその他の国からも町人に材木を仕入れてくるようにと命じている。

熊本城内の平左衛門屋敷の作事は十一月に完了し、七月に始まっていた熊本城際から川尻までの水路の拡張普請も、進展をみている。普請奉行から翌寛永十八年二月末に竣工予定との報告を受けた忠利は、御召船を一艘、二月二十日頃までに造るように命じた。その御座船は高橋船のように少し長く、全体を屋形にするよう細かく指示し、それに御台所船は高橋川の船を使いまわしするとの御意も付け加えている。城内の高橋川（現坪井川）には、屋形船と台所船が常駐していたのだ。

ところで、この年の十月、忠利は江戸の下屋敷に「敷台の間」を建てるために、熊本から作事奉行の矢野勘右衛門を派遣している。敷台とは、武家屋敷の玄関を上がったすぐの部屋である。忠利は江戸にいる光尚に、敷台の間を「金の間」にしたいと書き送り、その許可を早々に老中酒井忠勝に相談して報告するように命じ、さらに絵は熊本で描かせると伝えている。

忠利は光尚に対して、このまま金の間が許可されずに「敷台の間のような表向きの所も唐紙《からかみ》ばかりでは」、「もはや日本に金の間は決して作られることはないだろう」とも書き送っている。忠利が危惧していたとおり、「金の間」の申請には酒井忠勝からの許可はおりず、結局、忠利は酒井からの指示どおり、「唐紙でするように」と命じている。じつは、この寛永十七年正月十五日、幕府は、御譜代大名・御弓鉄炮頭・御留守居衆に宛てて倹約令を出していた。酒井忠勝は諸大名にそれを伝える老中の一人だった。忠利自身も肥後国内に触《ふれ》を出している。だから、光尚にあえてお伺いを立てさせたのである。それでも忠利は、江戸下屋敷の玄関でいちばん表向きである敷台の間を、将軍家光の御成りをも考えて「金の間」にして、絵も描かせたかった。しかし、世の中は倹約の時代となっていた。それは、城や屋敷の普請にも大きく影響したであろう。忠利が危惧したように、日本から「金の間」は一切なくなったのかもしれない。倹約の時代になり、江戸下屋敷だけでなく熊本城や花畠屋敷の作事のあり方も大きく変わったことは十分に考えられるのである。

寛永十七年の十月頃から体調がすぐれなかった忠利は、翌寛永十八年三月十七日、ついに花畠屋敷で亡くなった。亡くなる直前まで、忠利は普請の材木調達について指示を出していた。正月十二日には家老の松井興長・有吉英貴・米田《こめだ》是季《これすえ》に命じて、大引物（家の梁）八、九寸角（直径約二四〜二七センチ）の柱を、肥後国内で伐り出すなり、また他藩の球磨《くま》や薩摩《さつま》の町人から買うなりして取り寄せるように指示していた。普請用の材木や角物《かくもの》（断面を四角に切り整えた木材）が不足していることが、前年の九月から亡くなる直前まで忠利の懸案事項だったのだ。

三月十七日に忠利が亡くなった後、御奉行衆は花畠屋敷と本丸の両方に出仕することを決めた。忠利が花畠屋敷を住居としたことが契機となり、本丸と花畠屋敷の両方を藩主権力が行き来することが体制化され、そしてそれが幕末まで細川家歴代全藩主に踏襲され、奉行組織の独立性が高まるという熊本藩の特質を生み出す大きな要因となったのである。その契機となったのが近世初期の熊本地震であり、熊本城本丸は常住には危険であるという忠利の認識であったことは、紛れもない史実なのである。

おわりに

以上、寛永九年（一六三二）熊本藩主として肥後に入国して寛永十八年に亡くなるまでの細川忠利の熊本城普請についての記録を概観してきた。外様国持大名としての細川忠利の生涯は、終始、普請のための調整の道程であった。普請の問題には、幕藩関係と領国支配の諸問題が集約されており、総合的な見地が必要である。近世初期、毎年のように続く江戸城石垣普請や大坂城石垣普請などの公儀

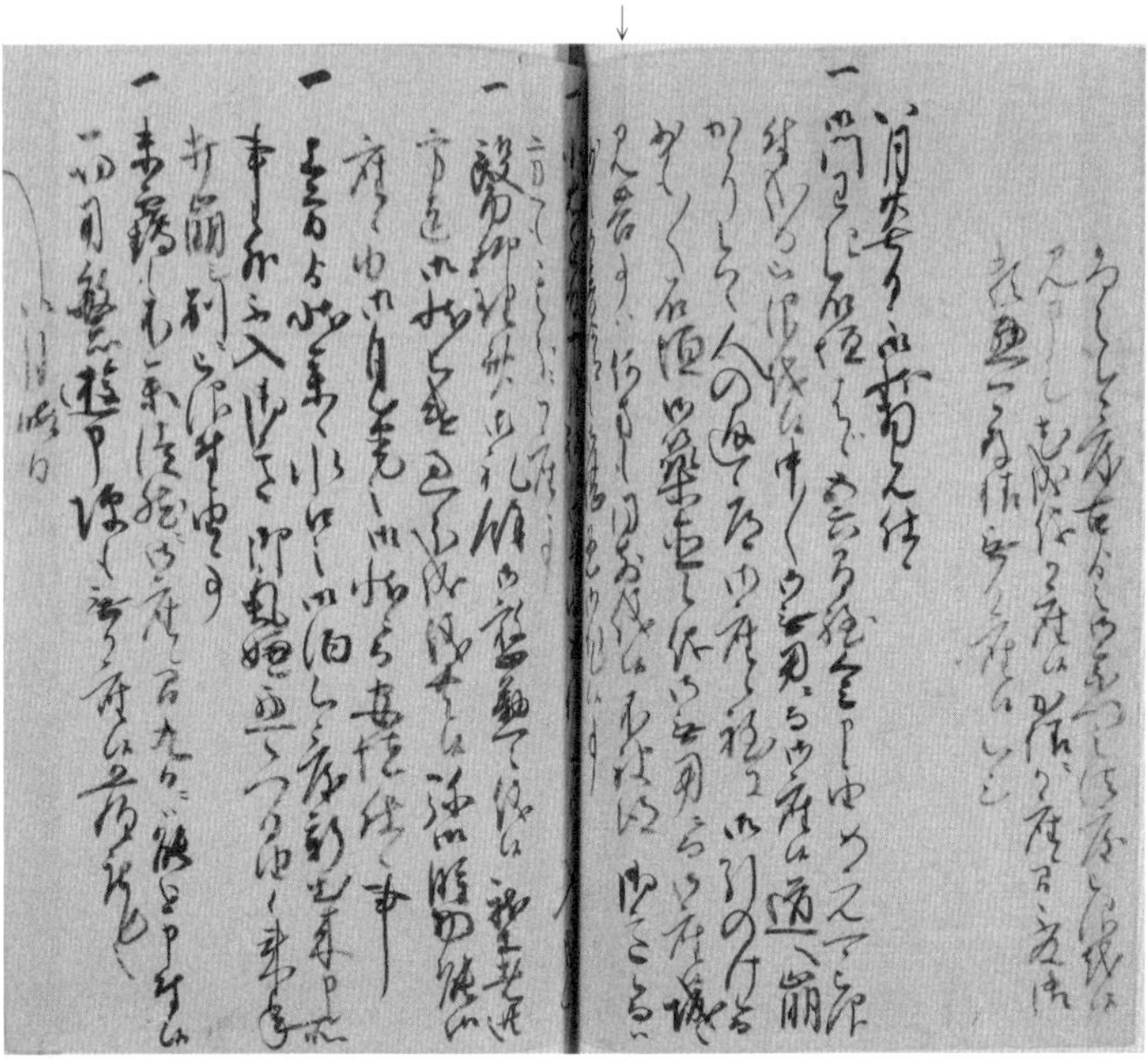

宛て（「公儀方御書案文」）「城はどこも見苦しいのがあたりまえ」

普請による幕府からの編成のもとで、大名どうしが協力して普請にあたる連合体制が構築されていき、それはまさしく泰平の世の基礎を形づくるものとなった。したがって大名たちは、公儀御普請に追われつつ、その状況の中で様子を見ながら、自国の普請に取り組まざるをえなかったのである。

　大名たちは居城普請について常に情報交換をしていた。豊後府内の幕府の御目付衆にはもちろん、近国の大名たちにも城の普請・作事は知らせていた。不審に思われないようにというのも当然だが、石垣の修復はどこの大名にとっても重大問題で、お互い相談し合っていたのだ。

　寛永十一年八月、忠利は日向縣《あがた》（延

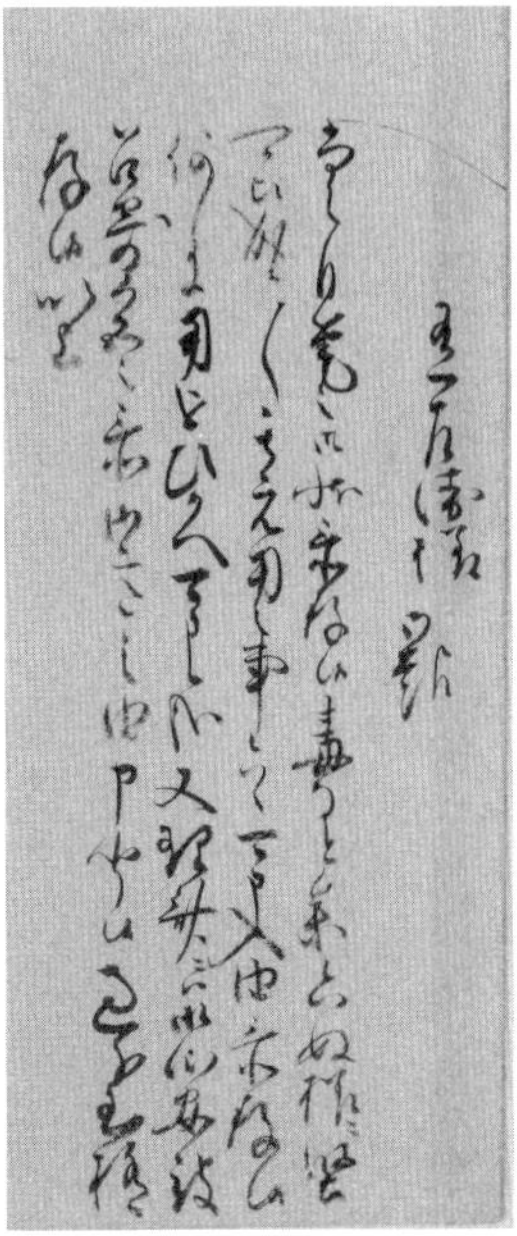

写真４　忠利書状有馬直純

岡）藩主有馬直純《なおずみ》から、縣城の門脇の石垣幅五、六間（約九〜一一メートル）を元のように修復した方がいいかと相談されて、道に崩れかかっているなら人が通る道を残して石を退かすだけにして、石垣の築直しは絶対に無用だとアドバイスしている。そして、「城が見苦しいのはどこも同じです。幕府から明確な許可がないなら小規模な普請でも我慢が大事です」と答えているのである（写真4）。

このように「城が見苦しいのはどこも同じだ」と言い、また寛永十年三月の江戸上屋敷の再建にあたっては「似相の粗相な屋敷でいい」と言い、身の慎みを心掛け、領民の疲弊にならないように、国の疲弊にならないように配慮しながら、できる範囲で精一杯の居城普請・作事に努めたのが、細川忠利をはじめとする近世初期の国持大名だったのである。

参考文献

後藤典子『熊本城の被災修復と細川忠利―近世初期の居城普請・公儀普請・地方普請―』（熊日新書、

二〇一七年）
山内一也『史上最大の伝染病　牛疫—根絶までの四〇〇〇年—』（岩波書店、二〇〇九年）

コラム―2

細川家の絵画に学んだ狩野派

佐々木英理子

大名家では、襖絵《ふすまえ》などの邸宅の装飾、藩主の肖像画、工芸品の下図、贈答用など、様々な場面で絵画を必要としたため、絵師を雇って多くの絵画を描かせた。そうした絵画制作の場面で、室町時代から江戸時代にかけて、日本の画壇の中心を担ったのが狩野《かのう》派である。狩野派は、絵画専門の画工として、血縁によって存続し、幕府など権力者の御用をつとめ続けた。幕府が狩野派を重用したのに倣い、熊本藩細川家でも国許の御抱絵師に加えて狩野派とも関わりを持っており、既に多くの事例が先学によって紹介されている。ここでは、細川家の所蔵作品が狩野派の絵師によって模写された例を改めて紹介したい。

第一に、伝雪舟等楊《せっしゅうとうよう》「富士三保清見寺図《ふじみほせいけんじず》」(写真1)を挙げる。狩野永納《えいのう》の『本朝画史』(元禄《げんろく》六年〈一六九三〉刊行)には、雪舟「富士三保清見の三絶景」制作の経緯が記されている。すなわち、雪舟が中国滞在中に描き、寧波《ニンポー》の文人・詹仲和《せんちゅうか》が賛したという。さらに、細川家の

写真１　伝 雪舟等楊「富士三保清見寺図」室町時代（16 世紀）

美術工芸品の目録『御《お》家名物之《いえめいぶつの》大概《たいがい》』は「雪舟富士絵」について、家臣の家に伝わっていたものが細川家二代の細川三斎《さんさい》に献上され、その際に三斎が「余りに上手すぎる」として「雪舟の名を削り、印を引き裂いた」と記している。細川家の参勤交代の際に運ばれた美術工芸品の目録『御参勤江戸御持遣』にも「渡唐富士」として江戸と熊本を行き来したことが記されており、細川家所蔵の有名な作品であったことがわかる。これらの記録に見られる富士山図に比定されているのが、伝雪舟等楊「富士三保清見寺図」なのだが、雪舟の中国滞在時期（一四六七～六九）と詹仲和の活躍期（十六世紀初頭）が重ならないことや筆致などから、現在では雪舟画の模本と考えられている。なお本図について、二〇〇二年度の修理の際、落款印章が「はめ込まれている形跡が見られる」と報告されているが、現状は肉眼では識別できない。

　しかし、この「富士三保清見寺図」の図様は、雪舟の真贋を差し置いて、江戸期の絵師にたびたび模写され、後世の富士山図の展開・発展に大きな影響を与えているのである。まず、徳川幕府に仕えた鍛冶橋《かじばし》狩野家の祖・狩野探幽《たんゆう》（一六〇二〜七四）は、「探幽縮図」（個人蔵）で本図を縮小模写している。さらに探幽は、画事に伴い江戸と京都を生涯に何度も行き来しており、その途次に見た富士山を「富嶽図巻《ふがくずかん》」（個人蔵）などにスケッチしている。そうした富士山に対する探究により、探幽は独自の富士山図を確立し、数多く描いた。横長の画面の中で富士山をやや左に配し、その前に小さな山並みを置き、画面右側にゆったりとした余白を配した探幽の富士山図は、狩野派の富士山図の典型として受け継がれた。江戸中期の文人画家・桑山玉洲《ぎょくしゅう》（一七四六〜九九）が「探幽の富士山図を超える者はいない」と自著に記したように、探幽の富士山図は世間から認知され、人気の高い作品であった。

探幽の弟で、狩野宗家の中橋《なかばし》狩野家を継いだ安信《やすのぶ》（一六一三〜八五）は、「富士山図」（茨城県立歴史館一橋徳川家コレクション）で、「富士三保清見寺図」をほぼ原寸大に模写している。その描写からは、安信が原画の図様や表現をよく観察し、真摯に学び取ろうとする姿勢を感じることができる。雪舟の印章「等楊」が墨色で模写されている点が「富士三保清見寺図」と異なるが、そこに伝来に関わる理由があるのかどうか、気になる点である。

こうした江戸初期の例をはじめとして、狩野派の絵師や細川家の御抱絵師が、多くは模本からであろうが「富士三保清見寺図」の構図を学び、同じ視点からの富士山図が描き継がれた。「富士三保清見寺図」は、そうした一連の富士山図に影響を及ぼした重要な作例と見なされているのである。

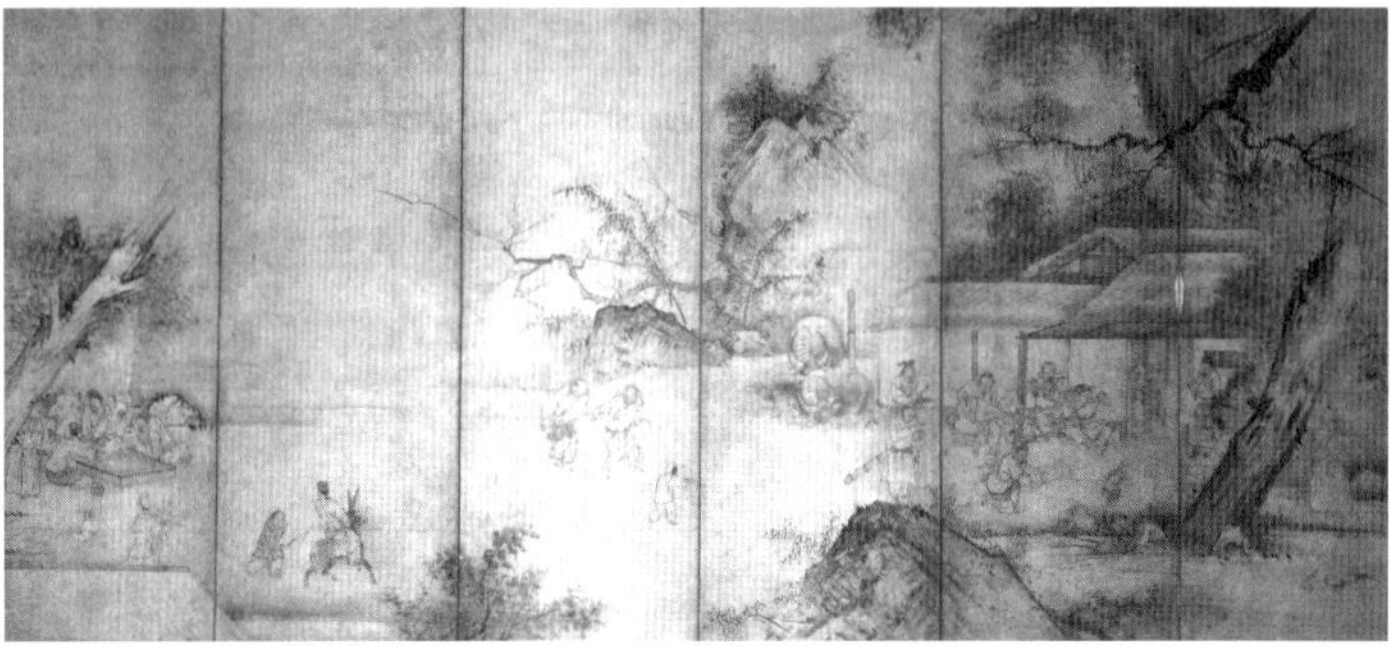

また『御家名物之大概』には、「雪舟琴棋書画《きんきしょが》」屏風を探幽が実見した記事が見られる。その永青文庫所蔵の伝雪舟等楊「琴棋書画図屏風」（写真2）は、探幽が「探幽縮図」（個人蔵）に縮写し、その留書に「細川帯刀《たてわき》殿屏風」とあることが指摘されている。細川帯刀とは、宇土《うと》支藩の初代藩主・細川行孝《ゆきたか》のことで、これにより探幽が細川家周辺の雪舟画をも学習していたことが知られる。また東京国立博物館所蔵の木挽町《こびきちょう》狩野家模本により、顧氏「咸陽宮（楼閣）図」（写真3）など、細川家所蔵の中国絵画を狩野派の絵師が模写していることが指摘されている。さらに狩野養信《おさのぶ》（一七九六〜一八四六）は、自身の「日記」に、細川家から借受けた「蒙古襲来絵詞《もうこしゅうらいえことば》」（宮内庁三の丸尚蔵館蔵）を亡くなる直前まで模写したと記している。

狩野派の絵師は絵を描くばかりでなく、実見した絵を縮写し、絵の鑑定を行うことで画嚢を肥やしていた。探幽は縮図を数多く残し、探幽の弟の安信も亡くなる直前まで鑑

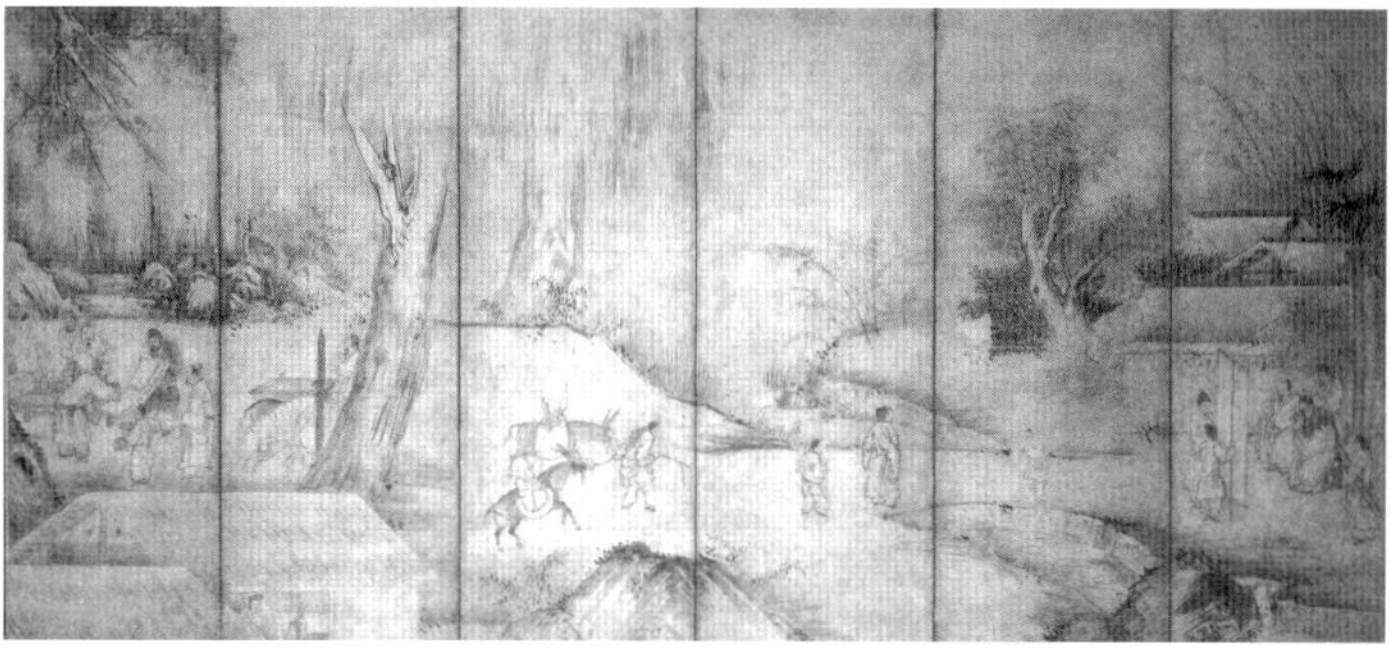

写真２　伝 雪舟等楊「琴棋書画図屏風」室町時代（16世紀）

写真３　顧氏「咸陽宮（楼閣）図」明時代（15世紀）

定に励んでいたことが知られている。細川家の所蔵作品と狩野派との関わりは、狩野派の絵師たちが細川家のコレクションからも学び取ろうとする姿勢を示している。

参考文献

山下善也「江戸時代における伝雪舟筆《富士三保清見寺図》の受容と変容」(『細川コレクション　日本画の精華』静岡県立美術館、一九九二年)
『大名細川家の至宝　文武の歴史と雅の文化・永青文庫名品展』(山梨県立美術館、二〇〇一年)
『雪舟流と狩野派　細川家を魅了した日本絵画の至宝』(熊本県立美術館、二〇一六年)
三宅秀和「細川家伝来「雪舟富士絵」再見」(『聚美』二九号、聚美社、二〇一八年)
野田麻美「江戸狩野派による雪舟学習をめぐる諸問題—倣古図の分析から—」(『天開圖畫』一一号、山口県立美術館、二〇一九年)
三宅秀和「細川三斎と雪舟」(『天開圖畫』一一号、山口県立美術館、二〇一九年)
板倉聖哲「江戸時代細川家の「唐絵」収集—『古画御掛物之帳』を起点として—」(『季刊永青文庫』一〇八号、永青文庫、二〇一九年)

6

熊本藩政と手永・惣庄屋制

——近代地方自治制の歴史的基盤——

今村直樹

はじめに

本章は、熊本藩の地域行政を支えた手《て》永《なが》・惣庄屋制《そうじょうやせい》に注目し、近世全般を通じたその展開を明らかにするとともに、その歴史的意義を考察するものである。

一般に日本近世（江戸時代）といえば、絶対的な権力をもった徳川将軍＝江戸幕府による諸大名への強力な統制、領主権力による過重な年貢《ねんぐ》賦課《ふか》と困窮する百姓の姿、西洋化＝明治維新以前の閉鎖的な封建社会、といったイメージがある。しかし、近年の専門研究では、幕藩体制は分権的な連邦制国家と評価されており、領主権力による大規模な年貢増徴も、事実上不可能であったことが明らかにされている（深尾・中村・中林二〇一七）。また、思想史の立場から、明治維新を日本近世社会自体の達成として捉える見解も登場している（苅部二〇一七）。本章も、こうした新しい研究成果を意識しながら論述していきたい。

さて、熊本藩細川家は、肥後《ひご》国の大半と豊後《ぶんご》国の一部を統治した国持大名《くにもちだいみょう》である。国持大名は全国で一八家存在したが、江戸幕府はその領内政治に対して、近世初期から幕末まで不介入の原則をとっていた。国持大名とは、政治・儀礼面での各種特権を認められた存在であったのである（笠谷二〇一一）。なかでも熊本藩は、十八世紀半ばに藩主細川重賢《しげかた》のもとで行われた大規模な藩政改革（宝暦改革《ほうれきかいかく》）が、当時の幕府や全国の諸藩から注目を集め、政治改革の模範と見なされたことが知られる（磯田二〇〇九）。じつは、熊本藩政のなかでも高い評価を受けていた制度の一つが、本章で取り上げる手永・惣庄屋制の存在であった。

近世の幕府や諸藩は、村々から構成される地域社会を統治するために、村政の責任者たる名主《なぬし》や庄屋の上位に、「大庄屋《おおじょうや》」（熊本藩では「惣庄屋」）と呼ばれる百姓出身の役人を置いていた。大庄屋が管轄した区画は、全国的に組・筋・郷《ごう》・触《ふれ》・領・通《とおり》・宰判《さいばん》などと呼ばれており、熊本藩の手永もその一つである（志村二〇一五）。手永の語義は、北部九州地方の方言で「手の届く範囲」とされる（熊本県総務部地方課一九九五）。

十九世紀初めの熊本藩領（表高五四万石、現高七五万六〇〇〇石）は、一五郡五一手永一五九七村で構成されていた（図1）。一郡あたり平均手永数は三・四、一手永あたり平均村数は三一・三、平均石高は約一万五〇〇〇万石であり、手永は小大名領に匹敵する規模を有した。手永などの大庄屋の行政区は、幕藩領主により均一に設定されたものとみられがちだが、その区画は街道沿いや同一水系沿

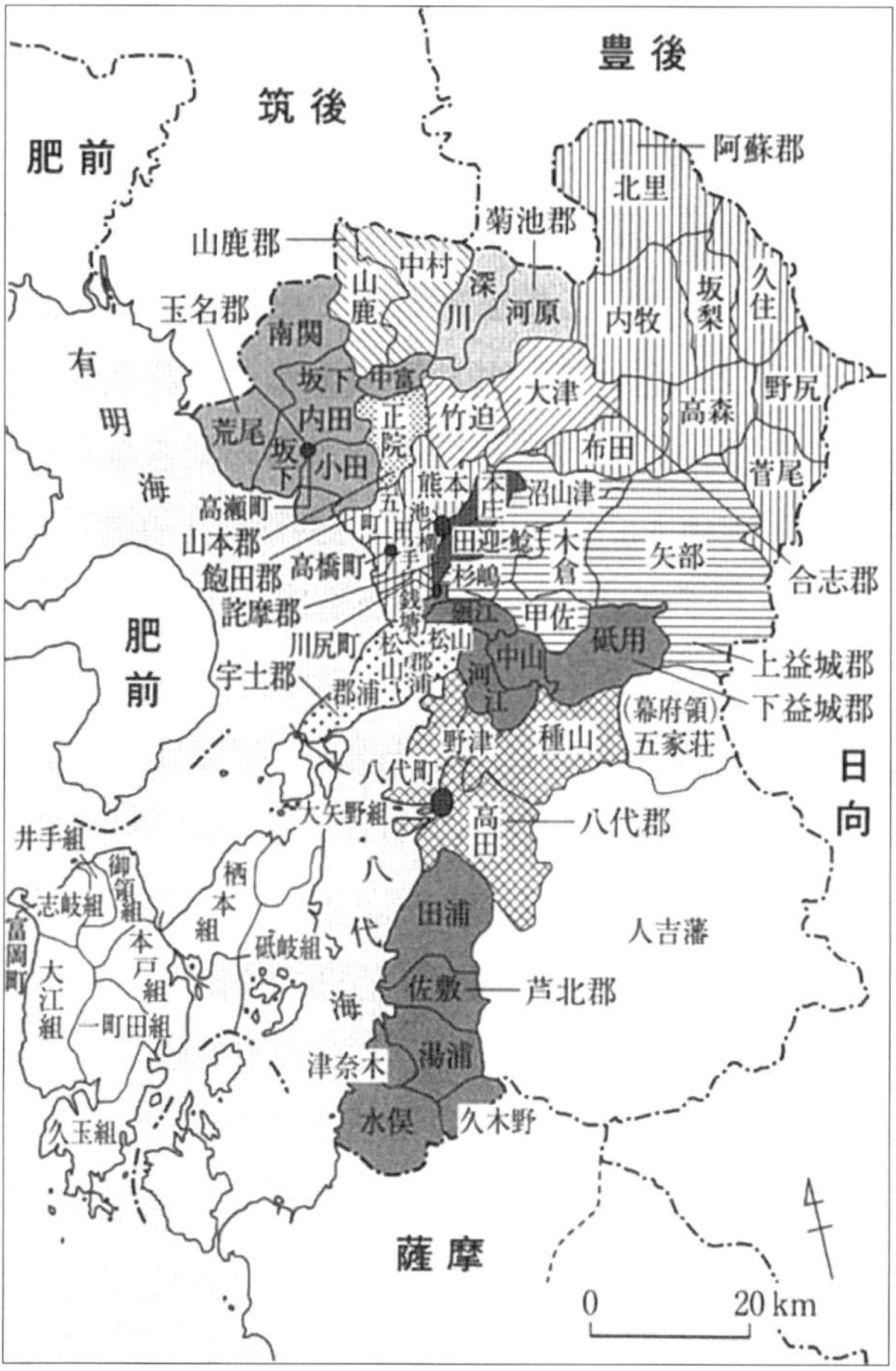

図１　19 世紀の熊本藩領郡・手永区画図（肥後国）

注：豊後国側には熊本藩領の、直入郡久住手永、大分郡野津原手永、同郡高田手永、海部郡関手永が存在した。なお、久住手永は肥後国阿蘇郡と豊後国直入郡にまたがっている。

出典：深尾京司他編『岩波講座　日本経済の歴史　第２巻』（岩波書店、2017 年）218 頁より転載。

岸の村々から構成されており、中世以来の郷や庄《しょう》などの地域的結合を継承するものが多かった（白石一九七六、山澄一九八二、稲葉二〇〇九）。

熊本大学寄託の約五万八〇〇〇点にのぼる永青文庫細川家資料の特徴は、「藩侯の資料（家伝の資料）」のみならず、他の大名家資料の多くで失われた「藩庁の史料（藩政史料）」が例外的に伝来した点にある。本章では、この稀有な藩政史料とともに、第一家老の「松井家文書」（熊本大学附属図書館所蔵）や、惣庄屋の「古閑《こが》家文書」（古閑孝氏所蔵）、会所役人の「井手家文書」（熊本大学附属図書館所蔵）などの史料群を一点ごとに読み解くことで、熊本藩政と地域社会の関係をリアルに復元することに努めたい。

一　熊本藩政の成立と手永・惣庄屋制

細川家による手永・惣庄屋制の実施は、慶長《けいちょう》五年（一六〇〇）の関ヶ原合戦の後に入封した豊前小《ぶぜんこ》倉《くら》時代にまで遡る。元和《げんな》八年（一六二二）の時点で、細川三斎《さんさい》（忠興《ただおき》）の隠居領を除く小倉藩領三六万二〇〇〇石は、一〇郡七二手永八八五か村から構成されていた。一手永あたり平均村数は一二・三、平均石高は約五〇〇〇石であり、前述した十九世紀初めの熊本藩の手永制と比べると、その規模は小さい。しかし、近世初期から手永・惣庄屋制が設定された事実は重要である。なお、以下の記述は、稲葉継陽氏の成果（稲葉二〇一八）を参照した部分が大きい。

元和七年六月二十三日、家督を継承して小倉に入城した細川忠利《ただとし》は、その翌日に提出された領内の郡奉行衆からの上申書で、父忠興の代に弛緩した手永・惣庄屋制の実態を知ることになる。そこで指摘された主な問題点は、①地域の実情にそぐわない各種課税の継続と百姓経営の危機、②給人地支配《きゅうにんち》の制御不足であった。②の給人地とは、大名が家臣に対して宛行った百姓付の土地をさし、宛行われた家臣を給人（知行取《ちぎょうとり》）と呼んだ。給人は、自分が支配する給人地の百姓から上納される年貢諸役で、自家の経済を維持する存在であった。それに対し、大名家自身が年貢等を収取する直轄領を蔵入地《くらいりち》と呼ぶ。給人地支配の制御不足とは、蔵入地に比べて給人地の負担が過重な状況を意味するもので、百姓は給人地の支配となることを忌避していた。近世初期の幕藩領主の課題は、領主集団として百姓集団との契約的関係を構築するため、給人の恣意的な領主権行使を制限することにあったから（朝尾一九八五）、小倉藩領の課題も当時の他藩のそれと共通するものであった。

忠利は、参勤で江戸に滞在中であった元和八年三月四日、国許の惣奉行《そうぶぎょう》たちに指示を下した（写真1、近世初期編四）。注目されるのは四か条目である。給人知行地の支配をめぐって給人と百姓との間で紛争が生じたら、給人の実力行使を抑止させた上で、まずは「惣庄屋」（手永）がその解決にあたるように。惣庄屋による解決が困難な場合は「郡奉行《こおりぶぎょう》」（郡）の案件とし、それでも難しければ、「奉行所」（惣奉行）、さらに「年寄共」（家老衆）の扱いとするように。百姓の行為の善悪にかかわらず、給人の実力行使だけは絶対に避けるよう、家臣団に厳密に周知させよ。以上のように忠利は厳命している。給人の百姓に対する私的権力行使の抑制のため、まず惣庄屋に問題解決を当たらせようとする

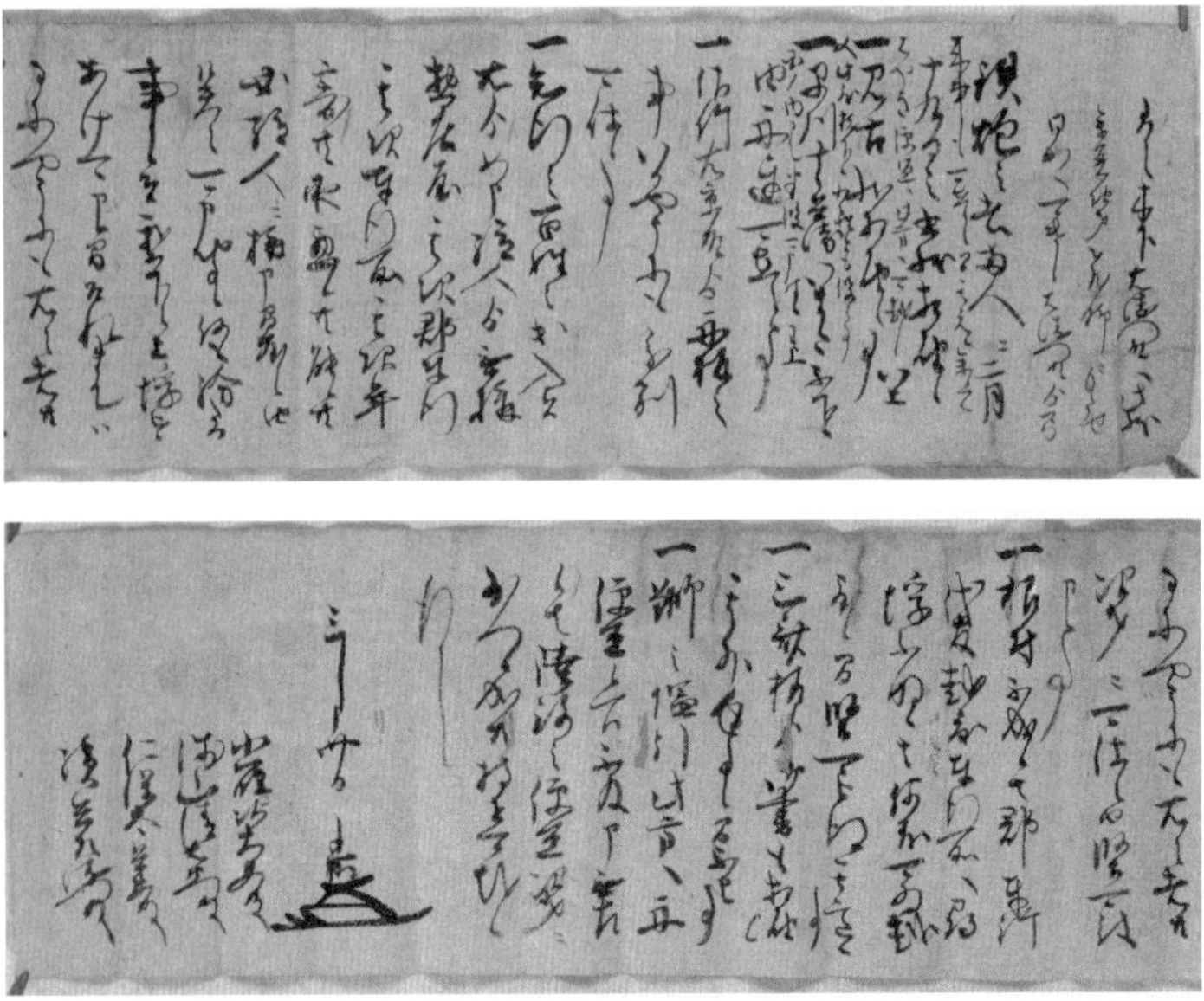

写真１　細川忠利達書（近世初期編４）

忠利の意図がうかがえる。

それでは、①の問題に忠利はどのように対処したのか。これに対しても忠利は無理な課税の中止を命じているが、より深刻だったのが課税の基礎資料となる検地の不正であった。元和十年正月十五日、忠利は領内各手永の惣庄屋から、元和九年分の年貢・小物成《こものなり》の納入や走百姓《はしりびゃくしょう》の有無等の実績を、手永ごとにまとめた「指出《さしだし》」（報告書）を提出させた（近世初期編二九～三三）。忠利は、これに郡奉行などの意見をふまえて惣庄屋の業績評価を行っている。

そのうち、宇佐《うさ》郡の報告書で興味深いのは、働きぶりが良好と判断された惣庄屋が増給される一方、低い評価が下された者（高並又右衛門尉《たかなみまたえもんじょう》・山本少左衛門尉《やまもとしょうざえもんじょう》）は、即刻籠屋《ろうや》に拘禁された事実である（近世初期編三四)。とくに高並の手永の村々からは、以前より検地の不正が目安箱に訴えられており、それをきっかけに彼の不正が露見したものとみられる。その後、高並は、領主と百姓が御蔵納の暫定年貢率(「土免《どめん》」)を決定するという象徴的な日(同年四月一日)に処刑され、その息子たちも成敗された(近世初期編三八)。当時の惣庄屋は、高並のような戦国期以来の在地有力者(小領主)が務めることが多かったのだが、忠利は彼らによる私的な地域支配の継続を許さなかったのである。

寛永《かんえい》九年(一六三二)、忠利は加藤家改易後の肥後熊本への国替えを命じられた。忠利は、小倉時代に引き続き肥後でも手永・惣庄屋制の構築をはかるのだが、注目されるのは、新惣庄屋の人選に際し、その候補者の調査を家臣に命じている事実である。国替え決定直後とみられる、沢村大学《さわむらだいがく》・同宇《う》右衛門《えもん》父子の報告書では、水俣《みなまた》村庄屋の吉左衛門尉《きちざえもんじょう》など芦北《あしきた》郡の庄屋九人の履歴が書き上げられている(「芦北郡庄屋之覚」松井家文書)。吉左衛門尉の場合、父親は深水《ふかみ》帯刀《たてわき》という人物で、慶長五年の関ヶ原合戦で西軍に属した島津軍が、東軍方の加藤清正領の芦北郡一帯に侵攻した際、家を取り囲んだ島津家の武士たちを騙して妻子とともに退散し、敵将の新納忠元《にいろただもと》を激怒させたという。また帯刀は、天正《てんしょう》十五年(一五八七)の豊臣秀吉による薩摩攻めの際、その進軍路として大口の道を案内したという。報告書に登場する吉左衛門尉と、田浦《たのうら》村庄屋で「りはつなる者」と評された助兵衛《すけべえ》は、その後惣庄屋に任命された。忠利は、情報を収集しながら新惣庄屋の人選を慎重に進めていたのである。

それでは、新しく任命された惣庄屋は、いかなる活動を展開したのだろうか。細川家は肥後入国直後から、阿蘇《あそ》郡の湿地開発、熊本平野部の灌漑《かんがい》水路開発、海浜部の新田開発といった地域開発事業を

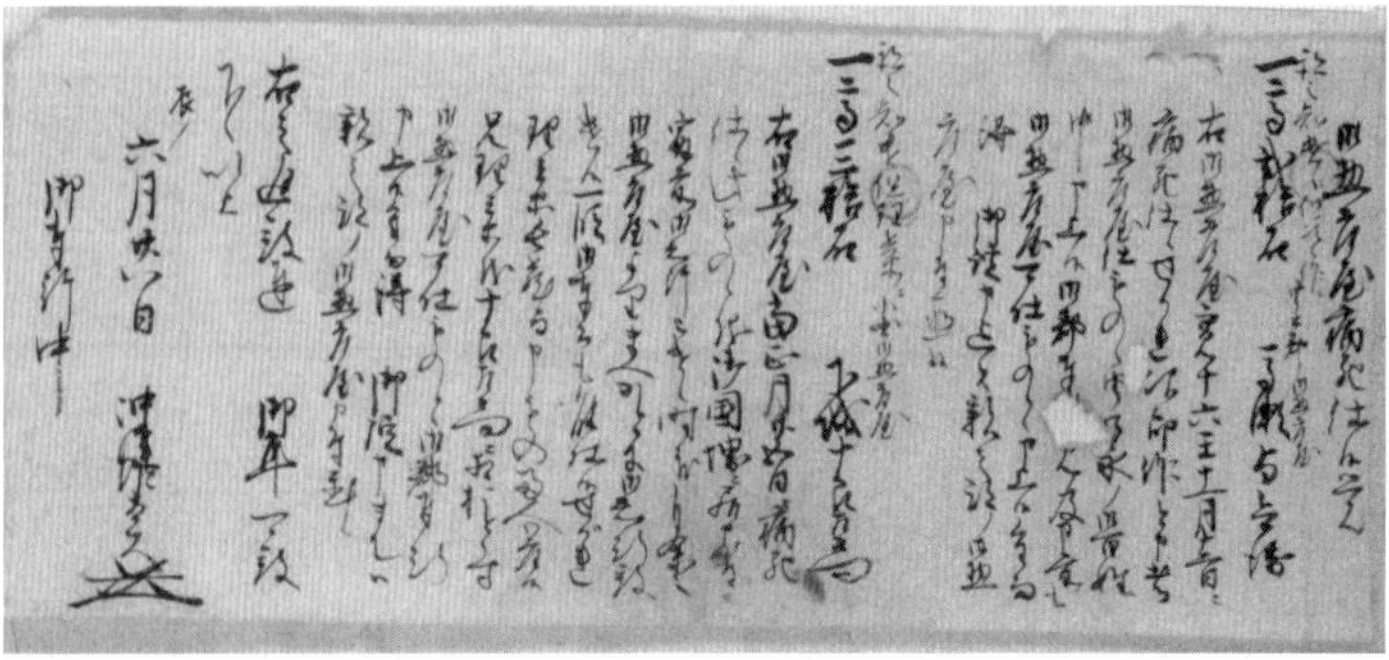

写真２ 「御惣庄屋病死仕候覚」（近世初期編 171）

推進した。寛永十二年正月十六日、阿蘇谷の惣庄屋三人は、阿蘇郡の湿地開発（「むたひらき」）に関して、惣奉行を通じて忠利に伺書を提出した（近世初期編一四六）。伺書では、入植した百姓たちの経営状態を上・中・下に区分し、飯米が欠乏している中・下の三四〇人に、一人あたり一日六合、合計二〇〇石の扶助が必要であるとして、借米を願い出ている。その理由として惣庄屋たちは、中・下の百姓たちは「他所」から入植した者で、阿蘇谷に適した作付方法や耕地の良し悪しに「無案内」であった点を指摘している。惣庄屋たちは、入植百姓の経営状況やその農業技術的背景を具体的に把握した上で、地域開発の担い手として活動していたのである。

　また惣庄屋の任命は、細川家の意向のみで行われるものではなかった。寛永十七年六月二十八日に郡方《こおりかた》（地方行政）担当奉行の沖津《おきつ》作太夫《さくだゆう》は、惣奉行を通じて惣庄屋二名の後任人事案を忠利に上申している（写真2、近世初期編一七一）。そのうち、前年十一月に病死した宇土《うと》郡惣庄屋の馬瀬《うまのせ》与兵衛《よへえ》の跡役では、彼の息子である次郎作《じろさく》が、「手永ノ御百姓中」からの「申上」を理由として推薦されている。肥後入国後における惣庄屋の任命は、地域社会からのボトムアップのもと、手永の百姓たちの信任を前提として行われたのである。

以上をまとめると、細川家は小倉時代から一貫して領内に手永・惣庄屋制を実施した。惣庄屋に期待された機能は、給人の百姓に対する恣意的な権力行使の抑止、百姓経営の持続につながる地域の実態に即した公正な課税、農業生産力の強化をもたらす地域開発事業の実行にあったといえる。手永・惣庄屋制には、藩の公的な地域行政機構としての役割が求められていたのである。

二　近世中期の藩政改革と手永・惣庄屋制

細川忠利は寛永十八年（一六四一）に死去し、続く藩主光尚《みつなお》も慶安《けいあん》二年（一六四九）に死去する。次の藩主綱利《つなとし》はわずか六歳であり、藩政は奉行と家老の合議制で運営された。

承応《じようおう》二年（一六五三）八月、熊本藩領では台風による大規模被害があった。その立て直しが急務であった翌年二月、全郡奉行と全惣庄屋に宛てた申し渡しがあった（「綱利公御家譜二」細川家文書）。郡奉行宛のものによると、第一に蔵入地の年貢率決定権と収納権を各手永の惣庄屋に付与すること、第二に給人地における年貢率決定のあり方を郡奉行が監督・報告し、もし従わない給人がいれば文書で報告するように定めている。前者は、蔵入地の年貢収納を担う代官の職務（蔵入地代官役）を、惣庄屋に兼帯させるものであった。また、惣庄屋宛の申し渡しでは、手永内の給人地の年貢率に不平等が生じた場合、惣庄屋が当該給人の下代《げだい》と交渉して、不正なく処置することが規定されている。これは、長年の課題であった給人による個別領主権の行使、および個別代官支配にともなう問題の克服を、惣庄屋の権限拡大という措置で一挙に推し進めるものであった（稲葉二〇一五）。

この措置自体は、大規模な自然災害後の時限的政策であったとみられる。しかし、惣庄屋が蔵入地代官役を兼帯し、さらに給人地の年貢収納業務自体までを担う事態は、延宝《えんぽう》八年（一六八〇）と正徳《しょうとく》三年（一七一三）の改革により給人の直所務《じきしょむ》が停止されることで（松本二〇〇四）、最終的に実現する。惣庄屋は、蔵入地・給地を問わず、手永全域の代官役を兼帯する存在となったのである。

さて、細川家の肥後入国後、惣庄屋は戦国期以来の在地有力者の家が務めることが多く、その職は世襲される傾向が強かった。しかし、十八世紀半ばの宝暦改革を契機に、従来の在地有力者の免職が進むと、代わって惣庄屋は在御《ざいご》家《け》人《にん》（いわゆる金納郷士）や一般百姓から新規採用されるようになる（吉村二〇一三）。

寛延《かんえん》三年（一七五〇）八月、藩主細川重賢は家老たちに対して、農村部の秩序が乱れており、惣庄屋以下地方《じかた》役人の働きぶりに問題があると指摘した（「霊感公　御家譜続編　十八」細川家文書）。続いて宝暦《ほうれき》五年（一七五五）、藩政の中枢たる藩庁奉行所の改革が行われ、人事考課担当部局である選挙方《せんきょかた》が新設されると、惣庄屋の人事案件はそこで扱われるようになる。選挙方の記録である「讃談帳」には、宝暦五年八月付で玉名《たまな》郡中富《なかとみ》手永惣庄屋の中富弥次右衛門《やじえもん》の免職を求めた、郡奉行二名からの上申書（「口上之覚《こうじょうのおぼえ》」）が収録されている（写真3、「宝暦五年同六年　讃談帳」細川家文書）。その免職の理

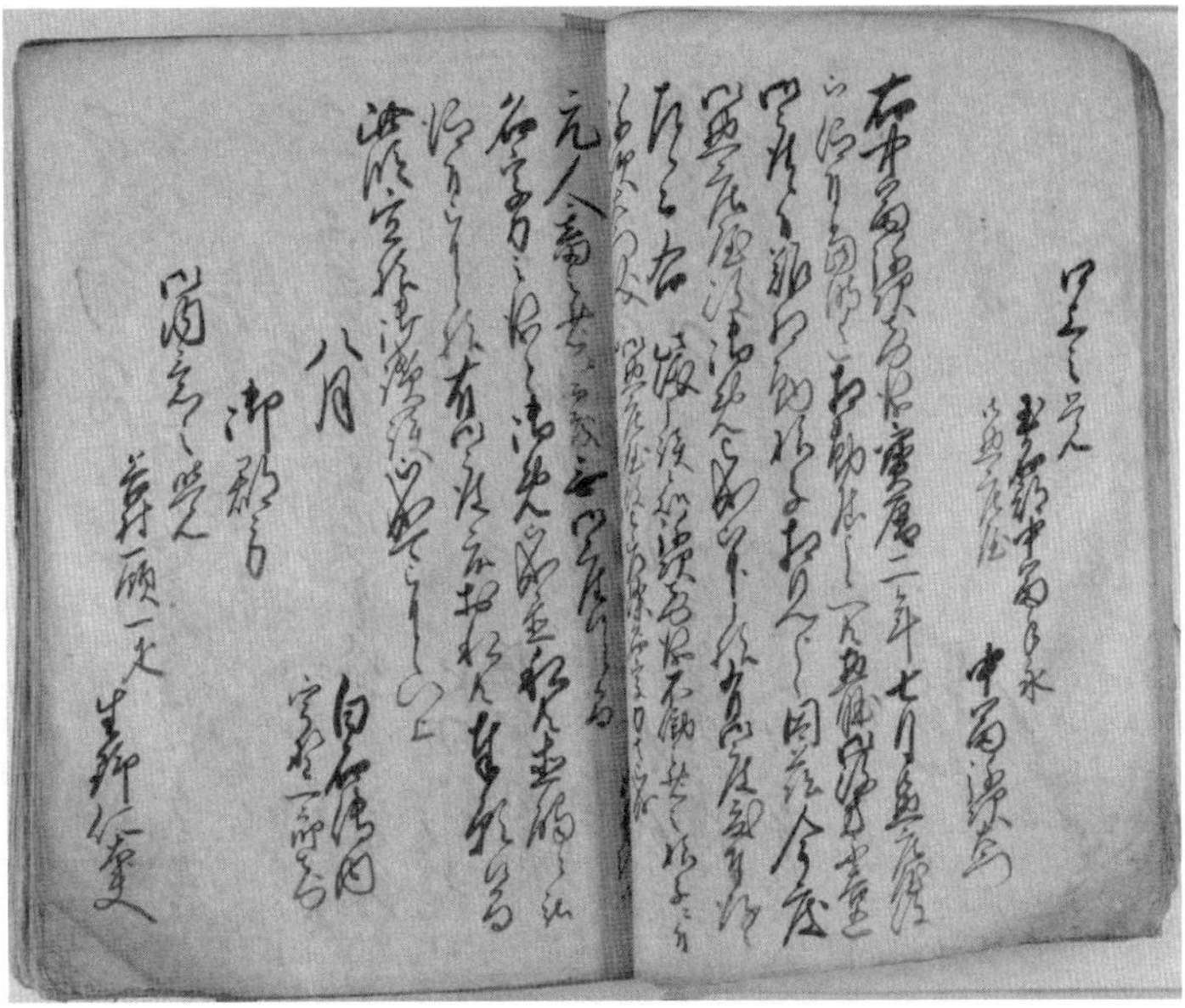

写真３ 「口上之覚」（「宝暦五年同六年 讃談帳」）

由は、弥次右衛門は三年前に採用されたが、職務内容に対する理解が悪く（「不呑込」）、物庄屋の器量ではない、というものであった。物庄屋の任免に際して、特定の家の影響力を考慮する体制から、個人の職務能力を一義的に重視する体制へと変化が生じていたのである。その背景には、物庄屋の性格変化を不可欠とする地域行政の課題があったとみるべきだろう。

宝暦改革が物庄屋制に及ぼしたもう一つの変化は、転勤制の導入である。当該期以降、一部の手永を除いた物庄屋は、最大でも一〇年程度で任地を転勤する存在となった。物庄屋が転勤する範囲は、明治期の記録によると同一の郡内が基本であったとされるが（「旧藩郡政上概略」

渋谷家文書、熊本市歴史文書資料室複写版）、実際には郡をこえて転勤する惣庄屋も存在した。例えば、熊本城下に隣接した飽田《あきた》郡横手《よこて》手永の出身である古閑才蔵《さいぞう》（才右衛門《さいえもん》）は、豊後との国境である阿蘇郡北里《きたざと》手永の惣庄屋に任命され、嘉永元年（一八四八）五月から同五年四月まで当地での転勤生活を送った。選挙方の記録である「町在《まちざい》」は、熊本藩領の町（都市部）と在（農村部）に居住する地域住民の社会的・行政的活動などの功績を評価・褒賞した厖大な行政記録であるが、ここには古閑の北里手永在任時代に関する功績調書が収録されている（「安政元年　町在」細川家文書）。彼は、北里手永の借財処理、新地開発に基づく手永財政の強化、荒廃農村の復興、用水路や道橋の整備などの職務実績が高く評価され、嘉永五年五月、出身地の横手手永に隣接した託摩《たくま》郡本庄《ほんじょう》手永の惣庄屋に転任するとともに、特例的な増給を勝ち取っている。赴任地で多くの職務実績をあげることが、惣庄屋としての栄達につながったのである。

近世後期、惣庄屋の職務実績のなかでとくに重視されたのが水利土木事業である。これは地域社会のニーズを反映した新地開発、農業用水路や道橋の建設などの公共事業を意味する。日本最大級の石橋として知られる通潤橋《つうじゅんきょう》（現熊本県上益城《かみましき》郡山都町）は、阿蘇山麓の白糸台地《しらいとだいち》に通水し、台地の畑地を水田につくり変えるために建設された、総延長四二キロにおよぶ用水路の一部である。この建設事業を主導したのは、幕末期に上益城郡矢部《やべ》手永惣庄屋を務めた布田保之助《ふたやすのすけ》（嶋一葦《しまいちい》）であった。「町在」には、通潤橋など布田が手がけた土木水利事業に関する功績調書（「御内意之覚《ごないいのおぼえ》」）も収録されており、そこには通潤橋（吹上新井手）の工事費用や人夫の数、資金の内訳などが詳細に記載されている（写真4、「明治元年　町在」細川家文書）。

それでは、こうした惣庄屋が主導する公共事業は、どのようなプロセスを経て実行されたのだろうか。藩庁の地方行政担当部局（郡方）の行政記録である「覚帳《おぼえちょう》」には、農村部からの上申事案と藩

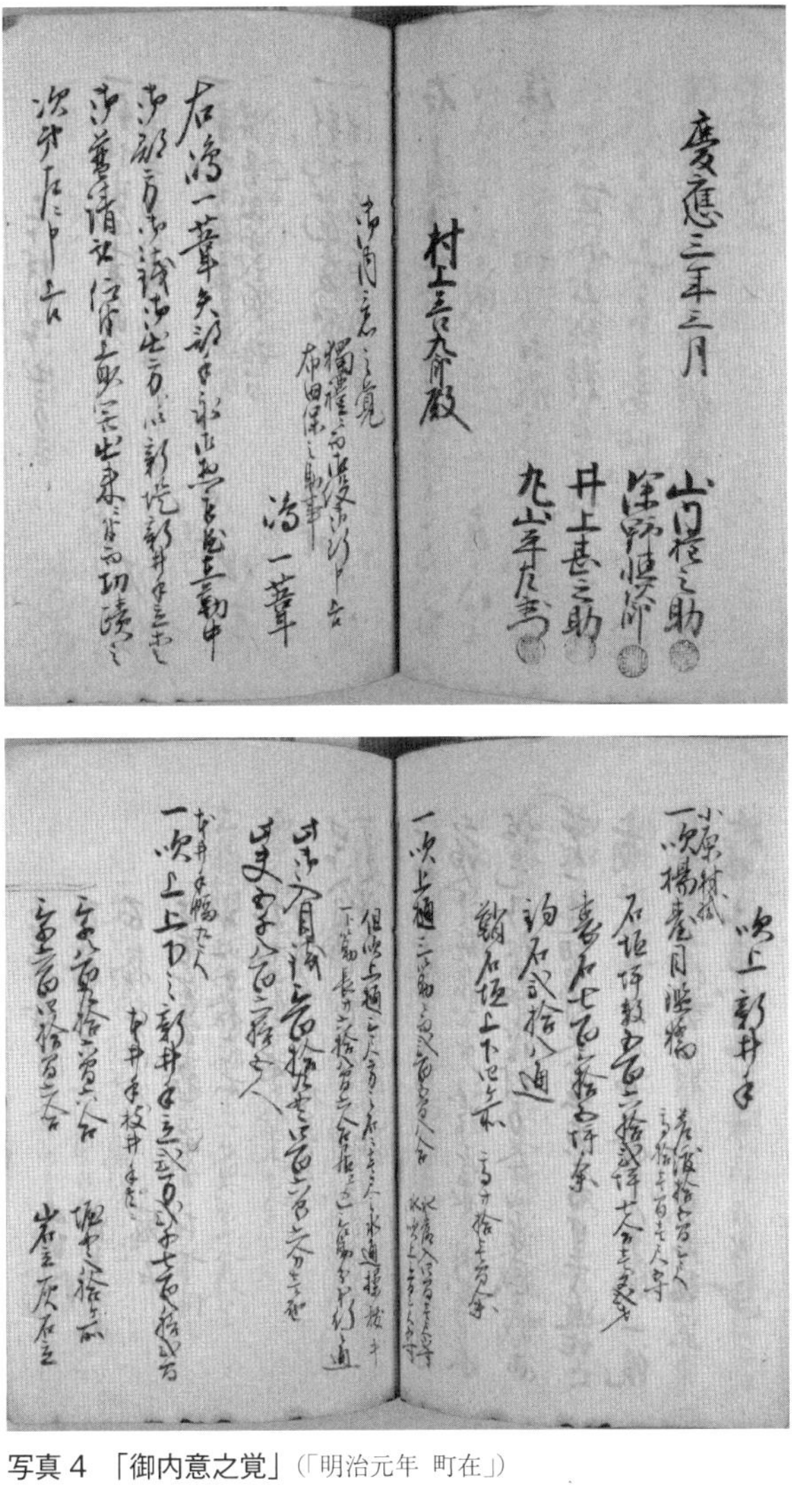

写真4　「御内意之覚」（「明治元年　町在」）

庁による事案の審議・行政処理の過程がまとめられている。寛政末年以降は、上申文書の原本が起案書として扱われており、これに郡方などの審議・決裁部分が加筆され、一括収録されている。以下、寛政《かんせい》四年（一七九二）四月、雲仙岳眉山《うんぜんだけまゆやま》の山体崩壊で引き起こされた津波被害（「島原大変肥後迷惑《しまばらたいへんひごめいわく》」）からの復興事業を事例にみていこう。

「島原大変肥後迷惑」は、熊本藩領の有明海沿岸部に甚大な津波被害をもたらし、宇土半島に位置する宇土郡郡浦《こうのうら》手永は約一二〇〇人の溺死者を出した。とくに同手永の三角浦《みすみうら》村（現熊本県宇城市）と長浜《ながはま》村（現熊本県宇土市）では、津波から二〇年以上を経ても荒廃しており、文化《ぶんか》十一年（一八一四）から本格的な復興事業が取り組まれることになった。「覚帳」には、以後二年間にわたる総数二七点の関係文書が収録されている（「文化十三年　覚帳　壱番」細川家文書）。

「覚帳」によると、基本的に両村の復興事業は、惣庄屋が復興助成の具体的な内容を取りまとめ、それが郡代を介して藩庁の郡方担当奉行に提出され、進められたことがわかる。最終的に奉行が決裁すると、復興事業は藩の公共事業として実行に移された。惣庄屋が要求する復興助成の妥当性を確認すべく、郡方から査察が入ることもあった。写真5は、惣庄屋が現地査察に来た郡方の役人に提出した書付であるが、ここには三角浦村での助成を必要とする百姓の個人名が書き上げられ、その具体的な金額の見積もりが示されている。手永は村の要望をふまえ、具体的な救済対象者の選定にも関与したのである（吉村二〇一三）。

小括すると、十七世紀後半以降、惣庄屋の職務権限は拡大し、十八世紀前半までに手永全域の年貢収納を担う存在となる。さらに十八世紀半ばの宝暦改革を経ると、能力主義に基づく惣庄屋の任免が徹底化され、彼らは一定期間で任地を転勤する存在となった。行政役人としての惣庄屋の栄達は、一義的にその職務実績によるものであり、彼らには地域社会のニーズをくみ取り、それを藩庁との折衝

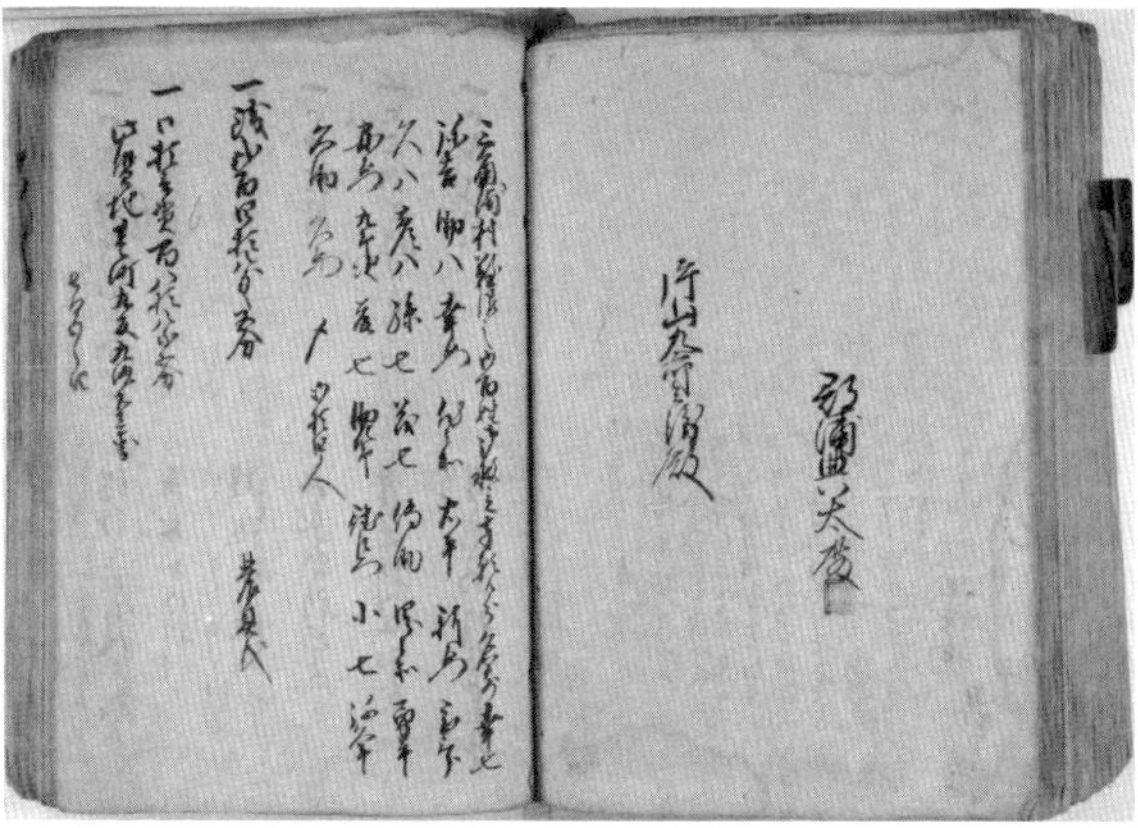

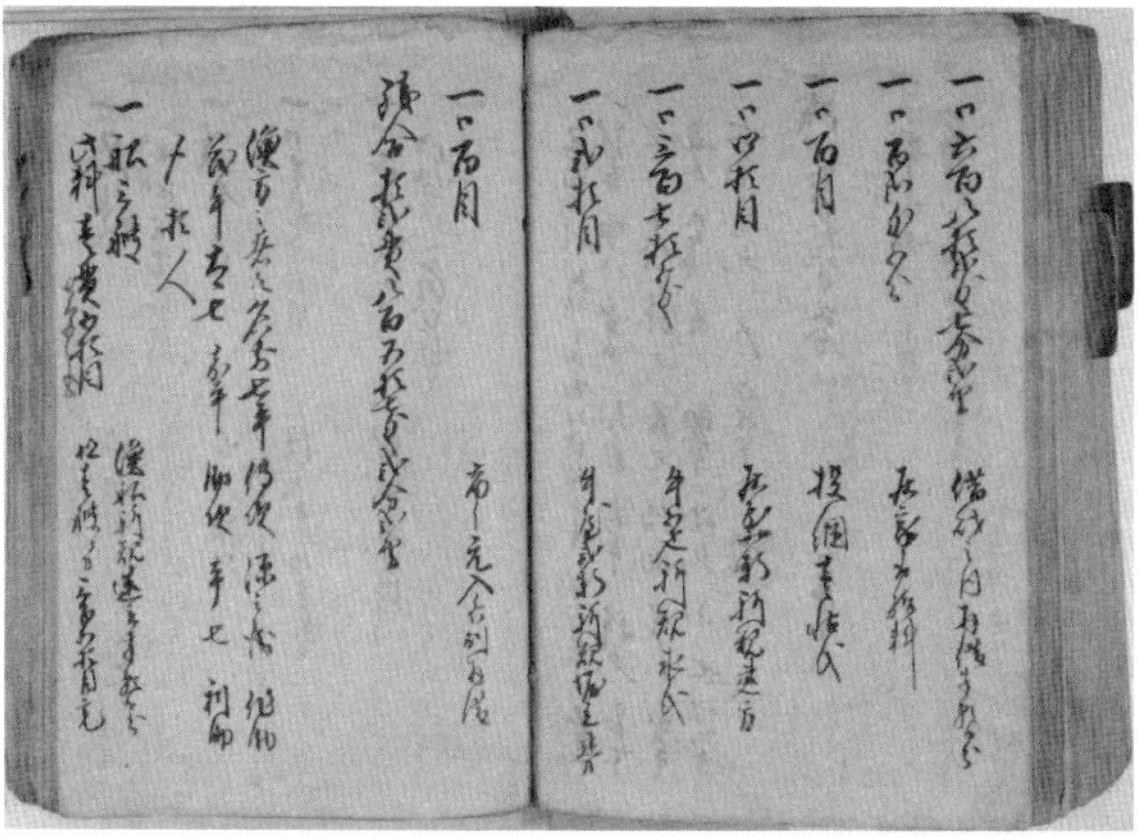

写真5 「文化十三年 覚帳 壱番」

を経て、公共事業化することが強く求められていた。

三　近世後期の手永会所と地域社会

近世の年貢は、検地で確定された石高《こくだか》を課税基準に算出された。土地の生産高から一定額を控除した生産物が石高とされたため、検地上の石高は実収高よりも一般的に低かったとされる（深尾・中村・中林二〇一七）。しかし、課税基礎となる石高は、十七世紀後半以降から幕末までほぼ一定であった。さらに十八世紀後半以降は、全国的に年貢率の上昇もみられなかった（スミス一九九五）。つまり、十八世紀後半以降の幕藩領主の年貢高は基本的に増加することなく、土地と労働の生産性が上昇した場合、その経済的な余剰は民間部門に分配されたとみられる。

年貢率の上昇がなかった主な理由は、十八世紀以降の幕藩領主の多くが、定額の年貢高を設定する年貢制度（定免制《じょうめんせい》）を実施したことによる。江戸幕府は十八世紀前半の享保改革で定免制を導入している。定免制の実施とともに、幕藩領主は河川や堤防などの社会資本の維持管理業務を、本章で取り上げてきた大庄屋や組合村・手永などに委任し、その費用は地域側の負担で賄われるようになった（深尾・中村・中林二〇一七）。

熊本藩が定免制を導入したのは享和《きょうわ》三年（一八〇三）である。その導入が幕府や諸藩に比べて遅れた理由には、十八世紀段階で定免制を二度試みたものの、その度に地域社会の反対を受けて失敗したという事情があった。熊本藩の定免制は「請免制《うけめん》」と呼ばれ、定額年貢高を請け負う単位は村ではなく、広域的な手永に設定された。請免制の導入には、大坂米市場《おおさかこめいちば》での商品価値が極めて高かった「肥《ひ》後米《ごまい》」(熊本藩の年貢米)を安定的に確保したいという、大坂商人の意向も反映されていた(今村二〇一一)。

請免制は、手永に数千石規模の年貢高の安定的な確保を義務付けるものであり、熊本藩は惣庄屋たちと粘り強く交渉を重ね、最終的に実現までこぎつけた。注目されるのは、交渉のなかで領内の惣庄屋全員が、請免制の受け入れ条件として手永の行財政機能や「自治」の強化に関する要求を出し、それを藩に認めさせた点である。とくに、請免制の実施期間における藩役人(武士)の農村出張(出《しゅつ》在《ざい》)の中止、同じく農村部の祭礼への出張中止を認めさせている点は非常に興味深い(写真6、「請免ニ付上ヶ米等請書」熊本大学永青文庫研究センター所蔵文書)。惣庄屋たちは、藩役人の直接的な関与がなくとも、非領主身分による力量で「自治」が実現できるのだと宣言したのである。

請免制の実施後、各手永は多額の年貢高を毎年確保し続けるため、藩の公認のもと自らの財政強化を進めた。後述する手永会所には、蔵入地・給人地の別なく一律に徴収された手永・村の行政経費(会所幷村出米銭《かいしょならびむらしゅつまいせん》)の残余のほか、請免制とともに備蓄が認められた質屋《しちや》・造酒屋《つくりざかや》の運上銭、富裕層からの献金(寸志《すんし》)、手永の事業に基づく新規開拓地からの収入が蓄積された。それらは手永の管理財源として、文政年間には「会所官銭《かいしょかんせん》」と呼ばれるようになる。会所官銭は、前述した通潤橋などの土木水利事業や、荒廃農村の復興や貧民救済などにひろく運用された(今村二〇一九)。

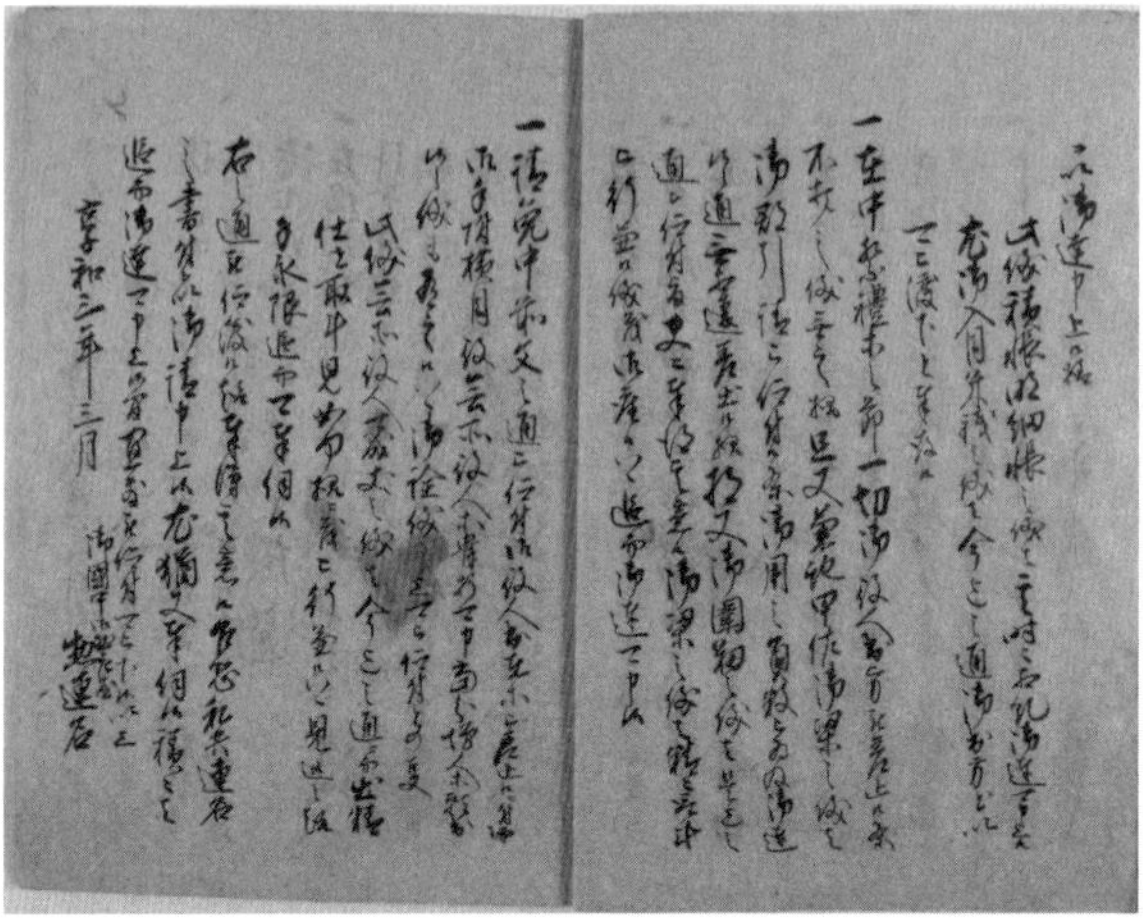

写真6　「請免ニ付上ヶ米等請書」（熊本大学永青文庫研究センター所蔵）

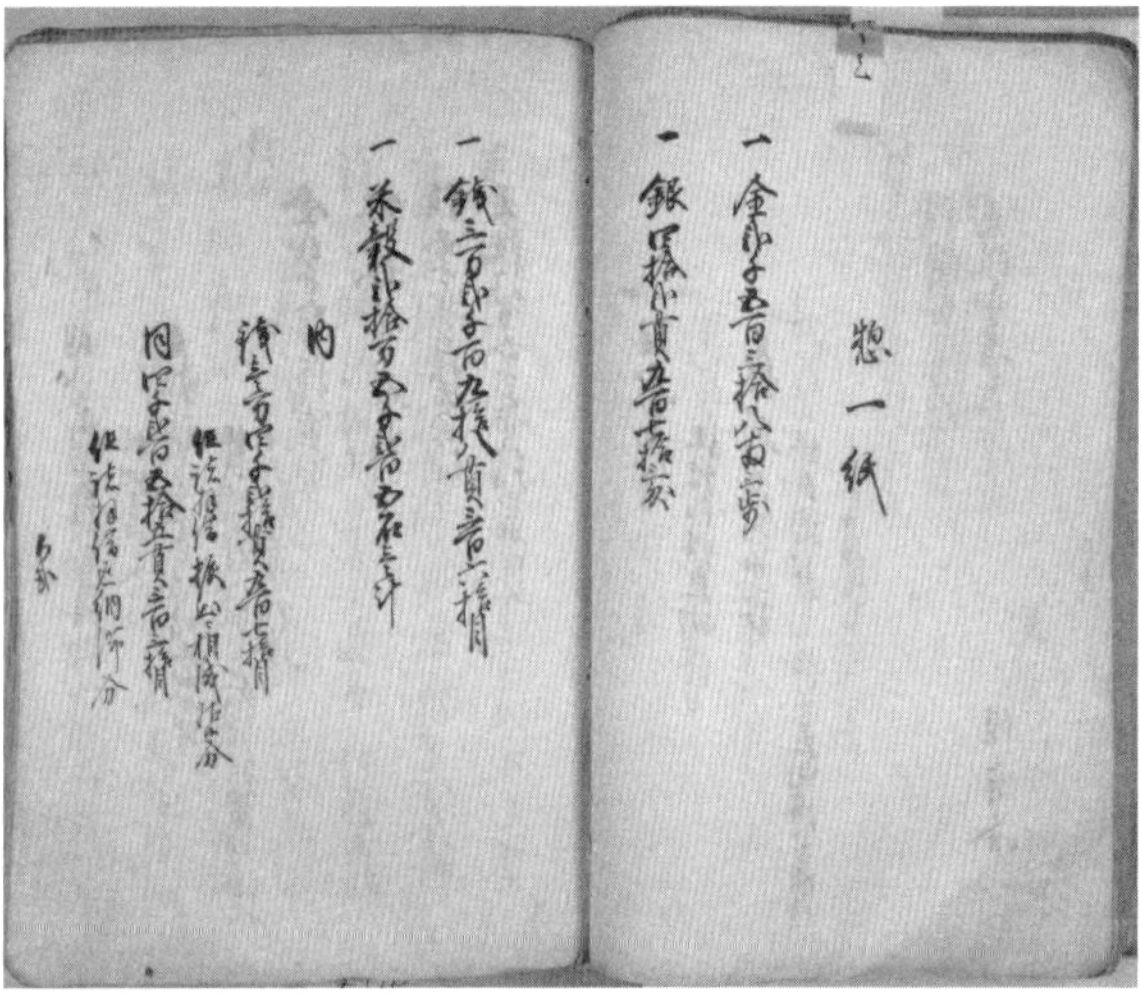

写真7　「諸御郡会所々々諸官銭臨時改帳」（「天保十四年 覚帳」）

天保《てんぽう》十四年（一八四三）、藩庁郡方の役人たちは、領内各手永の会所官銭の運用状況に関する調査結果を報告した（「諸御郡会所々々諸官銭臨時改帳」）。各手永で会所官銭の取り扱いに混乱がみられたため、それを是正するのが調査の目的であった。その結果、判明した領内の会所官銭総額（「惣一紙」）は、金二五〇〇両余、銀四〇貫余、銭（藩札）三万二〇〇〇貫余、米穀二〇万五〇〇〇石余である（写真7、「天保十四年　覚帳」細川家文書）。これを当時の米価で換算すると約五〇万石、運用に回されていない現有分だけでも約一三万石となる。当該期における熊本藩領の農業・非農業生産物の総額は約一九八万石に達しており、請免制の実施後に大きな経済成長が起こったことが確認されているが（深尾・中村・中林二〇一七）、それとともに手永の財政も急速に成長していたのである。

請免制の実施後、財政とともに手永の行政機能も大きく拡大した。惣庄屋の執務機関である手永会所は、近世初期は惣庄屋の自宅内に設けられたものとみられる。しかし、在地有力者の家による世襲の否定や、転勤惣庄屋制の導入がなされると、手永会所は惣庄屋の自宅から分離し、独立した役所として新設された。手永会所は、地域社会の経済的拠点である「在町《ざいまち》」（藩から制限付きで商業を許可された小都市集落）に置かれることが多かった。

手永会所には、会所詰の専任職員として、百姓出身の手代《てだい》・下代・小頭《こがしら》などの会所役人が勤務した。会所役人の総員は、十八世紀半ばの時点で五名程度という手永もあったが（松﨑二〇一三）、藩政改革や請免制を経て手永が担う社会的役割が拡大すると、その人員も急速に増加した。嘉永七年時点の託摩郡本庄手永の会所では、手代以下二二名の会所役人が存在したことが確認できる（「嘉永七年　本庄会所役人中分職帳」古閑家文書）。彼らの給与は、前述した手永の行政経費から支出された。

注目されるのは、会所役人の業務内容である。会所役人ごとの担当業務を記した「会所分職帳」によると、嘉永七年の本庄会所の場合、手代などの幹部役人クラスで二〇〜三〇程度、小頭などの中堅役人クラスで一〇～二〇程度の業務数を担当していた（前掲「嘉永七年 本庄会所役人中分職帳」）。その業務内容は、徴税、勧農、土地管理、道橋や用水などの普請、山林管理、水防対策などの河川管理、刑政、荒廃農村対策、貧民救済、住民管理、役人の人事管理、消防など多岐に及んでいる。注目されるのは、地域社会の公共的業務に関わるものが少なくない点である（今村二〇一五）。外廻《そとまわり》小頭の場合、熊本平野を南北に横断する白川《しらかわ》が洪水した際の渡鹿堰《とろくぜき》（現熊本市中央区）の管理、長六橋《ちょうろくばし》（現熊本市中央区）以西の下流域で増水した際の水防業務を担当している（写真8）。地方公共団体による防災業務担当の歴史的起源を物語るものといえよう。

このような多くの公共的業務を担うがゆえに、会所役人たちは常勤でなくてはならなかった。文《ぶん》久《きゅう》四年（一八六四）飽田郡池田《いけだ》手永の会所役人の年間出勤簿によると、年間で総日数の約七割に相当する二五〇日以上に出勤した人物がほとんどである（「文久四年正月 池田会所役人中弁見習出勤日記帳」井手家文書）。最も出勤日数が多い根役《ねやく》の福田《ふくだ》常右衛門《つねえもん》は、じつに三〇二日間も出勤している（写真9）。天保七年の玉名郡の場合、会所役人の休暇日は一ヵ月あたり六日間と明確に規定されていた。当時の会所役人が専業化した存在であったこと、その業務が自家の農業経営の片手間に行えるものではなかったことは明白である。

以上でみたように、十八世紀半ばの藩政改革や十九世紀初めの請免制を経て、手永の行財政機能は大きく拡充した。手永会所では専任常勤職員である会所役人が増員され、地域社会の公共的業務を担うとともに、特別財源である会所官銭が形成された。手永の運営に関して、惣庄屋たちが藩役人の関与を忌避した事実と合わせて考えるならば、彼らは独自の吏員と財源を整備しながら、非領主身分の力量に基づく「自治」を強化したものと評価できる。

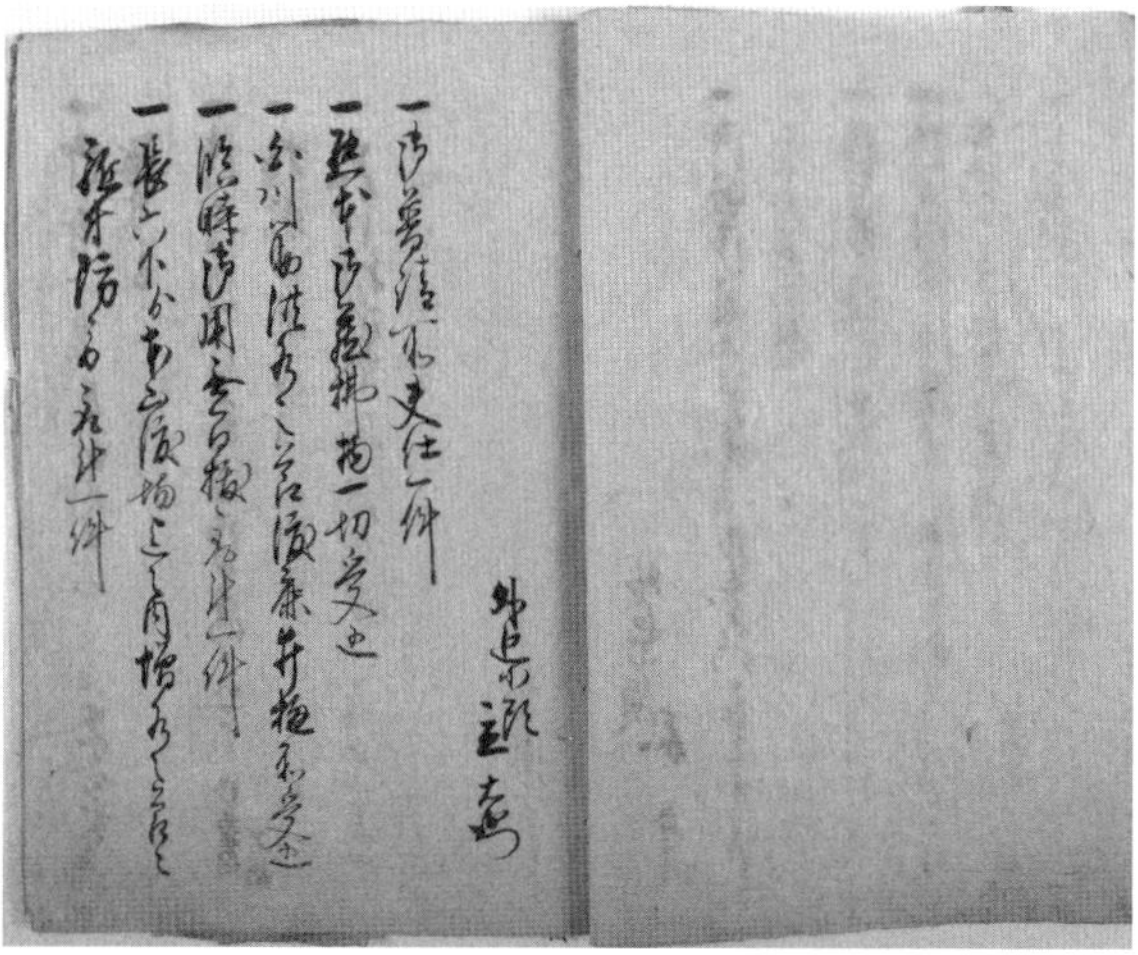
写真８　「嘉永七年 本庄会所役人中分職帳」（古閑孝氏所蔵）

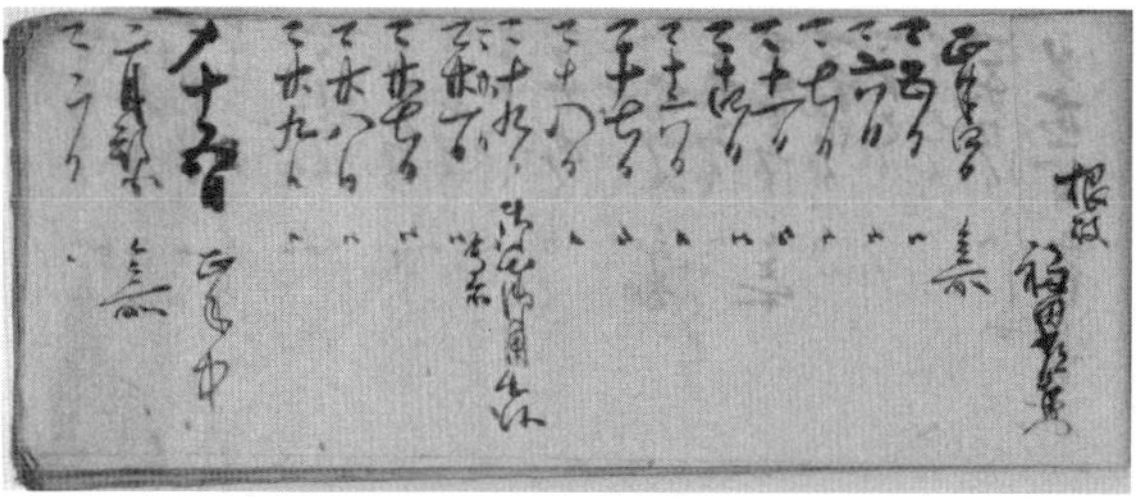
写真９　「文久四年正月 池田会所役人中幷見習出勤日記帳」（熊本大学附属図書館所蔵）

おわりに

本章では、近世全般を通じた熊本藩の手永・惣庄屋制の展開を、駆け足ながら跡づけてきた。最後に、明治維新後の手永・惣庄屋制のゆくえと、それにまつわるエピソードを紹介することで結びにかえたい。

全国的に多くの大庄屋制が廃藩置県を前に廃止されたのと同様に、熊本藩の手永・惣庄屋制は明治三年（一八七〇）に廃止された（池田二〇一三）。惣庄屋や会所役人たちは一斉に解職され、手永会所も解体された。ここに、手永・惣庄屋制は姿を消したかのようにみえた。しかし、「郷」と改称された旧手永の区画は、廃藩置県後も大区小区制などの地方制度の単位に設定され、地方三新法体制では郷備《ごうび》財産連合会という住民自治組織が開設された。また、廃藩置県後の旧熊本藩領における地方議員や地域行政の吏員（戸長《こちょう》など）は、その多くが旧惣庄屋や旧会所役人たちで占められており、「郷備金」と改称された旧会所官銭は、地方三新法体制では郷備財産連合会による管理のもと、小学校の建設費や鉄道・銀行などの事業費のほか、郷内の町村財政の補助に充てられた（今村二〇〇九）。さらに次のエピソードが注目される。

明治二十九年（一八九六）十一月、内務省から諮問を受けた熊本県知事の松平正直《まさなお》は、現行の地方制度に関する意見書を提出した。当時の第二次松方正義《まつかたまさよし》内閣は、明治二十三年に公布された府県制・

郡制の改正を検討課題として、全国の各知事に地方行政上の課題に関する意見を求めていた。松平の意見書は、府県の合併・町村区域の拡大・郡制廃止という三件から構成されるが、注目されるのは郡制廃止に関するものである。松平は、郡を地方自治体とする郡制に対して、次のように熊本藩の地方制度を引用しながら問題点を指摘し、その廃止を主張した（「地方官意見 知事官房」東京都公文書館所蔵）。

現行の地方自治体である府県や町村は、近世から多少の自治的実態をもち、明治維新後は府県会規則や区町村会法のもと自治体としての実績を築いてきた。しかし、維新後から現在に至るまで、郡は純然たる行政区域に過ぎず、自治体としての歴史はない。とりわけ近世の熊本藩は、最も優れた藩政で知られた地方（「最モ藩治ノ美蹟ヲ以テ聞ユル地方」）であったが、その「自治的事業」はもっぱら「郷」（当時は「手永」と称して、現在の二・三ヵ町村から六・七ヵ町村を区域とする）以下が行っていた。「郷」には「総庄屋」（惣庄屋）という責任者を置き、水利・開墾・貯蓄などの諸事業を負担させたが、郡に置かれた役人（郡代）は、「郷」以下の自治事業を監督するにとどまり、郡としての事業は行われなかった。郡を自治体とすることは、維新後の経歴や藩政の制度をみても歴史的実態にそぐわないため、郡制は廃止すべきである。

全国の知事意見のなかでも、松平のそれはとくに重視されたらしく、彼の意見書のみが「地方官意見 知事官房」（前掲）という書類に全文掲載されている。さらに、意見書の提出直後、松平は内務次官に転じ、その後の内務省における郡制廃止論の中心人物となった（飯塚二〇一七）。つまり、郡制廃止という地方制度改革に際し、近世熊本藩の手永・惣庄屋制が大きく参照されているのである。

以上の事実は、熊本藩政が全国的に高い評価を得ていたこと、その内実が手永・惣庄屋制にあり、明治期の地方官にとっても参照すべき地方制度であったことを如実に物語っている。熊本藩の手永・惣庄屋制、ひいては全国的な大庄屋制の存在は、地方自治制形成期の問題として、日本近世史のみならず日本近代史の問題としても深めていく必要がある。

参考文献

朝尾直弘「『公儀』と幕藩領主制」(『朝尾直弘著作集 第三巻』岩波書店、二〇〇四年。初出は一九八五年)

飯塚一幸『明治期の地方制度と名望家』(吉川弘文館、二〇一七年)

池田勇太『維新変革と儒教的理想的主義』(山川出版社、二〇一三年)

磯田道史「藩政改革の伝播―熊本藩宝暦改革と水戸藩寛政改革―」(『日本研究』四〇、国際日本文化研究センター、二〇〇九年)

稲葉継陽「熊本藩政の成立と地域社会―初期手永地域社会論―」(吉村豊雄・三澤純・稲葉継陽編『熊本藩の地域社会と行政―近代社会形成の起点―』思文閣出版、二〇〇九年)

同「一七世紀における藩政の成立と特質―藩政改革の歴史的前提―」(稲葉継陽・今村直樹編『日本近世の領国地域社会―熊本藩政の成立・改革・展開―』吉川弘文館、二〇一五年)

同　　　『細川忠利―ポスト戦国世代の国づくり―』（吉川弘文館、二〇一八年）
今村直樹「明治二〇年代旧熊本藩領における『民属金下戻運動』の歴史的意義」（『明治維新史研究』五、二〇〇九年）
同　　　「近世後期藩領国の行財政システムと地域社会の『成立』―熊本藩を事例に―」（『歴史学研究』八八五、二〇一一年）
同　　　「近世後期の手永会所と地域社会―領国地域行政機構論―」（前掲稲葉・今村編『日本近世の領国地域社会』、二〇一五年）
同　　　「近世中後期の地域財政と地域運営財源―熊本藩を事例に―」（『永青文庫研究』二、熊本大学永青文庫研究センター、二〇一九年）
笠谷和比古『武家政治の源流と展開―近世武家社会研究論考―』（清文堂、二〇一一年）
苅部　直『「維新革命」への道―「文明」を求めた十九世紀日本―』（新潮選書、二〇一七年）
熊本県総務部地方課編『熊本県市町村合併史（改訂版）』（一九九五年）
熊本大学文学部附属永青文庫研究センター編『永青文庫叢書　細川家文書　近世初期編』（吉川弘文館、二〇一二年。史料引用には「近世初期編」と記して収録番号を付した）
志村　洋「大庄屋と組合村」（『岩波講座　日本歴史　第一四巻　近世五』岩波書店、二〇一五年）
白石太良「近世郷域と明治地方行政領域との空間的整合関係」（『人文地理』二八―六、一九七六年）
トマス・C・スミス著／大島真理夫訳『日本社会史における伝統と創造―工業化の内在的諸要因 1750-1920年―』（ミネルヴァ書房、一九九五年）

深尾京司・中村尚史・中林真幸編『岩波講座　日本経済の歴史　第二巻　近世』（岩波書店、二〇一七年）
松﨑範子「十九世紀の宿場町を拠点とする地域運営システム―熊本藩の藩庁文書、「覚帳」・「町在」をもとに―」（森正人・稲葉継陽編『細川家の歴史資料と書籍―永青文庫資料論―』吉川弘文館、二〇一三年）
松本寿三郎『近世の領主支配と村落』（清文堂、二〇〇四年）
山澄　元『近世村落の歴史地理』（柳原書店、一九八二年）
吉村豊雄『日本近世の行政と地域社会』（校倉書房、二〇一三年）

7

細川家歴代当主の甲冑と明治維新

今村直樹

はじめに

本章は、近世の熊本城で保管されていた細川家歴代当主の甲冑《かっちゅう》類が、明治維新という大変革を経て、どのような変遷をたどったのかを明らかにするものである。この作業を通じて、廃藩置県直後の知られざる細川家と旧家臣との関係に光をあててみたい。

日本近世の城は、将軍や大名たちの政庁や居住空間であるとともに、城主たる彼らの軍事拠点としての性格を有していた。そのため近世の城には、兵糧・鉄炮・玉薬・武具などの厖大な軍事物資が備えられていた。しかし、明治二年（一八六九）六月の版籍奉還《はんせきほうかん》で、近世大名による領地の「私有」（封建制）が否定され、郡県制のもと旧大名たちが天皇から地方官（知藩事）に任命されると、城郭は「封建遺制」と見なされるようになり、その取り壊しなどが全国的に進められた（森山一九七〇）。

さらに、明治四年七月の廃藩置県で「藩」自体が解体されると、知藩事《ちはんじ》だった旧大名やその家族、加えて旧家臣たちも城からの退去を余儀なくされた。城郭の所管も明治政府のものとなり、やがて軍事拠点として利用価値があるとみなされた城郭以外は「廃城」扱いとなった。つまり、明治維新とは近世の城郭や大名家の存立条件に大きな変更を迫るものであった。本章では、とくに近世の城で保管されていた大名家の武具に注目することで、城郭や大名家にとっての「維新」の意味を考えてみたい。

本研究の起点は、二〇一六年四月の熊本地震後に展開された被災歴史資料レスキュー活動にある。二〇一七年四月、熊本被災史料レスキューネットワーク（熊本史料ネット）が旧細川家家臣である大《お》矢野家《やのけ》の甲冑（写真1、大矢野種康氏所蔵）を救出したところ、それに「宣紀公」「一番」と書かれた木札が付いていた。この木札について、熊本史料ネット代表の稲葉継陽氏が細川家文書を調査したところ、廃藩置県直後の明治五年四月七日、当時の大矢野家当主の次郎八《じろはち》が、肥後細川家六代当主である宣紀《のぶのり》の一番具足を預かったとする証書が見つかった（写真2）。

そして、この発見を受けた筆者が細川家文書を精査した結果、細川家歴代当主の甲冑類に関する旧家臣たちの預かり証書は、大矢野家の事例を含めて二〇三通存在し、その多くが廃藩置県の直後に集中したことが判明した。つまり、廃藩後、多くの甲冑類が細川家から旧家臣に預けられたのである。近世城郭と明治維新との関係を論じた従来の専門研究でも、細川家のような事例は初見である。また、廃藩置県直後の旧大名と旧家臣の関係を扱った研究自体、史料的制約もあり非常に限られている。

なぜ、当時の細川家はこのような行動をとったのだろうか。また、甲冑類を預けられた旧家臣の反

写真１　細川宣紀所用甲冑（大矢野種康氏所蔵、画像は九州国立博物館提供）

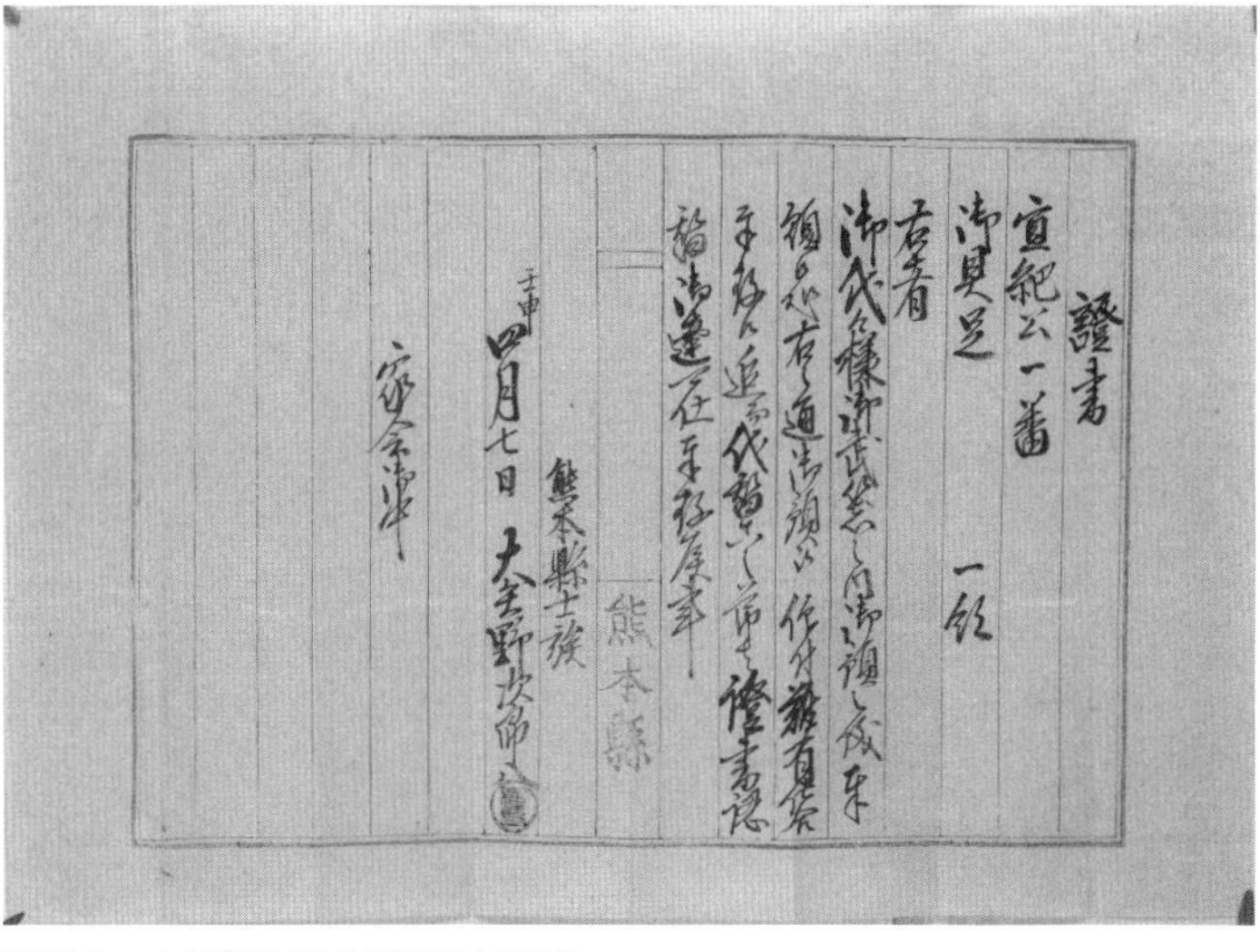

證書
宣紀公一番
御具足　一領
右者
熊本縣
壬申
四月七日　熊本縣士族
大矢野次郎八

写真２　大矢野次郎八の預かり証書

応はいかなるものだったのか。本章では、細川家歴代当主の甲冑が経験した近現代史を明らかにしながら、廃藩置県直後の細川家と旧家臣たちの関係に迫っていきたい。

一　近世の細川家歴代当主甲冑と熊本城

(1)　細川家当主甲冑の管理と熊本城

近世の城に備えられていた軍事物資は、城主の私有物と、城付の公有物に大別できる。前者が城主の裁量で処分されるものであったのに対し、後者は城自体に付属する武具・道具や兵糧であり、城主が変わっても継承される、近世の城の重要な要素であった（佐藤二〇一四）。

熊本城でも、近世初期の細川忠利《ただとし》の時代から、銀子、米、塩、鉄炮・鎧《よろい》・甲冑・刀・脇差・鞘《さや》・鑓《やり》・弓矢・石火矢《いしびや》などの武具、鉦《かね》・太鼓、幕、薬草など、じつに多様な物品が天守に常備されていた。武具類は手入れがなされ、甲冑には定期的に「かざはめ」（風通し）が行われた。宝暦《ほうれき》十四年（一七六四）、城内の見分にあたった時習館《じしゅうかん》兵法指南役の森本儀太夫《もりもとぎだゆう》によれば、当時の熊本城天守には、加藤《かとう》清正《きよまさ》による朝鮮出兵の際に使用された亀甲車、大鍵・締金・矢込などの忍びの道具など、加藤家時代の武具類が保管されていた（後藤二〇一七）。これらは加藤家改易の後、そのまま放置されたものと見られるが、城付の武具と見なされたため、新城主の細川家に継承された可能性もある。

近世中期の宝暦改革《ほうれきかいかく》以降、熊本城内の武具類の管理を担ったのは、城内方《じょうないかた》（掛）という藩政部局であった。その服務規程（「条目」）をみると、城郭の修理や兵器の修補を怠らず、兵器の数を正確に把握すること、鉄炮や玉薬などの軍用品の補充に努めることが職務内容とされている（熊本藩役職編七一一〇）。天保《てんぽう》六年（一八三五）時点での城内方は、合計一二五名の役人を抱え、天守方《てんしゆかた》・本丸座敷《ほんまるざしき》方《かた》・塩硝拵方《えんしょうこしらえかた》という三つの組織から構成されていた。武具類の管理に携わったのは、最大の役人数（一〇一名）を誇った天守方である。天守方支配頭（二名）や同根取（三名）たちを責任者として、具足支配役（三名）・弓鉄炮支配役（三名）・掃除支配役（四名）・細工人（一七名）などのスタッフがそれを支えた（写真3、「職制」、熊本藩役職編一）。前述した森本儀太夫に城内の武具類の調査を依頼したのも、天守方支配頭たちであった。なお、細川家当主の甲冑類の日常的な管理や修復は、具足支配役や細工人が行っていたものと考えられる。

文化《ぶんか》十年（一八一三）五月、天守方根取たちは、現有の武具数を詳細に調査した「御武具帳」（細川家文書）を作成した。この史料に掲載された武具類を抜粋したものが表1である。肥後細川家の祖とされる十四世紀の細川頼有《よりあり》をはじめ、同家二代当主の三斎《さんさい》（忠興《ただおき》）から当時の当主である斉樹《なりたつ》まで、歴代当主の多くの武具が天守方で保管されていたことがわかる。武具の種類も、具足や冑のほか、烏帽子・頭巾・鉢巻、陣羽織・股引、鞍《くら》・鐙《あぶみ》などの馬具も存在するなど、非常に多岐にわたる。

歴代当主のなかで、最も多くの武具類が残されているのが三代当主の妙解院《みょうげいん》（忠利）であり、その具足数は二二領と突出している。もっとも、「御代不知」のものも散見され、長年の保管で、その来歴が混乱している様子も見てとれる。「御武具帳」の調査自体、以前に「具足方」（具足支配役か）が管理する道具類を調査した結果、従来の記録分と比べてその多くに過不足がみられたため、改めて実施されたものであった。来歴を含んだ武具類の正確な管理は、近世の熊本城で大きな課題となっていたことがうかがえる。

このように近世中後期の熊本城では、天守方のもとで歴代当主の甲冑を含む多くの武具が保管されていた。次に、こうした状況に大きな変化が生じた明治維新期の動向を見ていこう。

(2) 熊本城と明治維新

幕末の京都政局で熊本藩は、主に朝廷と幕府の融和による国内政治体制の安定をめざした政治活動

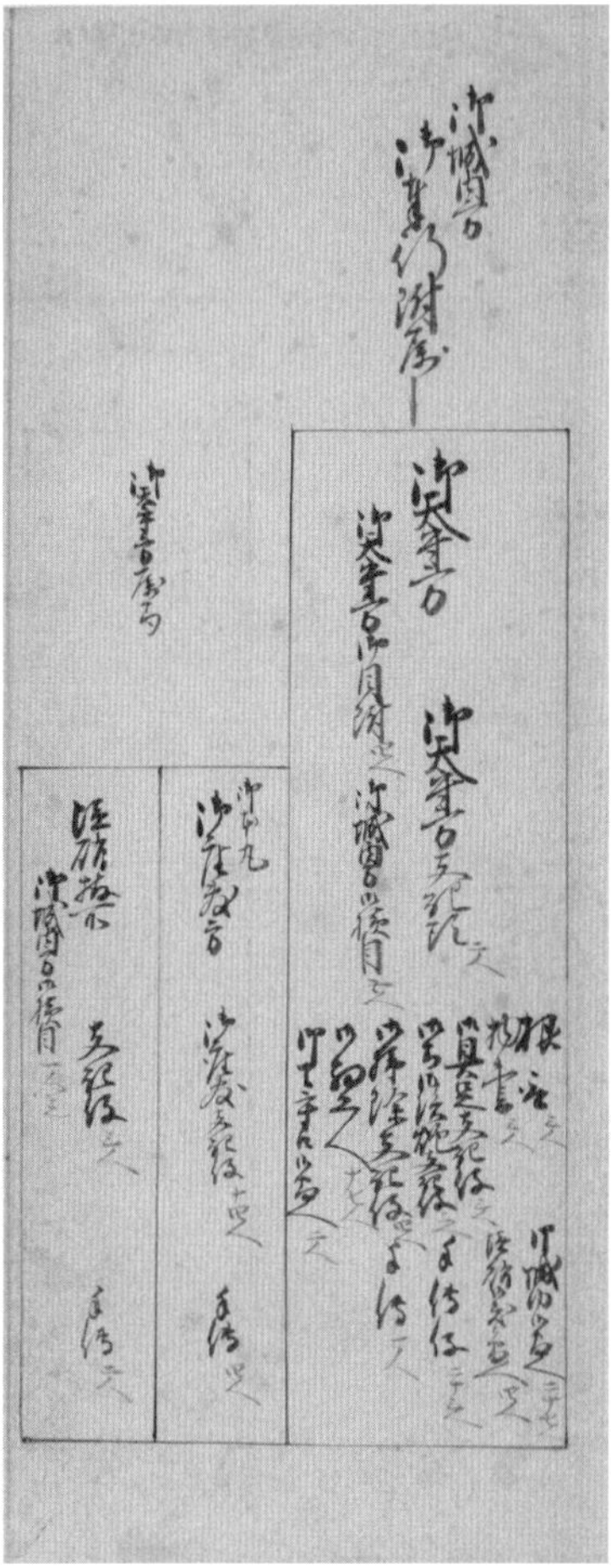

写真3 城内方の組織図（「職制」熊本藩役職編1）

を展開した。しかし、慶応三年（一八六七）十月の大政奉還、および同十二月の王政復古による新政府の成立は、親幕府的な熊本藩の立ち位置を微妙なものとさせた。続く戊辰《ぼしん》戦争でも、熊本藩はその親幕府的な行動を新政府の関係者から強く警戒され、戦争後には外国人や政府要人への襲撃を繰り返す攘夷《じょうい》論者との関係を疑われるなど、その政治的立場は悪化していった。こうした状況を打開するため、明治三年（一八七〇）五月、韶邦《よしくに》に代わって護久《もりひさ》が知藩事に就任すると、弟の護美《もりよし》や横井小楠《しょうなん》の思想的系譜をひく実学党関係者が中心となり、大規模な藩政改革が実施された。いわゆる明治三年改革である。

三年改革をめぐる研究では、約九万石に及んだ大減税政策と並んで、熊本城の廃棄計画が大きな注目を集めている（三澤二〇〇三）。これは、同年九月に藩知事の護久が、「戦国之余物」である熊本城を廃棄し、「辺土ノ旧習」を「一洗」することを新政府に願い出たものである（『改訂肥後藩国事史料巻十』）。領主支配の象徴たる近世城郭の廃棄は、当該期の多くの藩で試みられており（森山一九七〇）、それは封建制から郡県制への移行をめざした新政府の方針と合致するものであった（なお、結果的に熊本城の廃棄計画は実現しなかった）。護久の申請が許可されると、藩は熊本城の廃棄を前提として、身分や男女に関係なく明治三年中は「御城拝見」を許可する、つまり熊本城を一般開放する旨を領内に通達した（写真4、「明治三年 郡政改革一巻」阿蘇郡小国町教育委員会所蔵文書）。これを受けて、領内各地から多くの見物人が熊本城に殺到した。

その一人である玉名《たまな》郡内田《うちだ》郷江田《えた》村の五野《ごの》栄八《えいはち》は、十二月十八日に天守に登った際の詳細を日記に

表1　天守方が保管した細川家歴代当主の甲冑類（文化10年）

種　類	数　量	内　　　訳
具足	53領	頼有1領、三斎（忠興）1領、妙解院（忠利）22領、真源院（光尚）9領、妙応院（綱利）5領、霊雲院（宣紀）2領、隆徳院（宗孝）4領、霊感院（重賢）3領、大詢院（治年）4領、恵雲院（与一郎、綱利子息）1領、浄観院（紀休、宣紀子息）1領
腹巻具足	1領	妙解院（忠利）1領
冑	15頭	三斎（忠興）作1頭、妙解院（忠利）9頭、妙応院（綱利）4頭、隆徳院（宗孝）1頭
畳具足	9領	妙解院（忠利）6領、真源院（光尚）3領
着込	11	妙解院（忠利）5ツ、真源院（光尚）1ツ、御代不知5ツ
烏帽子	4頭	妙解院（忠利）4頭
差物幣頭	1ツ	妙解院（忠利）1ツ
烏帽子請	1ツ	妙解院（忠利）1ツ
頭巾	14	妙解院（忠利）10ツ、真源院（光尚）3ツ、恵雲院（与一郎、綱利子息）1ツ
陣笠	4ツ	妙解院（忠利）2ツ、真源院（光尚）2ツ
鉢巻	24筋	妙解院（忠利）20筋、真源院（光尚）4筋
陣羽織	18	三斎（忠興）1ツ、妙解院（忠利）3ツ、真源院（光尚）5ツ、妙応院（綱利）7ツ、隆徳院（宗孝）1ツ、恵雲院（与一郎、綱利子息）1ツ
下召	38	妙解院（忠利）4ツ、真源院（光尚）6ツ、妙応院（綱利）9ツ、隆徳院（宗孝）9ツ、霊感院（重賢）3ツ、恵雲院（与一郎、綱利子息）5ツ、御代不知2ツ
蓑	8ツ	妙解院（忠利）7ツ、霊感院（重賢）1ツ
三尺手拭	1筋	妙応院（綱利）1筋
上帯	7筋	妙応院（綱利）1筋、隆徳院（宗孝）1筋、恵雲院（与一郎、綱利子息）2筋、御代不知3筋

小袴	6具	妙応院（綱利）2具、隆徳院（宗孝）3具、恵雲院（与一郎、綱利子息）1具
股引	12足	妙解院（忠利）10足、隆徳院（宗孝）2足
半股引	6足	妙応院（綱利）6足
脚半	12具	妙解院（忠利）5具、妙応院（綱利）5具、隆徳院（宗孝）2具
足袋	8足	妙解院（忠利）4足、隆徳院（宗孝）4足
鞍	2脊	三斎（忠興）1脊、御代不知1脊
鐙	2足	三斎（忠興）1足、御代不知1足
袖楯	7通	妙解院（忠利）7通
弁当	2組	妙解院（忠利）2組
籏	13流	頼有3流、妙解院（忠利）10流
昇	279張	妙解院（忠利）59張、妙応院（綱利）179張、霊雲院（宣紀）8張、霊感院（重賢）33張
馬幟	30張	妙解院（忠利）13張、真源院（光尚）8張、妙応院（綱利）2張、霊雲院（宣紀）1張、霊感院（重賢）2張、大詢院（治年）2張、御代不知2張
馬幟	5張	少将（斉兹）3張、当代（斉樹）2張
小馬幟	38通	妙解院（忠利）8通、真源院（光尚）20通、妙応院（綱利）1通、霊雲院（宣紀）2通、霊感院（重賢）2通、大詢院（治年）1通、御代不知4通
小馬幟	3通	少将（斉兹）1通、当代（斉樹）2通

出典：「御武具帳」より作成。但し、円居以下は省略した。

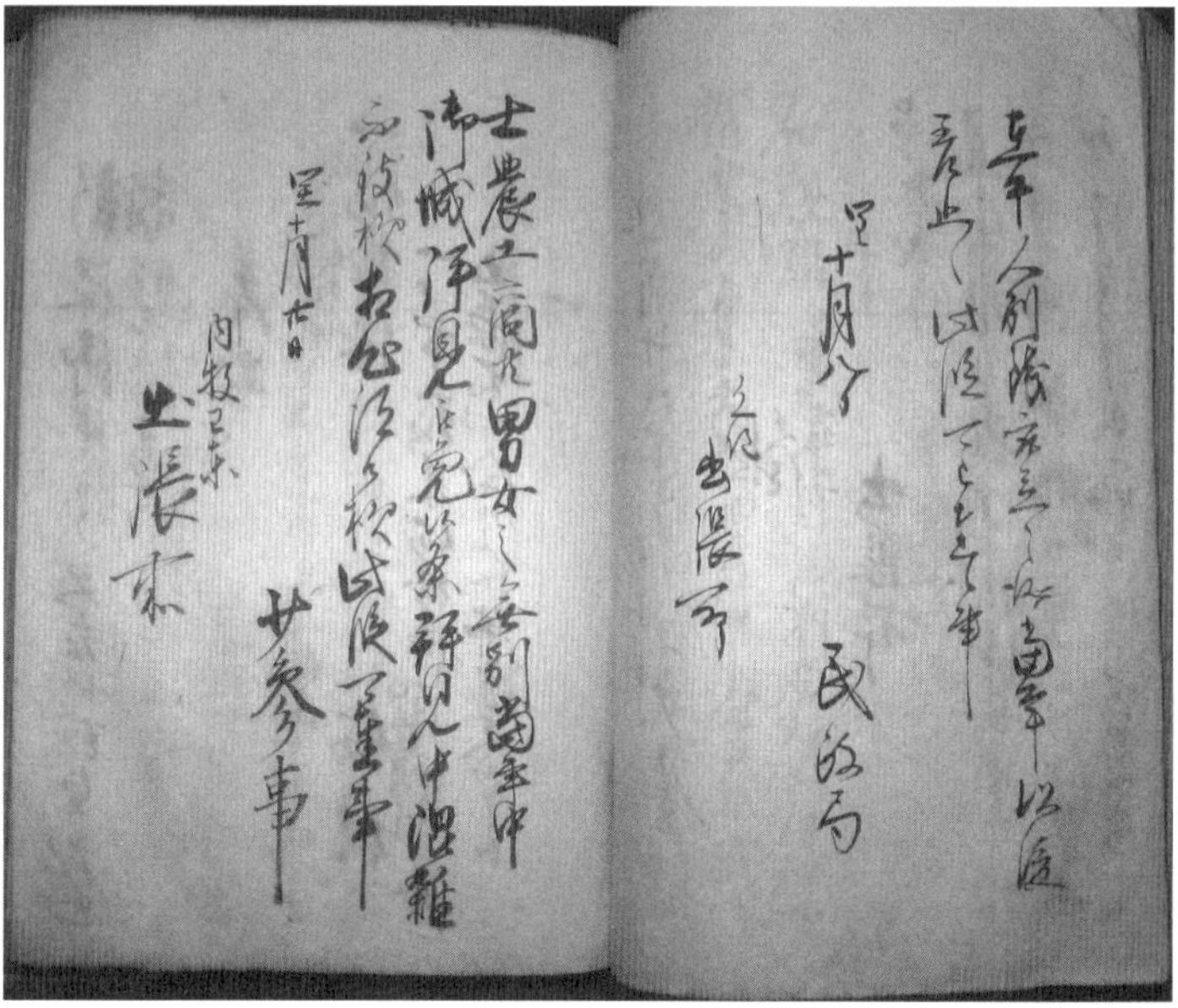

写真４　熊本城一般開放の通達（「明治三年　郡政改革一巻」阿蘇郡小国町教育委員会所蔵）

書き留めている（「五野保萬日記」『菊水町史　資料編』）。それによると、見物客による混雑に苦労しながら「二ノ城」（小天守）に登った五野は、保管されていた「大砲・小銃・大弓・半弓等、兜・鎧イ・長刀・鑓リ・陣太鼓」という武具類を目にしている。これらは、前述の「御武具帳」に掲載された武具類と多く一致することから、天守方が管理した歴代当主の所用甲冑も含まれていた可能性が高い。

さて、明治四年七月十四日、薩摩・長州のごく少数の政府要人により秘密裏に準備されてきた廃藩置県が、突如断行された。ここに熊本藩は廃止され、代わって熊本県が新設された。廃藩置県に対する旧細川家家臣の反応を示す史料は少ないが、八月三日に廃藩の一報に接した上田休《やすみ》（久兵衛《きゅうべえ》、旧知行二〇〇石）は、「大変茫然夢の如し」とその日記に記し、知人と涙を呑んでいる（鈴木一九二八）。

廃藩置県およびその直後に決定された鎮西鎮台《ちんぜいちんだい》の設置は、県（藩）庁および細川家当主の邸宅に変化をもたらした。廃藩当時、藩庁と細川家当主の邸宅は花畑《はなばた》にあり、前者はそのまま県庁に移行した。しかし、十月に鎮西鎮台の屯営に現県庁をあてることが決定すると、花畑にあった県庁は、熊本城二の丸の有吉立愛（旧熊本藩家老）の旧邸に移転した。十二月には、細川家の邸宅も二の丸に移った。さらに細川邸は、明治五年十一月に同家の菩提寺であった妙解寺《みょうげじ》跡に移転している（北岡邸。『増補細川氏系譜便覧』）。

また、鎮台の設置で熊本城内にあった旧家臣たちの邸宅も変わる。明治四年十二月十二日の熊本県達では、現熊本城二の丸広場一帯に相当する「元学校幷松井・米田・溝口・沼田屋敷跡一円」が鎮台の用地となったため、以後の通行を停止する旨が達せられている（「明治四年 御布告筋扣 西里」阿蘇郡小国町教育委員会所蔵文書）。「元学校」とは藩校時習館、「松井・米田・溝口・沼田」とはいずれも熊本藩の上級家臣であるが、それらの建物は既に解体されていたのである。廃藩後、旧細川家家臣たちは時代の大きな変化を感じたに違いない。

以上をふまえて、次節では廃藩置県以降、細川家から甲冑類が旧家臣に預けられる過程や、預けられた甲冑や旧家臣たちの性格について、具体的に見ていこう。

二　廃藩置県後の細川家当主甲冑と旧家臣

(1)　旧家臣による甲冑の預かり願い

廃藩置県および鎮西鎮台による熊本城の接収にともなって問題化したのは、城内で従来保管されていた武具類や書類などの処遇であった。とくに歴代当主の甲冑類は細川家の私有物であり、鎮台に熊本城を引き渡す以上、そこから引き上げる必要があった。廃藩後の細川家にとって、従来の保管場所を失った甲冑類の管理が、喫緊の課題となったのである。

こうした状況下で旧家臣のなかには、甲冑類の拝領や預かりを願う者たちが続出した。当時の細川家に提出された預かり願いの数は、確認されるだけでも一〇〇通以上に及ぶ。後に細川宣紀の甲冑を預かることになる前述の大矢野次郎八は、明治五年正月に「口上之覚」と題した預かり願い（写真5、細川家文書）を提出している。それによると、先祖が妙解院（忠利）に召し抱えられた大矢野は、歴代当主の「御武器」が片づけられることを「御布告」で知ったため、「冥加」のために「御先代御三方様」の具足一領を預かりたいと願い出ている。「御布告」の具体的な内容は不明であるが、他には甲冑類の保管場所が失われるために、その拝領を願い出た旧家臣の存在も確認できる。つまり、細川家の甲冑類が処分の危機に瀕していると認識した旧家臣たちが、その保管や確保をはかるべく願書を提出したのである。

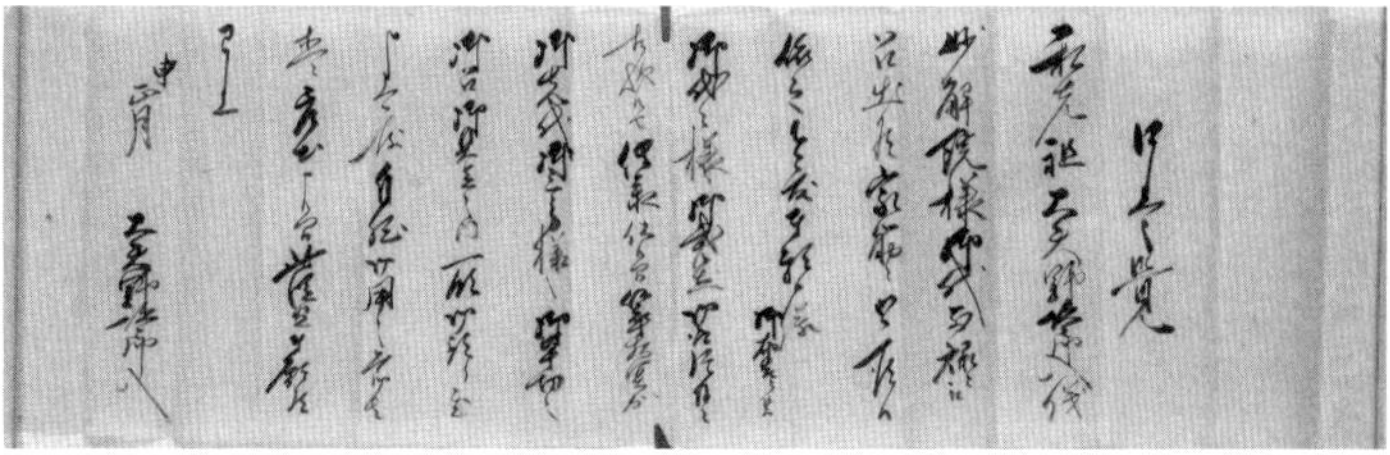

写真５　「口上之覚」

こうした願書を受けて、明治五年三月以降、歴代当主の甲冑類は細川家から旧家臣に預けられていく。細川家文書によると、旧家臣による預かりは、同年四月と十一月、翌六年に集中している。甲冑類の保管場所を失った細川家と、御家の「宝物」を預かる名誉を得た旧家臣の利害が一致したものとみるべきだろう。

(2)　甲冑はいかにして預けられたか

それでは、甲冑類はどのように預けられたのだろうか。また旧家臣たちの反応はいかなるものだったのか。以下、その様子がうかがえる三名の事例をみていこう。

松井新次《しんじ》郎《ろう》(盈之《みつゆき》)は、熊本藩第一家老松井家の当主である。松井家は十七世紀半ばから八代《やつしろ》城代を務め、細川家中最大の知行取(三万石)であった。新次郎自身、前述の明治三年改革が行われるまで藩の大参事《だいさんじ》職を務めている。松井家の日記によると、明治五年三月二十七日、彼は熊本詰の細川家家令である鬼塚源馬から、四月二日に宮内邸《みやうちてい》で「武器類」を引き渡す旨を通知されている(写真6、「明治五年　日記」松井家文書)。宮内邸とは、幕末期に細川護久・護美兄弟の住居として熊本城二の丸に建てられた、細川家の邸宅である。なお、預けられた細川忠利所用の具足一領を確認したところ、佩楯《はいだて》と臑当《すねあて》が不足していたので、松井家が鬼塚に問い合わせたところ、預かり証書に不足の旨を書き加えるようにとの返答であった。実際、四月七日付で松井新次郎が家令宛に提出した証書には、佩楯と臑当の不足が明記されている（写真7、細川家文書）。また、松井家は忠利の所用品という点に疑問をもったが（「存外之御品柄ニ而、御召と申候処ニハ、此之疑惑仕候得共」）、鬼塚側は忠利の「御実用」にみえると返答している。細川家が説明する甲冑類の来歴に疑問を抱く旧家臣も存在したのである。

次に、池辺吉十郎《いけべきちじゅうろう》（旧知行二〇〇石）の事例である。彼は、明治初年に藩の小参事《しょうさんじ》職を務めるとともに、明治十年の西南戦争の際、西郷隆盛を首領とする薩摩軍に呼応し、旧細川家家臣から構成される熊本隊を率いて参戦したことで知られる。彼は、明治五年正月付で「御代々様御武器」の預かりを希望する願書（「覚」）を提出している（細川家文書）。願いは認められ、その日記によると同年四月二十四日、彼は旧家臣である「岩佐家」に甲冑類を受け取りに行き、合わせて家令宛に預かり証書を提出している（「明治五年壬申日記」池辺家文書、熊本県立図書館所蔵）。甲冑類が預けられた場所は、前述した細川家の宮内邸や、拠点となる旧家臣の邸宅であった。

松井・池辺の事例からは、甲冑類を預かった旧家臣側の感想はうかがえない。それがわかるのが、前述した上田休の事例である。上田は、幕末期に京都留守居《るすい》として朝廷と幕府の融和に尽力し、当時の関白や老中から厚い信頼を得た人物であった（宮地二〇〇二）。彼自身が預かった訳ではないが、その日記の明治五年四月二十五日条には、知人が預かった細川綱利《つなとし》（肥後細川家五代当主）の甲冑類を目にしたと記している。彼は、「子孫たる者また是か。我、細川氏の臣、嗚呼忘れることなきのみ」と感激し、「細川家家臣」としてのアイデンティティを再確認している（鈴木一九二八）。

旧主家の甲冑類を預かることで、上田の事例のように旧家臣たちが名誉に感じ、深く感激したこと

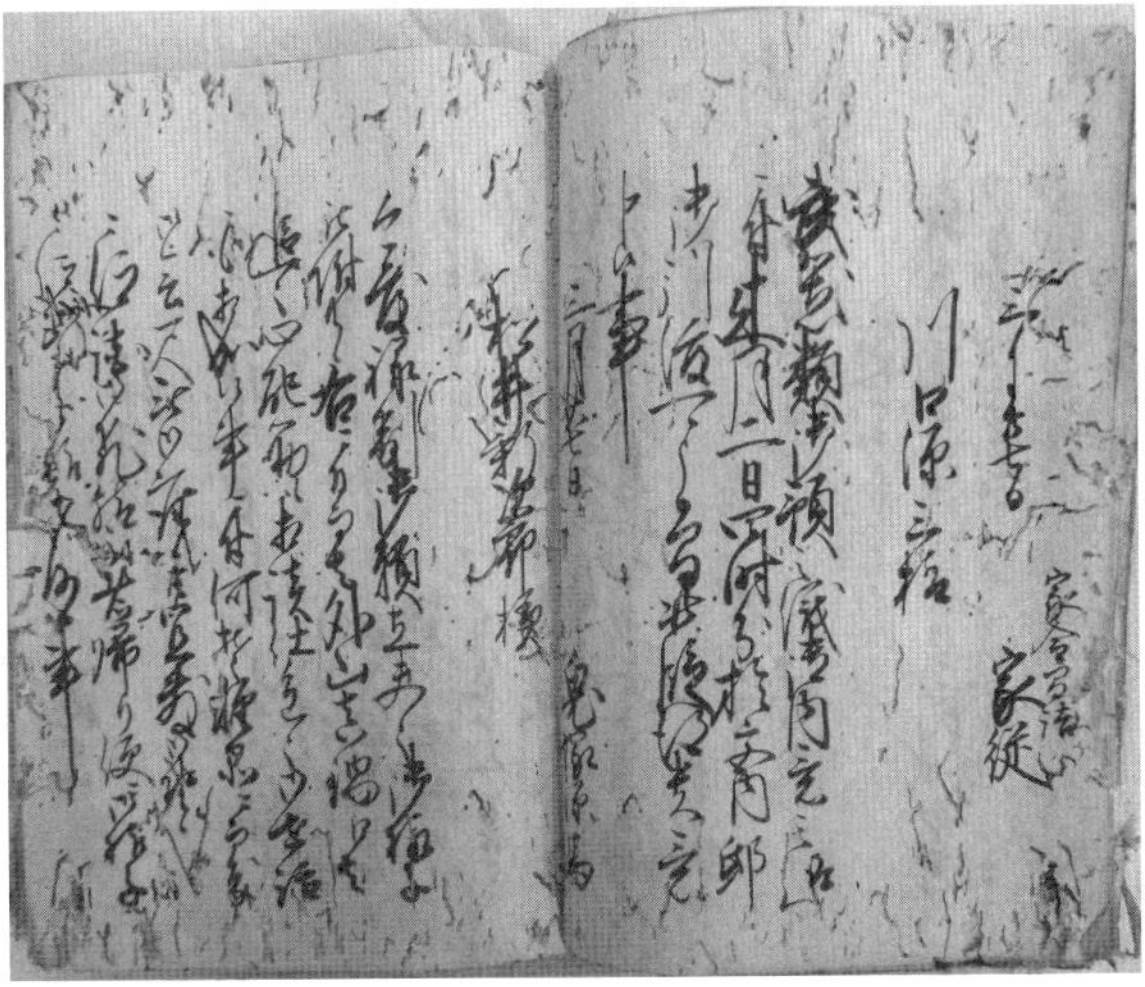

写真６「明治五年　日記」（熊本大学附属図書館所蔵）

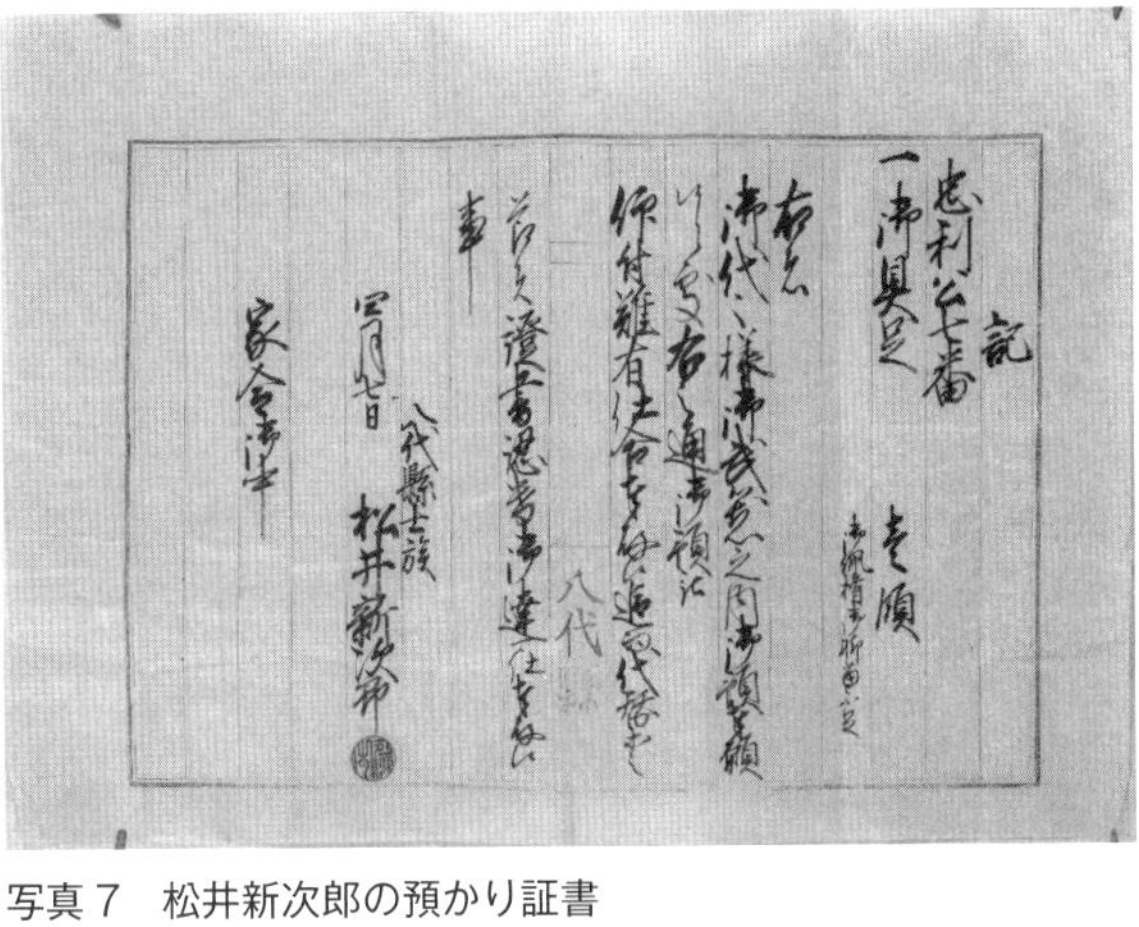

写真７　松井新次郎の預かり証書

は間違いない。また、細川家にとっても、甲冑類の保管問題を解決でき、廃藩後も旧家臣たちとの紐帯を維持する上で、それは有意義な行為であったのである。

(3) どのような人びとに預けられたか

細川家文書には、旧家臣から細川家の家令宛に提出された甲冑類の預かり証書が二〇三通存在する。複数の証書を提出した人物もいるため、預かった旧家臣は一九八人となる。もっとも、甲冑類を預かった旧家臣には、細川家文書に証書が現存しない人物も散見されることから、預かった人びとの総数は二〇〇人を越えることが確実である。以下、細川家文書の預かり証書をもとに、預けられた甲冑類と、預かった旧家臣たちの性格を明らかにしよう。なお、預かり証書二〇三通の詳細に関しては、拙稿(今村二〇一八)を参照されたい。

旧家臣たちに預けられた甲冑類は、肥後細川家二代当主の忠興から、廃藩時の知藩事であった一四代の護久まで、主に歴代当主たちの所用品であった。甲冑類の性格も多岐にわたる。具体的には、冑《かぶと》・鎧・小具足・具足下着、それらの一式である具足、あるいは陣具・馬具・指揮具などである。これらの甲冑類は、前掲の表1とも一致することから、近世中後期の時点では天守方の管理下にあったことが明らかである。

近世の武士の性格は、その俸禄面から、知行取・蔵米(切米)取・扶持取などに区分できる。もちろん、最も格式が高いのが知行取である。預かり証書をみると、知行取を中心としつつ、切米取・扶持取だった下級家臣も甲冑を預かっている。数は少ないが、献金によって武士的待遇を獲得したとみられる旧在御家人（いわゆる金納郷士）も存在する。階層として最も多いのが、知行一〇〇～三〇〇石レベルの旧知行取である。前述した松井新次郎のような上級家臣も預かっているが、その中心は池辺や上田などに象徴される中級家臣であった。

さて、幕末維新期の熊本藩の政治史は、「学校党」「勤皇党」「実学党」という三党派の対立構造で理解されることが多い。明治三年改革以降、熊本藩政の実権を握っていたのは実学党であり、廃藩置県後である当時の熊本県政も、彼らによる運営が続いていた。しかし、甲冑類を預かった旧家臣をみると、学校党の関係者が多いことがわかる。前述した松井・池辺・上田・大矢野たちがそれであり、他にも田屋誠一郎《たやせいいちろう》（旧知行一〇〇石）や小橋元雄《こばしもとお》（旧擬作一〇〇石）もいる。逆に実学党関係者は、三年改革で権大参事を務めた津田山三郎（旧知行四〇〇石）くらいである。その他、明治九年に神風連《しんぷうれん》の乱を起こした勤皇党の関係者も散見される。甲冑類の預かりでは、学校党の関係者が大きな影響力をもった可能性がある。

以上から、廃藩置県の直後、細川家から旧家臣の二〇〇名以上に甲冑類が預けられたこと、それは中級家臣層を主な対象としていたことが明らかとなった。次節では、その後、預けられた甲冑類が経験した近現代史の一端を見ていくことにしよう。

三　甲冑と旧家臣たちの近現代史

(1)　西南戦争と甲冑・旧家臣

廃藩後、旧家臣たちに預けられた細川家の甲冑類が経験した最大の危機の一つは、明治十年（一八七七）の西南戦争であった。薩摩軍の侵攻に備えた、二月中旬の熊本鎮台による熊本市街地の焦土作戦（いわゆる「射会の清掃」）に始まり、三月上旬から下旬にかけた田原坂の戦い、二月下旬から四月中旬まで五〇日余の長期間に及んだ熊本城攻防戦など、西南戦争は熊本県内各地に大きな戦禍をもたらした。そして、旧細川家家臣たちも政府軍（官軍）・薩摩軍の敵味方に引き裂かれることになった。

甲冑類を預かった旧家臣では、前述の池辺吉十郎を中心に、大矢野次郎八・田屋誠一郎・宮川貞衛（旧知行一〇〇石）などが熊本隊を組織し、薩摩軍に加わった。他方、西南戦争の影響で預かった甲冑類が被災し、その旨を細川家に報告した旧家臣の事例も存在する。例えば、熊本城下の千反畑（現熊本市中央区）に居住していた大塚隆（旧知行一〇〇石）は、預かった細川光尚《みつなお》（肥後細川家四代当主）の具足について、戦災で焼失してしまった旨を明治十年六月二十四日付で細川家に報告している（細川家文書）。千反畑は熊本城攻防戦の舞台であり、戦災でその一帯が焼失していた。

注目されるのは、当主が西南戦争に参戦して自宅を留守にしている間、戦災で預かり品が焼失した事例である。写真8は、北村盛純《もりずみ》隠居である同甚十郎《じんじゅうろう》（旧知行二〇〇石）が細川家に対して提出した、明治十年九月二十三日付の届け出である（細川家文書）。これによると、当主の盛純が忠興（松向公）の甲冑類を預かっていたが、戦争中、盛純本人が「暴徒」に同意して「家出」してしまい、無人の家屋（土蔵）に残された甲冑類が、家財道具ともども戦災で焼失した旨が記されている。実際、北村盛

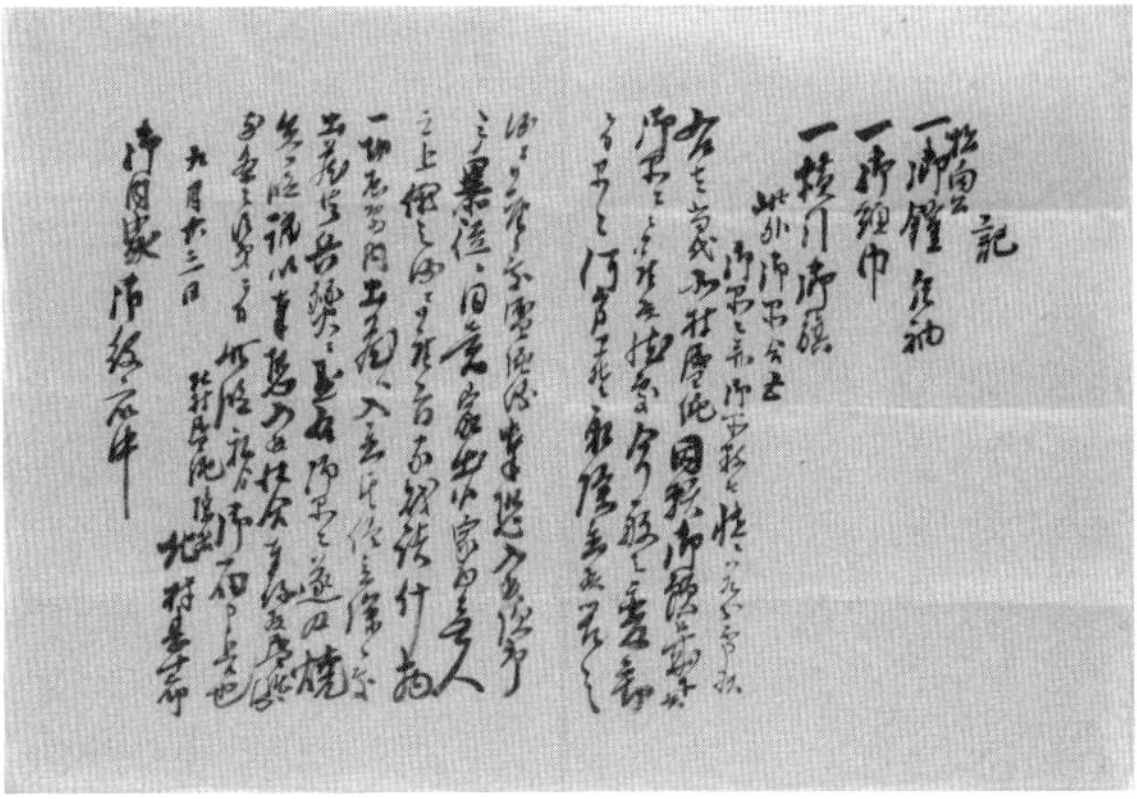

写真８　北村甚十郎の届け出

純は熊本隊に参加し、七月五日に戦死している。しかし、まだ戦死の一報が伝わっていなかったためだろうか、当該史料では盛純は「家出」中とされ、隠居の甚十郎が届け出を行っている。

このように、西南戦争は旧細川家家臣とともに、彼らに預けられた甲冑類にも多大な被害をもたらした。しかし、激しい戦禍のなかで守り抜かれた甲冑類も存在した。最後に、それらの甲冑類をめぐる細川家・旧家臣の動向について、明治十年代を中心にみていこう。

(2) 旧家臣による甲冑の返納

西南戦争は、旧細川家家臣が集住していた熊本城下やその周辺に甚大な戦禍をもたらした。熊本城下（当時は熊本県第一大区）の場合、焼失・破却された家屋の数は、当時

の全戸数の約六五％に及んだ（猪飼一九九四）。これを機に、熊本城下の住居を引き払う旧家臣たちも多かったと考えられる。

他方、引き続き熊本城下などに居住した旧家臣には、戦災で家屋が被害を受け、預かった甲冑類の保管が困難になった人びとがいた。写真9は、知行三〇〇石だった松野素橘（七門）による明治十五年十月二十六日付の届け出である（細川家文書）。彼は以下のように述べる。明治五年に忠利の所用品を預かり、祭日には供えるなど自宅で大切に保管してきた。しかし、西南戦争後は戦災の影響で家屋が手狭になるなど、従来のような保管が困難となった。今回、細川家で所有する武器類の調査が行われると聞き、預かり品の返納を相談したところ、上納するように言われたので、ここに品々を返納する、と。つまり、西南戦争で甲冑類の保管場所の確保が困難となったため、それを細川家に返納することが旧家臣から願い出られているのである。

明治十年代には、松野とは異なる理由で甲冑類の自主返納を願い出る旧家臣もいた。写真10は、清田丹治（旧知行三〇〇石）が明治十二年十月に提出した願書である（細川家文書）。それによると、彼は甲冑類の預かりを願い出た明治四年頃を振り返り、当時を「世上物騒之砌」と表現する。願い出の結果、彼は光尚所用の甲冑類を預かった。しかし、彼は明治十二年時点で、自身の屋敷が「無用心」であり、その保管に不適であるとして、甲冑類の返上を願い出ている。注目すべきは、返上の理由として、明治四年頃と対比した世情の安定（「近来ニ至リ世上も稍静穏ニ相成候間」）を挙げている点である。彼には、社会が混乱期にあった廃藩置県の直後、行く末が不透明な細川家歴代当主の甲冑類の保

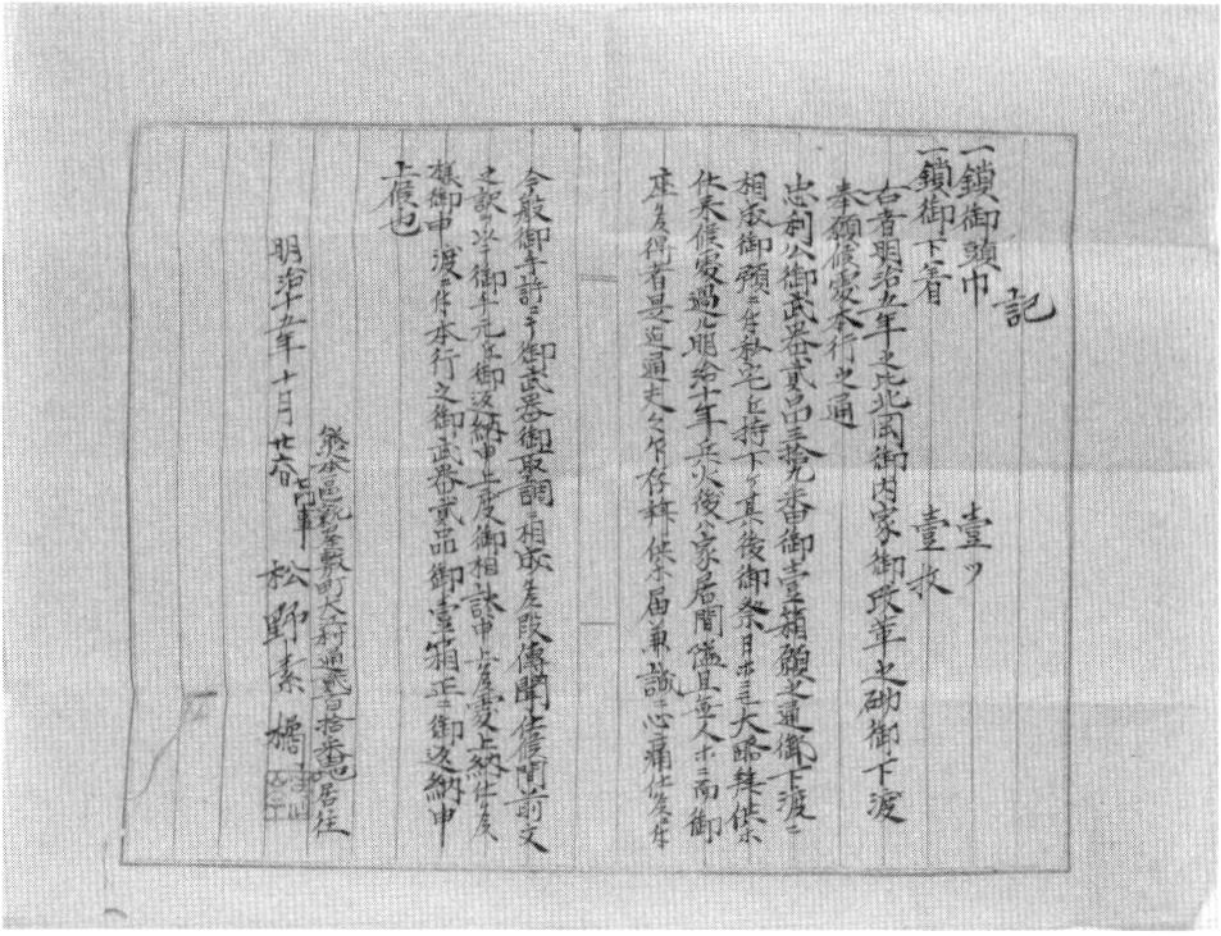

写真９　松野素橋の届け出

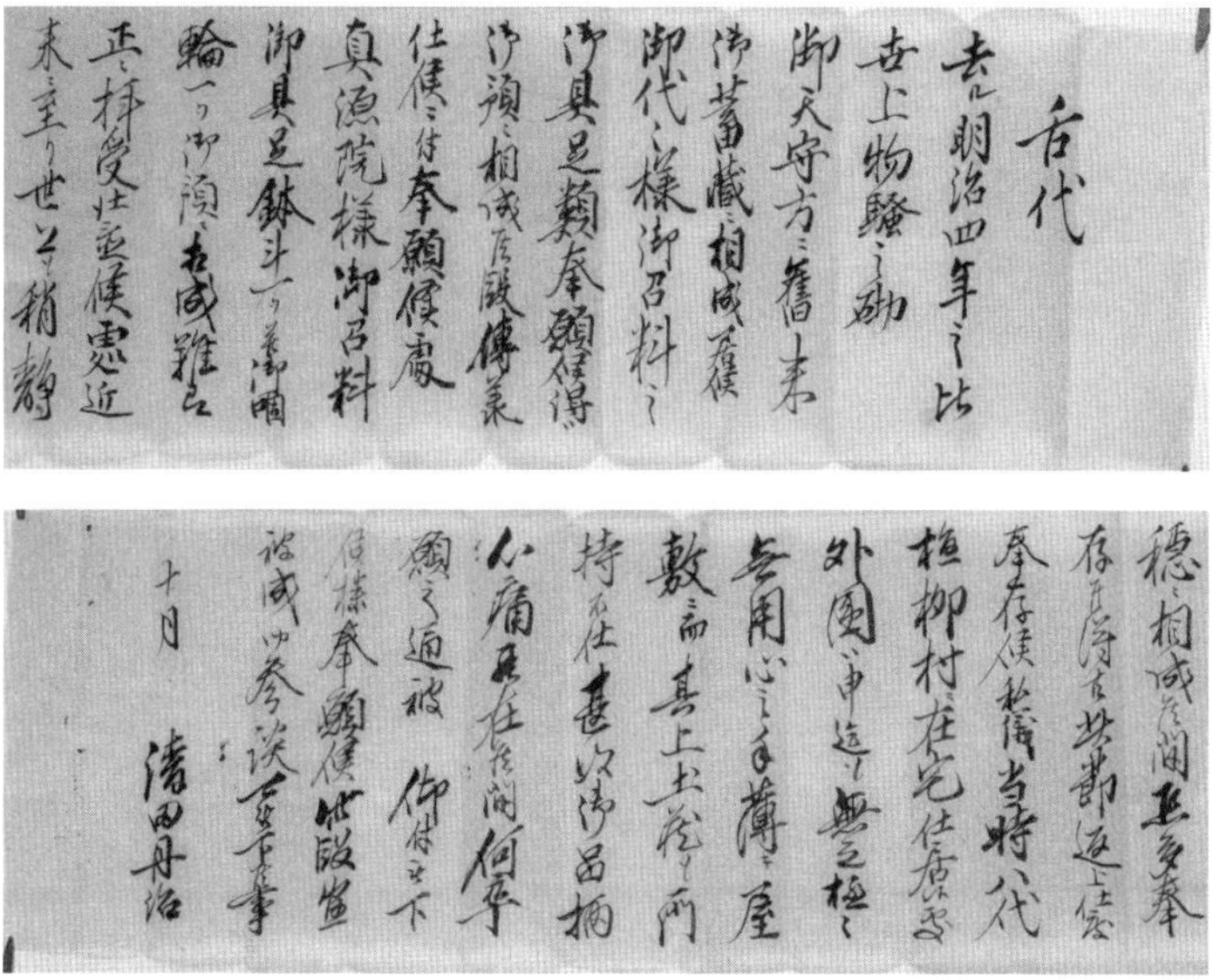
口代
去ル明治四年之比
世上物騒之砌
御天守方ニ旧来
御蓄蔵ニ相成居候
御代々様御召料之
御具足類奉願候得
御預ニ相成居候段伝承
仕候ニ付奉願候処
真源院様御召料
御具足鉢斗一ツ并御胴
輪一ツ御預ニ相成難有
正ニ拝受仕置候処近
来主ノ世モ稍静
穏ニ相成居候間正直奉
存居候得共却而返上仕候
奉存候私儀当時八代
植柳村在宅仕居候処
外囲ハ申迄モ無之極く
無用心ニ而薄キ屋
敷ニ而其上土蔵モ所
持不仕甚以御品柄
心痛至居候間何卒
願之通被　仰付被下
候様奉願候此段宜
被成御参談可被下候事
十月
清田丹治

写真 10　清田丹治の願書

写真11　黒皺革包紺糸射向紅威二枚胴具足の箱書

管をはかるべく、その預かりを願い出たという意識があったのではないか。西南戦争が終結し、廃藩置県当時と比べて社会状況も安定したため、彼は自らが果たすべき役割を終えたと認識し、返上を願い出たと考えるべきであろう。

以上、西南戦争後の明治十年代には、甲冑類の保管場所の確保という問題や、社会状況の安定化という理由のもと、旧家臣から細川家に対して甲冑類の返納が行われた。返納が認められたそれらは、再び細川家の管理下に戻され、同家の北岡邸などで保管されていった。

極めて興味深いのは、現在、熊本県立美術館が保管する永青文庫資料には、廃藩置県直後に細川家から旧家臣に預けられ、その後、旧家臣から返納された甲冑類が存在する事実である。例えば、幕末の当主細川斉護《なりもり》（肥後細川家一二代）所用の黒皺革包紺糸射向《くろしぼかわつつみこんいといむけ》　紅《くれない》威《おどし》二枚胴具足の場合、「斉護公」「二番」という木札がつけられ、明治五年四月に旧家臣の中嶋嘉内（旧擬作一〇〇石）に預けられたが（細川家文書）、最終的に細川家に返納されている。当該具足の箱にある「御冑　斉護公 二番 中嶋嘉内返納」という貼紙（写真11）から、その事実は明らかである（熊本県立美術館寄託資料）。

廃藩後、旧家臣に預けられた甲冑類のうち、既に失われたもの、細川家に返納されて熊本県立美術館で保管されているもの、現在も旧家臣の家などで保管されているもの、などの全容を解明する作業は、今後の研究に俟たねばならない。しかし、廃藩置県後、細川家の「家宝」の一部が旧家臣たちの手で守り抜かれ、現在にまで伝えられた事実は、熊本、ひいては日本における文化財保護の歴史的水脈を考える上でも、大変重要な意味をもつように思われる。

おわりに

本章では、熊本地震後の被災歴史資料レスキュー活動を契機とした研究成果をもとに、廃藩置県後の細川家と旧家臣の関係の一端を明らかにした。近年の日本近代史研究では、旧大名家と旧家臣との協調した動きが顕在化するのは明治十年代以降と論じられているが（内山二〇一七）、本章での作業は、それ以前の状況を具体的に明らかにした点でも貴重であろう。

また、廃藩後の混乱期、大量の甲冑類を旧家臣に預けるという事例は、細川家のそれが全国的にも初見である。この事例の意義について考察を深める上でも、今後、他の大名家との比較検討が必要とされるのは言うまでもない。しかし、近世城郭という保管場所を失った旧大名家の宝物や武具類が、どのように近代へ継承されたのか、あるいはされなかったのかという本章で扱った問題は、明治維新

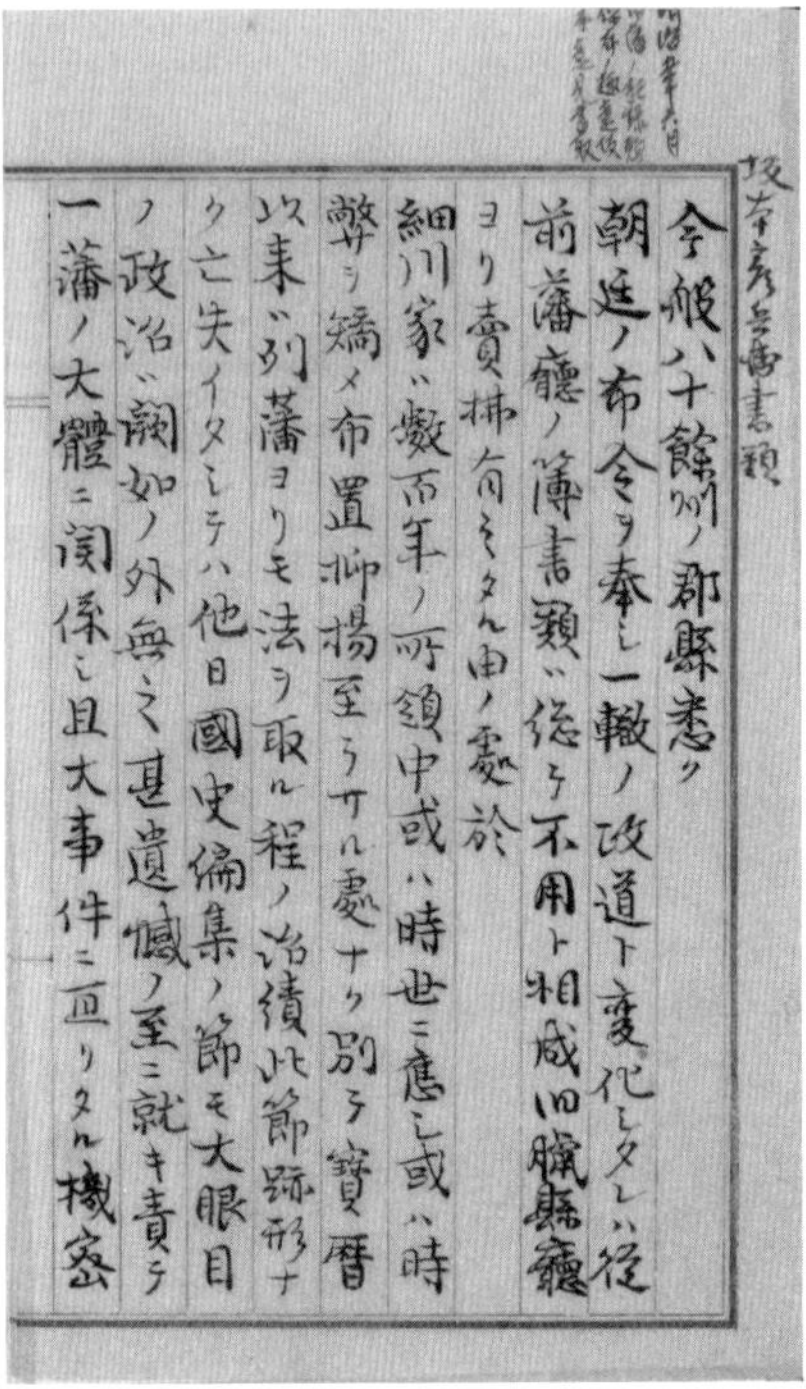
坂本彦兵衛書類
今般八十餘州ノ郡縣悉ク
朝廷ノ布令ヲ奉シ一轍ノ政道ト変化シタレハ従
前藩廳ノ簿書類ハ総テ不用ト相成旧臘縣廳
ヨリ賣拂有之タル由ノ處於
細川家ハ数百年ノ所領中或ハ時世ニ應シ或ハ時
弊ヲ矯メ布置施揚至ラサル處ナク別テ寶暦
以来ハ列藩ヨリモ法ヲ取ル程ノ治績此節跡形ナ
ク亡失イタシテハ他日國史編集ノ節モ大眼目
ノ政治ハ闕如ノ外無之甚遺憾ノ至ニ就キ責テ
一藩ノ大體ニ関係シ且大事件ニ亘リタル機密

写真12 「雑録 地」

史にも新たな研究視角を提供するものと考えられる。

最後に、なぜ旧細川家家臣たちが、混乱期の社会のなかで旧主家の「家宝」を守ろうとしたのか、その理由を追究してみたい。これは、本章で明らかにしたように、旧家臣たちが甲冑類を預かることを名誉に感じたことが動機の一つであろう。しかし、より踏み込んで考えれば、「細川家家臣」としてのアイデンティティの強さが重要な意味をもつのではないか。

じつは、現在熊本大学附属図書館に寄託されている厖大な永青文庫細川家文書の藩政史料群も、甲冑類と同様に廃藩置県の直後、旧家臣の手で守り抜かれたものであった。廃藩後、旧藩政史料の散逸を憂いた旧家臣の坂本彦兵衛《ひこべえ》（旧知行一〇〇石）は、明治五年（一八七二）六月、熊本県庁に残された分をすべて譲り受け、民間に流出した分も可能な限り購入し、目録を作成した（写真12、「雑録 地」細川家文書）。その理由は、とくに細川重賢による宝暦改革以降、他藩が「法ヲ取ル程」に注目された熊本藩の治績を後世に伝え、後日の「国史編集」に資するためであった。優れた統治実績を誇った細川家の藩政史料群は、廃藩直後から後世の歴史編纂に不可欠な存在だと認識されていたのである。細川家の甲冑類と藩政史料群は、このように往時の熊本藩政に強い誇りをもった旧家臣たちの尽力もあって、現在に伝来した。こうした特色ある伝来過程をもつ稀有な歴史資料群を充分に保存・活用することは、先人から現代の私たちに託された大きな課題なのである。

参考文献

猪飼隆明「幕末・維新期における民衆の居住空間と生活についての研究」(田村貞雄編『幕末維新論集八　形成期の明治国家』吉川弘文館、二〇〇一年。初出は一九九四年)

今村直樹「廃藩置県後の細川家当主所用甲冑と旧家臣」(『永青文庫研究』創刊号、熊本大学永青文庫研究センター、二〇一八年)

同　「細川家歴代当主の甲冑と幕末維新期の熊本城」(『熊本城と武の世界』熊本県立美術館、二〇一九年)

内山一幸「旧誼と朝臣―明治零年代における天皇・華族・士族―」(『日本史研究』六五五、二〇一七年)

佐藤宏之「城の受け取りと武家の財―近世の城、その構成要素―」(『国立歴史民俗博物館研究報告』一八二、二〇一四年)

後藤典子『熊本城の被災修復と細川忠利―近世初期の居城普請・公儀普請・地方普請―』（熊日新書、二〇一七年）
鈴木登編『肥後藩士上田久兵衛先生略伝並年譜』（熊本地歴研究会、一九二八年）
三澤　純「最後の殿様―護久と護美―」（『熊本歴史叢書5　近代　細川藩の終焉と明治の熊本』熊日出版、二〇〇三年）
宮地正人編『幕末京都の政局と朝廷―肥後藩京都留守居役の書状・日記から見た―』（名著刊行会、二〇〇二年）
森山英一『名城と維新―維新とその後の城郭史―』（日本城郭資料館出版会、一九七〇年）
菊水町史編纂委員会編『菊水町史　資料編』（菊水町、二〇〇六年）
熊本大学永青文庫研究センター編『永青文庫叢書　細川家文書　熊本藩役職編』（吉川弘文館、二〇一九年。史料引用には「熊本藩役職編」と記して収録番号を付した）
細川家編纂所編『改訂肥後藩国事史料　巻十』（国書刊行会、一九七四年）
『増補細川氏系譜便覧』（一九一九年）

【付記】本論は、これまでに発表した拙稿（今村二〇一八・二〇一九）をもとに、その後の知見もふまえて再構成したものである。

コラム―3

『御甲冑等之図』にみる細川家歴代の甲冑

舟串 彩

『御甲冑等之図《おんかっちゅうとうのず》』（永青文庫所蔵、熊本大学附属図書館寄託）は、細川家にまつわる武具類を記した三冊からなる目録である。一冊は、細川家初代・細川藤孝《ふじたか》（幽斎《ゆうさい》）より四代光尚《みつなお》までの家臣へ下賜された武器・武具など六十九件を記録し、前半は図入り、後半は文字のみの目録となっている。のこり二冊は、細川家の始祖・細川頼有《よりあり》をはじめとして、二代忠興《ただおき》（三斎《さんさい》）から九代治年《はるとし》までの細川家歴代当主を中心とした甲冑など八十一件のほか、陣羽織、鞍《くら》・鐙《あぶみ》といった武具類を図入りで収録する。付属する書付によれば、文政《ぶんせい》八年（一八二五）十一代斉樹《なりたつ》の代に制作が開始され、家臣の拝領品目録が文政十年十二月に、歴代当主らの武具類目録が文政十一年四月に完成している。本書の図は、細部の描写などから武具類を実見して描いたと考えられており、歴代当主らの目録には永青文庫に現存するものも確認できる。本コラムでは、『御甲冑等之図』に記録された甲冑のうち、当館に伝わる代表的な作例をいくつか紹介したい。

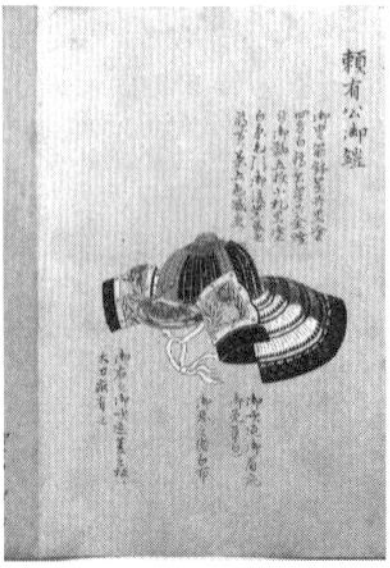

写真1　重要文化財「白糸褄取威鎧」　南北朝時代

白糸褄取威鎧《しろいとつまどりおどしのよろい》　細川家の始祖とされる南北朝時代の武将・細川頼有が、延文《えんぶん》三年（一三五八）に京都・建仁寺《けんにんじ》の塔頭《たっちゅう》である永源庵《えいげんあん》（現・正伝永源院《しょうでんえいげんいん》）に納めたと伝える鎧である。永源庵と細川家の関係は、頼有が同庵の開祖・無涯仁浩《むがいにんこう》に帰依《きえ》したことに始まり、観応《かんのう》の擾乱《じょうらん》（一三五〇～五二）の際、永源庵か

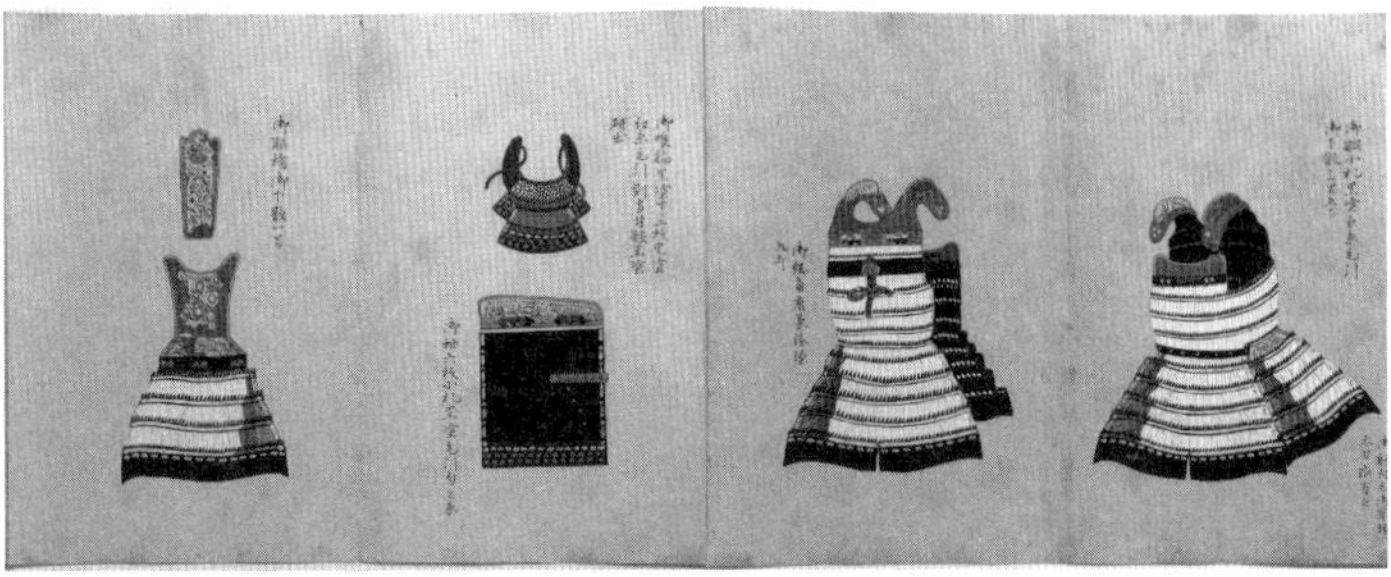

写真２　『御甲冑等之図』所収「白糸褄取威鎧」の図

ら出陣して勝利をおさめたことから、これを吉兆として代々が同庵を庇護し、頼有以降八代の菩提寺《ぼだいじ》となっている。本鎧は三百年余り永源庵で守り伝えられ、延宝元年（一六七三）、五代綱利たっての希望により、頼有が朝廷から拝領した錦旗《にしきのはた》（永青文庫所蔵）などの品々とともに、同庵から細川家へ移された。

　このような甲冑は、中世の騎射戦に対応した大鎧に分類され、戦で飛来する矢から防御することを考慮した重厚な造りを特徴とする。合戦の方法が一騎打ちの騎射戦から集団での打物《うちもの》戦へ変化するなかで、大鎧は動きやすく軽量化されていくが、本鎧はその過渡期の作例と位置付けられている。『御甲冑等之図』にも記されている通り、射向《いむけ》の草摺《くさずり》に太刀傷と思われるものが確認されており、実戦で着用されたと考えられる。

　文政七年（一八二四）には十一代斉樹の命により本鎧の模造制作が始まり、文政十二年に完成している。この模造（永青文庫所蔵、熊本県立美術館寄託）や『御甲冑等之図』は、欠失部分が多い本鎧の当初の状態を今に伝える重要な資料であり、細川頼有ゆかりの甲冑が細川家において重宝として扱われていたこ

写真３　「黒糸威二枚胴具足」　桃山時代（熊本県立美術館寄託）

とがうかがえる。

黒糸威二枚胴《くろいとおどしにまいどう》具《ぐ》足《そく》　細川忠興所用　二代忠興が関ヶ原の戦で着用した具足。細川家では「御吉例の具足」として尊重され、歴代の当主がこの形式を踏襲している。戦国時代には、兜《かぶと》・胴・袖・臑当《すねあて》に加え、頬当《ほおあて》・籠手《こて》・佩盾《はいだて》などを完備して全身を防御する、当世具足と呼ばれる甲冑が発達した。忠興はおよそ五十回の戦に参戦したと伝えられ、その経験をもとに、極めて実用的な独自の形式の具足を完成させる。「三斎流具足」と称

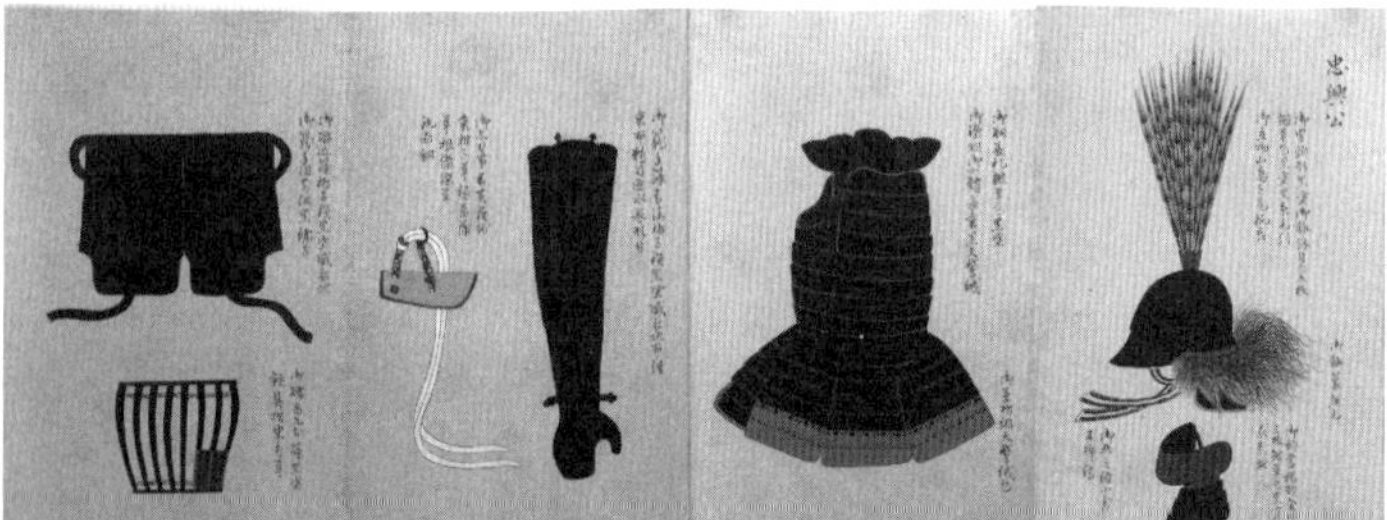

写真４　『御甲冑等之図』所収「黒糸威二枚胴具足」の図

されるこの甲冑は、まず軽量であり、兜は黒漆塗の頭形《ずなり》で山鳥の尾羽を頭立《ずだて》とし、胴は前胴と後胴の二枚胴、籠手は細長い鉄板を用いた篠籠手、頬当は顎だけを覆う形といった特徴がある。忠興が越中守であったことから「越中流具足」とも呼ばれ、兜は「越中頭形」、頬当は「越中頬」と総称される。

「三斎流具足」に銘のある作は確認されていないが、細川家に関連する様々な史料から、西村忠兵衛が代々その名を襲名しながら、お抱えの甲冑師として制作や修理を行っていたことが指摘されている。この形式の甲冑は、『御甲冑等之図』に多くの記録がのこるとともに、永青文庫にも多数の作例が現存しており、細川家で代々重んじられてきたことを今に伝えている。

紫糸素懸威鉢巻形兜《むらさきいとすがけおどしはちまきなりのかぶと》、黒糸威頭形兜《ずなりのかぶと》　細川忠利所用　『御甲冑等之図』のなかで、最も多くの図がのこるのが熊本藩初代藩主・三代忠利《ただとし》の甲冑である。その数は兜のみのものを含めると三十九件に及び、「三斎流具足」の特徴を示した甲冑のなかには多様な変わり兜が確認できる。

変わり兜とは、兜鉢の頭頂部や両脇、後ろに立物をつけたり、革や和紙の張懸《はりかけ》で様々な形を象るなどして、時に奇抜とも言える意匠を施した兜のことをいう。当世具足に備わり、戦乱の世を経て、天下泰平の江戸時代においても制作された。変わり兜には、烏帽子《えぼし》や頭巾《ずきん》などの被り物を模したものが多く、鉢巻をした長帽子風の「紫糸素懸威鉢巻形兜」もその一つである。

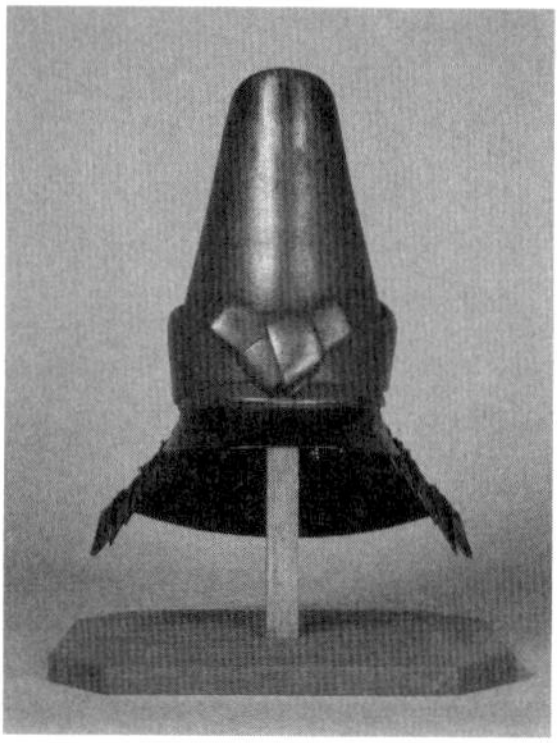

写真５「紫糸素懸威鉢巻形兜」江戸時代前期（熊本県立美術館寄託）

写真６『御甲冑等之図』所収「紫糸素懸威鉢巻形兜」の図

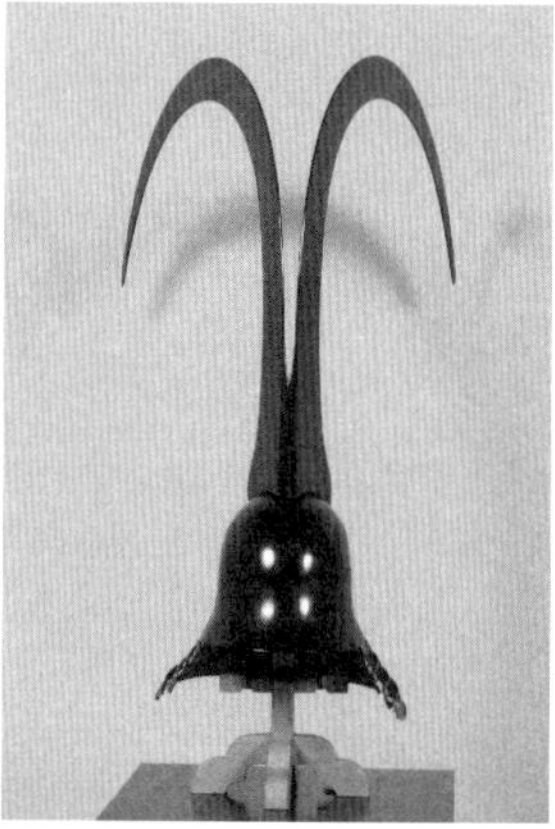

写真７「黒糸威頭形兜」江戸時代前期（熊本県立美術館寄託）

写真８『御甲冑等之図』所収「黒糸威頭形兜」の図

また「黒糸威頭形兜」のように、「越中頭形」に山鳥の尾羽以外の立物を付けた兜も『御甲冑等之図』に散見される。山鳥の尾羽の頭立は、ほとんどが羽を束ねた形状であるが、扇形に広げた忠利所用の立物が『御甲冑等之図』に収録され、現存する作例としては七代宗孝《むねたか》所用の「白糸威裾紫二枚胴具足」の兜が唯一とされている。こうした様々な変わり兜からも、歴代当主が「三斎流具足」を基盤としながら趣向を凝らした甲冑を制作していたことが分かる。

紅糸威《くれないいとおどし》 胴丸鎧《どうまるよろい》 細川宣紀所用 江戸時代中期以降、中世の鎧を規範とした復古調の重厚な甲冑が流行する。八代将軍徳川吉宗の頃から制作され、当世具足の特徴を随所に有したものも少なくない。六代宣紀《のぶのり》所用の「紅糸威胴丸鎧」は復古調の一例であり、兜は前立の付いた星兜でありながら、「三斎流具足」にみられる山鳥の尾羽の頭立を伴う。胴は右側に引合わせがある胴丸であり、左右の胸の隙間を覆う鳩尾板《きゅうび》と栴檀板《せんだん》が付属し、大袖と四間に分かれた草摺を具すなど、中世の大鎧や胴丸を模した華麗な造りになっている。

『御甲冑等之図』に収録するなかでは、宣紀に加え、五代綱利《つなとし》の子・与一郎、十代斉茲《なりしげ》の子・茲詮《しげあきら》の甲冑などにも復古調の特徴が確認できるほか、綱利所用の「紅糸威鎧」（永青文庫所蔵、熊本県立美術館寄託）が現存する復古調の最初期の作として注目されており、細川家が早くからこうした形式の甲冑に着目していた可能性も考えられる。

写真９「白糸威裾紫二枚胴具足」 江戸時代中期
（熊本県立美術館寄託）

『御甲冑等之図』は、すでに失われてしまった細川家にまつわる武具類を伝えるばかりではなく、細部まで緻密に描かれた図によって、現存する甲冑を色鮮やかに蘇らせる。特に歴代当主

写真12 「紅糸威鎧」 江戸時代中期（熊本県立美術館寄託）

写真10 「紅糸威胴丸鎧」 江戸時代中期（熊本県立美術館寄託）

らの武具目録では、頼有ゆかりの大鎧に始まり、忠興の「三斎流具足」以降、この形式の具足を継承しつつも、多様な変わり兜などを制作し、復古調の甲冑も取り入れていく変遷をたどることができ、甲冑史を知る上でも貴重な資料といえるだろう。家臣の拝領品目録を含め、今後さらなる研究が必要である。

参考文献

山岸素夫「三斎流の具足師　西村与左衛門考」（『甲冑武具研究』七八号、一九八七年）
山岸素夫「細川頼有所用　白糸妻取威鎧（袖欠）の考察（一）」（『甲冑武具研究』八九号、一九九〇年）
山岸素夫「細川頼有所用　白糸妻取威鎧（袖欠）の考察（二）」（『甲冑武具研究』九〇号、一九九〇年）
笠原采女「諸藩名甲録　五　細川宗孝所用　黒革

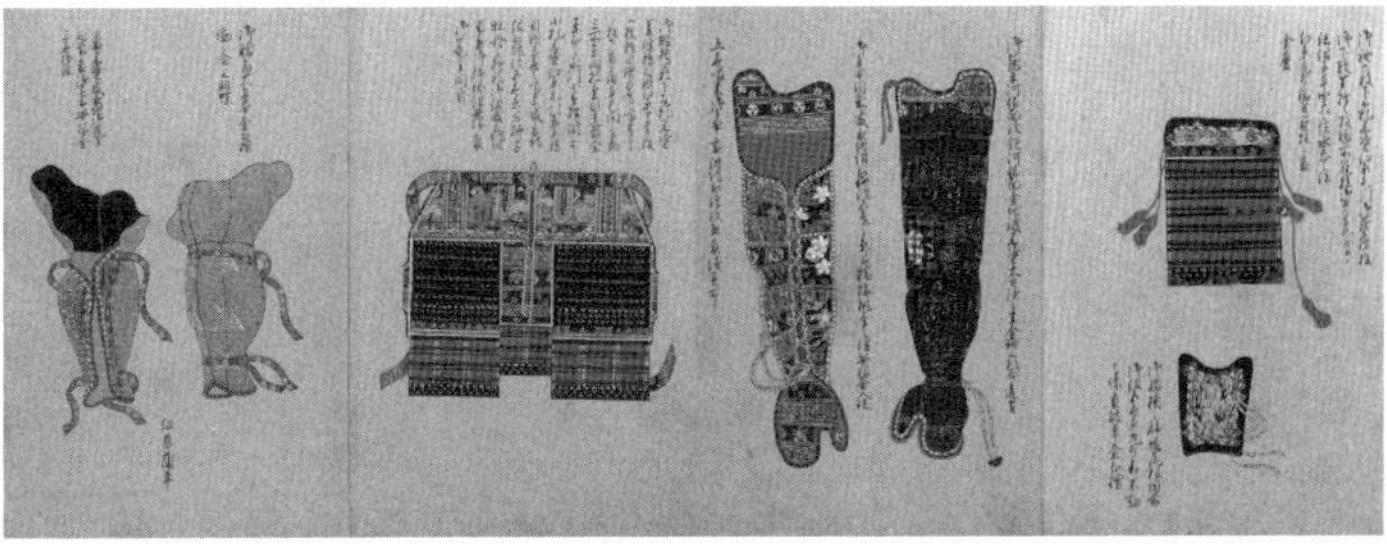

写真 11　『御甲冑等之図』所収「紅糸威胴丸鎧」の図

包白糸裾紫威二枚胴具足」（『甲冑武具研究』一二四号、一九九九年）
『特別展　変わり兜―戦国の奇想天外―』（神奈川県立歴史博物館、二〇〇二年）
『細川家の至宝―珠玉の永青文庫コレクション―』（ＮＨＫ・ＮＨＫプロモーション、二〇一〇年）
近藤好和『武具の日本史』（平凡社、二〇一〇年）
三浦一郎『日本甲冑図鑑』（新紀元社、二〇一〇年）
稲田和彦「細川家伝来の甲冑」（『細川コレクション　永青文庫の至宝展』熊本県立美術館、二〇一一年）
『永青文庫所蔵資料調査報告書　第一集　―武器と武具―』（熊本県立美術館、二〇一二年）
『永青文庫叢書　細川家文書　故実・武芸編』（吉川弘文館、二〇一四年）
末兼俊彦「細川忠興の肥後拵と越中具足」（『季刊永青文庫』一〇六号、二〇一九年）

執筆者紹介（掲載順）

細川護熙（ほそかわ　もりひろ）　公益財団法人永青文庫理事長

稲葉継陽（いなば　つぐはる）　熊本大学永青文庫研究センター長

山田貴司（やまだ　たかし）　福岡大学人文学部准教授

伊藤千尋（いとう　ちひろ）　公益財団法人永青文庫学芸員

後藤典子（ごとう　のりこ）　熊本大学永青文庫研究センター特別研究員

佐々木英理子（ささき　えりこ）　公益財団法人永青文庫学芸員

今村直樹（いまむら　なおき）　熊本大学永青文庫研究センター准教授

舟串彩（ふなくし　あや）　公益財団法人永青文庫学芸員

永青文庫の古文書
光秀・葡萄酒・熊本城

二〇二〇年(令和二)五月十日　第一刷発行

編　者　公益財団法人永青文庫
　　　　熊本大学永青文庫研究センター

発行者　吉　川　道　郎

発行所　株式会社 吉川弘文館
郵便番号一一三—〇〇三三
東京都文京区本郷七丁目二番八号
電話〇三—三八一三—九一五一〈代表〉
振替口座〇〇一〇〇—五—二四四番
http://www.yoshikawa-k.co.jp/

印刷＝株式会社 精興社
製本＝株式会社 ブックアート
装幀＝黒瀬章夫

ISBN978-4-642-08386-7